KB220218

나와
하나님

믿음이란 한 알의 밀알이 땅에 떨어져 죽음으로 많은 열매를 맺음과 같이 진리의 열매를 위하여 스스로 죽는 것을 뜻합니다. 눈으로 볼 수는 없으나 영원히 살아 있는 진리와 목숨을 맞바꾸는 자들을 우리는 믿는 이라고 부릅니다. 「믿음의 글들」은 평생, 혹은 가장 귀한 순간에 진리를 위하여 죽거나 죽기를 결단하는 참 믿는 이들의, 참 믿는 이들을 위한, 참 믿음의 글들입니다.

나와
하나님

대천덕 지음_예수원 엮음

홍성사.

\ 차 례

개정판에
부처

제 남편 아처 토리는 선교사인 아버지께는 매우 높은 지적 수용력과 분석적이고 면밀한 정신을, 어머니께는 자신의 생각을 열정적으로 전하는 은사를 물려받았습니다. 하나님께서 그의 마음에 찾아오셨을 때, 하나님은 그가 중국에서 성장하면서 배운 가르침들을 산지식이 되게 하셨고 물려받은 은사들을 다른 사람들의 영혼을 깨우는 데 사용하셨습니다.

2년 전 그가 세상을 떠난 이래로, 수많은 이들이 내게 아처의 삶과 가르침에 영향 받고 변화된 이야기들을 해 주었습니다. 그때마다 저는 정말 놀랐고 가슴이 뭉클했으며 더 겸허해질 수 있었습니다. 이것이 단지 그가 마음을 다해 하나님을 사랑하고 순수한 마음으로 이 사랑을 사람들과 나누고자 한 결과일까요? 저는 그가 자신이 느끼는 것과 똑같은 것을 사람들도 느끼고 자신과 함께 십자가 앞으로 나아가기를 바랐다고 생각합니다. 그는 사람들이, 성경에 나온 하나님의 말씀을 삶의 구석구석에 적용하는 데 관심이 있으며 성령이 주시는 놀라운 체험을 통해 하나님을 따르기 위해 성령을 구한다고 생각했습니다. 그는 사람들의 질문, 미처 생각지 못한 질문에 대해 거침없이 대답해 주었으며 자신이 말한 것을 삶으로 보여 주었습니다.

남편이 사역과 생계 문제를 하나님께서 해결해 주시리라 믿고 서울에 있는 신학교를 떠나 산골짜기 천막으로 이사하는 것이 제게는 그다지 놀라운 일이 아니었습니다. 그는 하나님의 약속이 한 점 의심할 바 없는 진실임을, 단지 말로만 가르치는 것이 아니라 실제로 증명하기 위한 실험실로 그곳을 택한 것입니다. 그의 애초 계획은 공동체가 어느 정도 자리 잡은 뒤에 말씀을 배우고 싶어 하는 사람들을 받아들이는 것이었습니다. 그런데 그와 형제들이 아직 천막에 살고 있는 동안에도 배우려는 사람들이 찾아왔기 때문에 이 강좌를 시작한 것입니다.

공동체는 지금까지 발전되어 왔습니다. 이제 그는 없지만 40년째 여전히 우리의 광야의 집에서 지낼 수 있어 저는 행복합니다. 하나님께서는 지금까지 그의 기대를 저버리지 않으셨습니다. 그분은 신실하셨으며 믿음이 적었던 저의 상상을 초월하여 놀라운 일들을 해 오셨습니다. 이 책의 각 장들은 그가 집과 교회들에서 가르친 것을 녹음하여 예수원 가족들이 옮겨 적은 것입니다. 이 책은 그와 하나님과의 개인적 사귐과 더불어 하나님이 각 사람들을 얼마나 사랑하시며 어떻게 대해 주시는지를 잘 보여 줍니다.

2004년 9월 예수원에서
현재인 Jane Torrey

머리
__ 말

이 책은 의도적으로 만들려고 해서 나온 것이 아닙니다. 제 생활은 책을 쓸 만큼 여유 있지 않습니다. 이 책은 제가 평소에 강의한 내용들을 정리해서 엮은 것입니다. 이 책이 나오기까지 도와준 분들이 많습니다. 녹음을 해 준 분, 녹음된 테이프를 글로 풀어 준 분, 그것을 정확하게 고쳐서 정리해 준 분, 그분들께 진심으로 감사드립니다.

저는 한국에 오래 살았지만, 아직 원하는 만큼 제대로 한국어를 구사하지 못합니다. 그렇기 때문에 어떤 것들은 제가 영어로 쓴 것을 다른 분이 한국어로 번역했습니다. 그러다 보니 어쩔 수 없이 문체만은 번역하는 사람의 문체가 드러납니다.

이 책에 실린 대부분의 글은 제가 한국말로 강의했던 내용입니다. 그러나 제 한국어가 좀 특별나서 강의한 것을 다시 정리해야만 했습니다. 재정리하는 일은 오랫동안 저와 같이 예수원에 살아서 제가 말하려는 의도를 잘 아는 사람들이 맡았습니다. 저는 그분들이 정확하고도 알기 쉽게 제 강의들을 정리했으리라 믿습니다. 한편 저 나름대로의 독특한 맛이 이 글 속에 들어 있을 것입니다. 문체보다도 중요한 것은 이 책의 내용입니다.

이 책은 오늘날 한국의 그리스도인들에게 중요하다고 생각되는 많은 문제들을 다루고 있습니다. 해마다 예수원을 찾아오는 수많은 방문객들과 수련생들과의 대화를 통해 나눈 얘기들이 대부분입니다. 제가 한국 교회에 이바지해야 할 일이 한 가지 있다면, 그것은 아마 신학 교과서에서 다루지 않은 것들에 대해 해답을 주는 일일 것입니다.

우리는 가끔 이렇게 자문해 볼 필요가 있습니다. '하나님이 나를 어디에 사용하려고 만드셨을까? 내가 받은 유전적 요인이나 타고난 주변 환경, 또는 내게 일어난 일들이 하나님의 일에 어떻게 사용될 수 있을까?' 하고 말입니다. 그러나 위의 질문에 대해서 아무도 완전한 대답을 줄 수 없습니다. 그에 대한 대답은 우리가 하나님의 보좌 앞에 섰을 때라야 비로소 가능한 것이기 때문입니다. 예수님이 재림하실 때, 4차원적인 육신을 입고 각자의 공로에 따라서 금이나 은이나 동이나 다른 상급들을 받을 때라야만 가능할 것입니다.

고린도전서 3장에서 바울은, 불 속에서 금방 뛰어나온 것과 같은 벌거벗은 몸으로 하나님의 보좌 앞에 도달해서 아무런 상급도 받지 못하는 사람들이 있을 것이라고 말합니다. 그들이 자신의 벌거벗음에 대해 부끄러움을 느낄지, 느끼지 않을지에 대해서는 잘 모르겠습니다. 추측하기는 아직 너무 어리기 때문에 벌거벗고 다녀도 부끄러움을 전혀 모르는 어린아이들과 같지 않을까 생각합니다.

어떤 이들은 교회에 오래 다녔다고 해도 영적으로 지진아와 같습니다. 그런 사람들은 천년왕국에서 하나님이 직접 운영하시는 지진아학교의 초급과정부터 다시 공부해야 할 것입니다. 그러나 하나님이 맡기신 일을 하기 위해 최선을 다하고, 자기 자신을 끊임없이 점검해 본 사람이라 해도 누가복음 17장 10절에 나오는 예수님의 말씀을 잊어서는 안 될 것입니다.

> 이와 같이 너희도 명령받은 것을 다 행한 후에 이르기를 우리는 무익한 종이라 우리의 하여야 할 일을 한 것뿐이라 할 지니라.

하나님이 왜 저를 한국에 부르셨는지 생각해 봅니다. (저는 한국에 오려고 계획하지 않았는데 '오라'는 부탁을 받았습니다.) 제게는 한국에서 나눠야 할 두 가지 과제가 있습니다. 그 하나는 미국의 개척정신입니다. 미국인의 한 사람으로서 저는 미국의 개척정신에 대해 상당히 높이 평가하고 있습니다. 개척자적인 관점에서 성경을 읽다 보면, 하나님이 자기의 백성들이 개척정신을 갖기 원하신다는 사실을 알게 됩니다.

예를 들면, 자주 인용되는 구절로 "새 노래로 여호와께 노래하라"라는 말씀이 있습니다. '새 노래'란 전에는 한 번도 불러 본 적이 없는 창조적이고 개척자적인 노래를 의미합니다. "사람이 하나님의 형상대로 지음 받았다"라는 말씀이 있는데, 창조적이고 개척적인 정신 또한 하나님의 형상 중 한 부분이 아닐까 생각합니다. 하나님은 아직도 개척자로서 장막에서 살고 계십니다(계 21:3).

물론 개척자의 길을 가는 데는 어려움이 따릅니다. 잘 포장된 길이나 마찻길, 혹은 사람이 다닐 수 있는 길이 없어지면 인적미답(人跡未踏)의 사막 길을 가야 하는 것입니다. 이럴 때 수천 갈래의 길 중에서 하나를 택해서 가야 하는데 어떻게 올바른 길을 찾아갈 수 있을까요?

과거의 개척자들은 길을 안내하는 사람을 데리고 다녔습니다. 안내자들은 밤에는 북극성을 사용하고 낮에는 태양을 사용해서 방향감각을 유지했습니다. 또 계곡이 어디에 있는지를 알아서 잘 따라갔습니다.

이와 마찬가지로 성경은 우리에게 빛이 되어 주고 안내자가 되어 줍니다. 그리고 성령은 해석하고 적용하는 법을 가르쳐 줍니다. 요한복음 16장 13절은 우리 개척자들에게 아주 중요한 말씀입니다. 성령이 우리의 안내자가 되어서 우리가 길을 잃어버리지 않도록 한 걸음씩 인도해 주신다는 말씀입니다.

하나님과 함께 개척하는 일에 참여하는 것은 아주 신나는 일입니다. 그러나 옛날 미국의 개척자들이 위험한 맹수나 원주민들과 부딪쳤던 것처럼 영적인 개척자들에게도 그런 위험이 있습니다. 그것은 사도 요한이 그의 복음서에서 '세상'이라고 표현했던 '종교적인 제도'입니다. 요한이 세상이라고 말한 것은 이방인의 세계를 나타낸 것이 아닙니다. 그는 모든 창조 질서를 포함한 여러 가지 의미로서 '우주'(cosmos)라는 말을 사용했습니다. 그러나 대부분은 기존의 종교 질서, 즉 스스로를 하나님의 대리자로 칭하고 교회를 지배하고 있는 종교 질서에 대해서 말하고 있습니다. 하나님의 대리자라는 종교 지도자들이 바로 예수님을 미워했고, 그분을 죽이려는 음모를 꾸몄으며, 결국은 이방인의 손에 그분을 넘겨주어 할 수 있는 한 가장 잔인하고 치욕스런 죽음을 당하도록 했습니다.

세례 요한과 같은 개척자는 광야에서 그의 전 생애를 보내도록 부르심을 받았기 때문에 위와 같은 종교 제도로부터 비교적 보호를 받았습니다. 그러나 그도 역시 예수님처럼 교회 가운데서 공의를 행하도록, 권력을 남용하고 있는 부패한 질서에 대항하도록 부르심을 받았습니다. 이런 개척자들은 결국 추방이나 화형을 당해 죽어 갔습니다. (아타나시우스는 일곱 차례나 추방을 당했습니다.) 요한을 요단의 사막으로 보내신 것과 똑같은 이유로 하나님이 우리를 태백의 외나무골로 보내셨다고 생각합니다.

한국에서 나눠야 할 또 한 가지는 동양에 대한 저의 사랑입니다. 저는 중국에서 태어나 대학 1학년 때까지 중국에서 교육받았습니다. 그 다음에 미국으로 건너가서 가능하면 빨리 동양으로 돌아오려는 마음으로 다른 것은 염두에도 두지 않고 동양문화와 철학을 계속 공부했습니다. 22년을 미국에서 살면서 많은 것을 배우는 중에도 항상 동양의 것과 서양의 것을 비교하는 것을 잊지 않았습니다. 이런 배경들이 제가 한국 교회의 질병을 진단(이런 외람된 표현을 쓸 수 있다면 말입니다)할 수 있게 준비토록 한 셈이 되었습니다.

한국 교회 문제의 원인들이 동서양 모두에서 기인하기 때문에 제가 어느 정도는 그 문제점을 해결할 수 있지 않나 생각합니다.

특별히 동양사회에만 적합한 몇 가지 사실들이 성경을 이해하는 데 큰 도움이 된다고 믿습니다. 동양의 교회들이 소중히 간직해야 할 점입니다(마 13:52). 이런 것들은 서양의 선교사들이 너무 몰라서 그 가치를 인정하지 않았기 때문에 지금까지 무시되어 왔습니다. 선교사들은 성경이 동양적이라는 사실을 깨닫지 못했습니다. 그것은 자연계시를 통해 나타나 있고(롬 1:19-20, 2:14-15; 행 14:17, 17:27-28), 창세기 1-10장까지의 역사가 최소한 40개의 한자 속에 간직되어 있으며, 솔로몬의 왕국을 방문했던 중국의 주목왕(중국 주왕조 5대 왕)이 전파한 것으로 생각되는 '조상들의 전통'(공자에 의해서 가르쳐졌음) 속에도 나타나 있습니다. 어떻게 보면 하나님이 동양에 주신 옛 지혜를 연구하는 것은 개척하는 것과는 거리가 먼 것처럼 보일 수도 있습니다. 그러나 교회가 이 부분에 대해서 관심도 없었고 연구도 하지 않았기 때문에 아직은 개척자적인 일입니다.

저의 성장 배경이나 일들에 대해서는 일단 제쳐두고라도, 이런 일들을 어떻게 실행으로 옮길 수 있을까요? 하나님이 제게 주신 두 가지 중요한 일이 있는데 둘 중 어느 것도 무시할 수 없습니다.

저는 무엇보다도 자연과학에 관심을 두었고 지금도 자연과학에 지대한 관심을 가지고 있습니다. 과학은 실험을 통해서만 배울 수 있습니다. 학생들은 실험을 통해 발견된 사실들을 배웁니다. 과학은 교과서만으로는 배울 수 없습니다. 그리고 실험을 통해 최선의 것을 얻기 위해서는 실험조교와 안내책자가 필요합니다. 이렇게 볼 때, 제 강의는 실험입문서이고 예수원은 실험실, 예수원 생활은 실험입니다. 예수원이 아닌 다른 곳에 살면서 제가 말로만 강의한다면, 제 강의가 옳다는 증거는 아무것도 없습니다. 예수원에 살고 있는 우리가 그리스도인의 기본적인 교과서인 성경을 끊임없이 실행하지 않거나 하나님이 보내신 실험조교의 가르침에서 아무것도 얻으려 하지 않고 그냥 먹고사는 데만 급급하다면 우리의 생활은 아무 목적도 없는 것, 딱딱하고 재미없는 것이 되고 말 것입니다.

저는 저 자신이 예수원의 가장 중요한 실험조교라고 생각지 않습니다. 예수원의 가장 중요한 실험조교는 성령이시고 저의 일은 다만 성령을 따르도록 형제와 자매들에게 가르침을 주는 것입니다. 초대 교회에서도 '베드로가 이렇게 말했다' '바울이 이렇게 말했다' '아볼로가 이렇게 말했다'고 주장하는 자들이 문제를 일으켰습니다. 우리가 가져야 할 참다운 질문은 '성령이 어떻게 말씀하시는가?' 하는 것입니다.

저는 사람들이 자기 스스로를 대천덕의 제자라고 말하는 것을 좋아하지 않습니다. 이렇게 말하는 사람을 보면 저는 무척 당황할 수밖에 없습니다. 저를 전혀 모르는 사람들이 그렇게 표현할 뿐입니다. 대천덕의 제자가 되는 유일한 길은 성경대로 살면서 예수님의 제자가 되는 것입니다. 저의 유일한 길이 성경대로 살면서 예수님의 제자가 되는 것이기 때문입니다. 저는 완전히 닳도록 쓰임 받기만을 바랄 뿐입니다. 저는 스승이 되기를 원치 않습니다. 사람들이 저를 올바로 사용한다면 성령을 따르는 법을 알게 될 것입니다.

이와 관련해서 요한복음 16장 13절의 "진리의 성령이 오시면 그가 너희를 모든 진리 가운데로 인도하시리니……"라는 말씀을 생각해야만 합니다. 우리가 성령을 따르고 있다면, 우리는 성령의 인도를 받는 또 다른 사람들과 같이 코이노니아를 이루어서 사도행전 15장 28절 말씀대로 '성령의 뜻이며 우리의 결정이다'라고 말할 수 있을 것입니다.

'코이노니아'는 신약성경에 나오는 아주 독특한 단어로서 성경에서 가장 중요한 단어 가운데 하나입니다. '은혜'나 '사랑'이라는 말과 똑같이 중요합니다. 그러나 그것은 끊임없이 잘못 번역되어 왔습니다. 사도신경이나 예배 형식에 사용되기는 하지만, 실행하지도 않고 그것에 대해서 강조하지도 않습니다. 예수원에서 참으로 해야 할 일은 코이노니아가 무엇을 의미하는지를 우리의 생활 가운데 발견해서 그것을 실행하는 일입니다. 여러 해 동안 예수원에 살면서 우리는 코이노니아에 대해서 약간이나마 이해하게 되었고, 조금씩 코이노니아를 나누며 살아가게 되었습니다.

앞에서 제가 '외람되다'(주제넘다)는 말을 사용했는데, 사람들은 종종 제 할아버지(R. A. Torrey: D. L. 무디의 동역자로서 성경 교사이자 목사였다.–편집자주)를 '독단가'라고 합니다. 그분의 이론에는 '만약'이나 '그러나'와 같은 것들이 전혀 없기 때문입니다. 그분은 성경에서 배운 것을 그대로 가르쳤습니다. 그것들은 진리인 동시에 마침표였습니다. 오늘날 많은 사람들은 '한편 그러나 또 한편, 많은 학자들이 이러저러하게 얘기하고, 또 어떤 학자들은……'이라고 인용하는 것을 학자 정신의 진수라고 생각합니다. 이런 표현들은 책을 많이 읽었음을 증명해 주기는 하지만 저희가

(우리 가족이나 제가) 생각하는 이상적인 학자 정신은 아닙니다. 우리에게는 단 하나의 권위가 있는데 그것은 바로 성경입니다. 우리의 생활을 통해서 참으로 하나님의 말씀이 진리인 것을 알았습니다. 우리는 실제생활에 말씀을 적용하는 것이 주제넘은 짓이라고 생각지 않습니다.

우리는 또한 신중하게 과학적으로 연구해서 얻은 결과들을 받아들입니다. 그러나 우수한 학자들이 펴낸 이론이라고 해서 아무런 증명도 하지 않고 받아들이는 사람들에게 속임을 당하고 싶지는 않습니다. 우수한 학자라는 정의를 누가 내립니까? 그들이 참으로 진정한 학자입니까? 우수한 학자라고 하는 사람들도 결국은 이해할 수 없는 소리를 흉내 내는 앵무새에 불과한 것을 많이 보아 왔습니다. 예수님은 이런 자들에게 강하게 경고하셨습니다. 그들은 바로 예수님을 반대한 자들이었고, 예수님께 아무런 학문적 배경도 없다고 해서 그분의 가르침을 받아들이기를 거부한 자들이었습니다.

요한복음 7장 17절을 보십시오. 저는 이 말씀을 모든 한국 교회가 단단한 돌에 금으로 새겨서 기억하기를 권하고 싶습니다.

사람이 하나님의 뜻을 행하려 하면 이 교훈이 하나님께로서 왔는지 내가 스스로 말함인지 알리라.

하나님의 뜻대로 살기를 결정한 사람은 누구라도 예수원에서의 제 생활이나 가르침을 받아들일 수 있을 것입니다. 성령께서 옳다고 인정하신 가르침에 그들의 마음이 열려 있기 때문입니다.

야고보서 1장 5-8절 말씀은 요한복은 7장 17절과 마찬가지로 매우 중요합니다. 야고보가 말하고 있는 '믿음'은 '하나님의 뜻을 행하기로 결정하는 충성심'입니다. 그리고 그가 말하는 '의심'은 '하나님의 뜻을 행할까 말까 두 마음을 품는 것'입니다. "이런 사람은 무엇이든지 주께 얻기를 생각하지 말라"라고 하셨습니다.

저는 위의 두 말씀(요 7:17; 약 1:5-8)을 중심으로 일하고 있습니다. 하나님의 뜻을 행하려는 일에 흥미가 없는 사람과 더불어 우리가 무엇을 근거로 대화할 수 있겠습니다? 하지만 하나님의 뜻을 행하려고 하고, 성경을 하나님의 말씀으로 깨닫는 자와는 어떤 내용을 가지고서라도 토론하고 싶습니다. 저는 이들이 베뢰아에 있었던 유대인들처럼 '이것이 그러한가 하여 날마다 성경을 상고하는'(행 17:11) 사람들이라고 생각합니다.

언젠가는 한국 교회가 성경과 성령의 인도함을 받는 사람들로 가득 차게 되리라 믿습니다. 그리고 그들이 이 나라를 정의로운 하나님의 나라로 이끌어 갈 것입니다(마 6:10, 33).

1988년 11월 대천덕

Archer Torrey

1부

나와 하나님

제 개인의 간증을 하면서 예수원의 역사와 배경을 곁들이면 더 의미가 있으리라는 부탁을 받았습니다. 여러분이 잘 모르는 예수원의 배경을 듣게 되면 그만큼 더 예수원에 대한 사명을 이해하기가 쉬울 것이기 때문입니다.

저는 보통 사람보다 고집이 센 편이므로 저보다 더 완악한 사람이 흔치 않다고 생각합니다. 그렇기 때문에 주님이 제 경험을 통해 그분을 드러내실 수 있다면 누구에게든지 저의 간증을 할 수 있다고 생각합니다.

한마디로 말하자면, 저는 하나님의 존재에 관해 확신을 얻는 데 2년 반 이상이 걸렸습니다. 저는 기독교 가정에서 자라났습니다. 제가 만일 침례교 목사가 되었다면 어머니 집안 쪽으로는 7대 목사가 되었을 것입니다. 아버지 집안 쪽으로는 3대째로, 친가는 교사의 전통을 갖고 있었고 교회 안에서 일도 많이 하였습니다. (그런데 제가 한 가지 분명히 깨닫고 있는 것은, 자신이 확실히 알지 못하는 것을 누구에게 믿으라고 강요해서는 안 된다는 것입니다. 그래서 제게 분명한 확신이 없는 얘기는 여러분께 말하지 않겠습니다.) 그러나 저는 주님을 믿기는 믿었지만 이유 없이 믿었습니다. 부모님이 믿기 때문에 따라서 믿었던 것이지요.

다섯 살 때(한국 나이 일곱 살), 어떤 나이 많은 할머니가 우리 집에 방문해서 "얘, 너는 크면 뭐가 될 거니? 너도 아버지처럼 선교사가 될 거니?" 하고 묻자 저는 "예, 아마 그렇게 될 거예요"라고 대답했습니다. 사실 확신이 없어서 어정쩡하게 대답했습니다. 제 친구들은 그때 제각기 재미있는 자신의 희망들을 말했습니다. 한 친구는 소방대장이 되겠다고 했고, 한 친구는 의사가 되겠다고 했고, 또 한 친구는 모험가가 되겠다고 했고, 한 친구는 결혼하지 않고 숲 속에서 살겠다고 했습니다. 친구들이 다 재미있게 자기의 소망을 말하는데도 저는 그저 "흠, 나는 그냥 선교사가 될 거야"라고 말했습니다. 선교사 집안이라서 그런지 '선교사'라는 것 자체가 별로 모험으로 느껴지지 않았던 것입니다.

마침내 미국에 돌아가서 대학 공부를 하게 되었을 때, 목사나 선교사가 되겠다고 생각은 하면서도 마음속에 따로 작정한 바가 있었습니다. 저는 주님이 정말 계신지 확신이 없었으므로 남에게 도무지 믿으라고 말할 수가 없었습니다. 그래서 주님 계신 것이 확인이 안 되면 꼭 목사가 될 필요 없이 다른 일을 할 생각이었습니다. 그렇게 결심하고 보니 꽤 재미있는 생각 같았습니다. 주님이 계신 것을 확인하지 못하면 물리학자가 되고 싶은 마음이 있었기 때문입니다.

그런데 진리가 진리로 증명되기 위해서는 시험하고 확인해서 논리로 세워야 하지 않겠습니까? 과학자들도 무엇을 믿고 주장하든지 간에 먼저 시험해서 확인하는 법입니다. 물론 영적인 세계는 좀 어렵습니다만 물질적인 세상은 연구하기가 비교적 쉽습니다. 그런데 이상하게도 확인하고 싶은 마음이 없었습니다. 주님이 계신 것이 확인되면 재미있는 생활을 할 수가 없을 것 같았기 때문입니다. 주님이 계신 것이 확인되면 주님의 종이 될 뿐입니다. 그렇다고 확인되지도 않은, 있지도 않은 존재를 믿을 수도 없고, 그것을 위해 살 수도 없고……. 만약에 주님이 정말 존재하시고 이 세상의 주인이시라면 그의 뜻대로 살지 않으면 큰일 납니다. 몇 년을 재미있게 살다가 영원토록 지옥에 가 살게 되면 재미없는 일이니까요. 그래서 어떻게 하면 좋을지 궁리했습니다.

어느 날, 성경을 읽는데 특별히 두 구절이 제게 걸림이 되었습니다. 하나는 요한복음 14장 12절 말씀입니다. 그 전에도 이 구절을 여러 번 읽었습니다. 사실 우리 집에서는 요한복음 14장을 많이 읽는 습관이 있었습니다. 성경에서 제일 아름다운 구절 가운데 하나라고 생각했기 때문입니다.

내가 진실로 진실로 너희에게 이르노니 나를 믿는 자는 나의 하는 일을 저도 할 것이요 또한 이보다 큰 것도 하리니 이는 내가 아버지께로 감이니라.

그런데 저는 예수님이 하신 일을 행하는 사람을 교회에서 별로 보지 못했습니다. 제 할아버지께서 병든 자를 고치시는 것을 몇 번 보긴 했지만 그 횟수가 많지 않았습니다. 우리 아버지도 두 번인가 세 번밖에는 귀신을 쫓아내지 못하셨습니다. 또 일반 교회에 가면 병 고치는 일도 귀신 쫓아내는 일도 없었습니다. 물론 빵 다섯 덩어리를 가지고 5천 명을 먹인 일도 없고, 물을 가지고 포도주를 만드는 일도 없었습니다. 도대체가 모든 말씀이 다 거짓처럼 느껴졌습니다. 그런데 만약 이 구절을 거짓말이라고 한다면 성경말씀 전체가 모두 거짓이라고 생각할 수밖에 없었습니다. 그러니 의심이 날 수밖에요! 혹시 이 말씀이 거짓이 아니라고 믿는 사람들이 거짓말쟁이가 아닐까 하는 생각도 들었습니다.

많은 목사와 신자들이 성경을 믿는다고 하면서도 이 구절에 별로 관심을 두지 않았습니다. 저는 스물 몇 살이 될 때까지도 이 구절을 가지고 설교하는 말씀을 한 번도 들어보지 못했습니다. 설교자들이 다 이 구절을 피했습니다. 그래서 저는 누가 거짓말을 하는지, 성경이 거짓말을 하는지 설교자가 거짓말을 하는지 알아야겠다고 생각했습니다. 그래서 이런 문제로 더 지치기 전에 결론을 내리자고 마음먹고 이렇게 기도했습니다.

"주님, 당신이 계시다면 저에게 확인시켜 주십시오."

물론 영적인 문제기 때문에 눈앞에 나타나 보이지는 않겠지만, 마음으로라도 확인시켜 주시면 좋겠다고 생각했습니다. 그 방법이 어떻든 간에 확인만 시켜 주십사 했지요. 하나님이 계시다면 저를 잘 아실 테고, 그렇다면 어떻게 해야 제가 믿게 될지는 나보다 하나님이 더 잘 아시리라 생각했습니다.

그래서 그렇게 몇 번 기도하다가 "제가 당신께 청한 게 있으니 저도 무엇인가 하겠습니다. 매일 성경 한 장씩 읽겠습니다. 또 간단한 기도도 하고 교회에도 나가겠습니다"라고 약속했습니다. 그때 저는 교회에 나갈 수밖에 없는 상황이었습니다. 장로교 학교에 다녔기 때문에 채플 시간이 매일 한 시간씩 있었습니다. 피할 수 없는 시간이었지요. 계산해 보면 4년 동안 교회를 1,200번 정도 나간 셈입니다. 그런데 채플에 1,200번이나 참석하고 설교를 그렇게 많이 들었는데도 기억할 만한 설교는 별로 듣지 못했습니다. 특별히 기억나는 설교는 두 편 정도였습니다. 무슨 영적인 유익이 있었기 때문이 아니라 재미있었기 때문입니다.

한 번은 어떤 목사가 와서 마귀와 대화하겠다면서 마귀에게 무슨 말을 하고는 다시 마귀 입장이 되어 대답하고 또다시 목사 입장이 되어 말하는 설교를 했는데, 제일 흥미로웠던 것은 마귀가 이겼다는 점입니다. 또 기억나는 설교는 스코틀랜드에서 어떤 유명한 목사가 와서 배에 대한 비유를 들어 전한 말씀입니다. 어떤 노처녀가 큰 기선을 타고 뉴욕을 떠나서 영국을 가는 중이었는데 자신의 방을 확인해 놓고 갑판에 올라가 이것저것 구경하다가 더 이상 볼 것이 없어 방으로 들어가려고 하는데 방을 찾지 못했습니다. 그 시대에 그렇게 큰 배에는 손님방이 보통 이천 개는 되었다고 합니다. 다 똑같이 생겨서 어느 방이 자기 방인지 알 수가 없었습니다. 마침 선원이 있기에 자신의 방을 찾도록 좀 도와 달라고 부탁하였더니, 선원이 "혹 그 방만의 특별한 점이 기억나십니까?" 하고 묻습니다. 그런데 이 노처녀는 방 번호는 물론 몇 층 방이었는지도 기억하지 못했습니다. 여자가 말했습니다.

"기억나는 게 아무것도 없어요. 아! 한 가지 있어요. 창문 밖에 자유의 여신상이 있었어요."

물론 항구에 있을 때는 창 밖으로 자유의 여신상을 볼 수 있었지만, 바다로 나온 지 벌써 두 시간이 지났는데 그것을 기억하면 뭐 하겠습니까? 이 이야기를 비유로 들어 말씀하는데 그게 무슨 뜻인지 잘 몰랐습니다. 그 외에 다른 설교 가운데는 저에게 감화·감동을 주거나 유익을 주는 것이 없었습니다.

그러던 어느 날, 성경을 읽으면서 말씀을 달라고 기도하는데 갑자기 한 생각이 떠올랐습니다. 주의 뜻을 알기 위한 조건이었습니다. 성경의 어느 구절인지 그때는 분명히 알지 못했지만 그런 조건이 담긴 구절을 들었습니다. 나중에 알고 보니 요한복음 7장 17절 말씀이었습니다.

사람이 하나님의 뜻을 행하려 하면 이 교훈이 하나님께로
서 왔는지 내가 스스로 말함인지 알리라.

이 구절을 듣고 곰곰이 생각해 보니, 이것 참 큰일 났습니다. 저에게는 주의 뜻을 행하려고 하는 마음이 전혀 없었기 때문입니다. 내 뜻대로만 살고 싶었습니다. 모험적이고 신나는 생활을 하고 싶었습니다. 그런데 만약에 하나님이 실제로 계셔서, 내 마음대로 살다가 죽어 하나님 앞에 섰을 때 "너는 왜 내 뜻대로 살지 않았느

냐?"라고 물어보시면 무엇이라고 대답해야 할지 고민이 되었습니다. 주의 뜻을 행할 마음이 없는데 그 뜻을 행할 수도 없고 행하지 않을 수도 없고……. 그래서 좀더 생각해 보다가 이렇게 기도드렸습니다.

"하나님, 당신께서 참으로 계시다면 제 마음을 고쳐서 저에게 당신의 뜻대로 행하고자 하는 마음을 주십시오. 당신께서는 전지전능하신 창조주시므로 제게 그런 마음을 허락하실 줄로 압니다. 그렇게 못 하신다면 제가 당신을 따라갈 필요가 없는 줄 압니다."

그 후 3일쯤 지난 뒤에 이런 생각이 떠올랐습니다.

'하나님이 계시다면 성경에 나오는 하나님이실 텐데, 그분은 사랑이라고 하지 않았는가? 그분이 나를 사랑하신다면, 내가 해야 할 일을 시키시되 나를 잘못된 길로 인도하시지는 않을 것이다. 이유 없이 고통을 주시지는 않을 것이다. 또 아주 어려운 일을 시키신다 하더라도, 그것은 내가 몰라서 어려운 것이지 실제로 어려운 일은 아닐 것이다. 장기적으로 길게 내다본다면, 혹시 내가 죽더라도 예수님처럼 부활할 수 있을 것이다. 그러므로 하나님이 계시다면 내 생활을 그분의 손에 온전히 맡길 수 있을 것이다. 하나님은 사랑이시기 때문에 그분이 시키시는 일에 악한 뜻은 없을 것이다.'

이후로 하나님의 뜻을 행할 수 있게 되었습니다. 그 뜻이 무엇인지 알기만 하면 할 수 있을 것 같았는데, 실제로 특별한 노력 없이도 제 마음이 변하였습니다. 아주 작은 심리적 경험에 불과했고, 우연히 일어난 일인지 하나님의 역사하심 때문에 일어난 일인지 판단하기도 어려웠지만 말입니다. 지금 생각해 보면 하나님이 변화시켜 주신 것입니다.

그 뒤로 계속해서 기도하고 성경을 읽으면서 약 1년을 보냈습니다. 그렇다고 성경을 아주 많이 읽은 것은 아닙니다. 1년 동안에 3분의 1이나 읽었는지 모르겠습니다. 또 매일 교회에 나가 별로 유익함이 없는 설교를 듣고 또 들었습니다. 목사님들이 나쁜 설교는 하지 않았습니다. 다만 그 목사님들은 이론가였지 실천가는 아니었습니다. 그들은 성직을 직업으로 생각할 뿐이었습니다. 그래서 더욱 저는 목사가 되기보다는 과학자가 되고 싶었습니다. 목사님의 말씀을 들어도 진리인지 아닌지 판단할 수가 없었고 하나님이 정말 계시는지도 확인받지 못했습니다. 그래서 1년 더 시험하기로 결정했습니다.

저는 교육학과에 들어갔는데, 학교에서 교육학과 학생들이 과학을 공부하는 것을 많이 장려하는 편이어서 생물학·물리학·수학 등 몇 과목을 더 공부할 수 있었습니다. 그리고 거기에 꽤 흥미를 붙이게 되었습니다. 그렇게 1년이 지난 뒤에 다시 한 번 깊이 생각해 보니 하나님이 계신 것도 같았습니다. 확인한 것은 아니었지만 존재하는 쪽으로 심증이 갔습니다. 그래서 1년 더 시험해 보기로 결정했습니다. 시험한 지 3년째 접어든 것이지요. 3년째 계속해서 기도하고 성경을 읽는 가운데 아직도 기억에 남는 몇 가지 경험을 했습니다.

그때 우리 부모님은 '옥스퍼드 그룹운동'(1920-30년에 옥스퍼드 대학생들이 주축이 되어 전개한 전도여행운동으로 유럽과 아시아에까지 확산되었다. -편집자주) 사람들과 관계를 맺고 있었는데, 그 운동의

지도자이던 프랭크 북 문(Frank Book Moon)이라는 루터교 목사님이 특별히 강조하신 내용 중 하나는 매일 아침마다 그날을 위한 하나님의 지도를 받는 것이었습니다. 저는 그때부터 새벽 조용한 시간에 일어나 노트를 펼쳐 놓고 "주여, 오늘 주님의 계획을 가르쳐 주십시오"라고 그날을 위해 기도한 후 생각나는 대로 적고 나서 머릿속이 백지가 된 듯하면 "주님, 감사합니다. 펜 놓겠습니다" 하고 마쳤습니다. 그런데 이상하게 펜을 놓고 나면 또 여러 가지 생각이 났습니다. 하지만 그것을 다시 적고 모두 하려고 하면 그날 계획은 망치고 맙니다. 몇 번 시행착오를 거친 끝에 펜을 놓고 난 뒤에 떠오른 계획은 무시해도 좋다는 결론을 내렸습니다. 그런 경험을 계속 하다 보니 주님이 저를 매일 지도하고 계시다는 깨달음을 얻게 되었습니다.

또 한 가지 경험은 제 할아버지가 쓰신 성령론에 관한 책을 읽은 것입니다. 할아버지는, 주의 사업을 하려면 성령세례를 받아야 한다고 말씀하셨습니다. 물세례도 좋고 거듭나는 것도 좋지만 능력을 받아야 한다는 말씀이었지요. 능력은 물세례를 받아야 생기는 것이 아니라 성령세례를 받아야 생기는 것이므로 성령세례를 받기 위하여 특별히 기도하고 주의 뜻으로 받은 줄 믿고 나아가면 된다고 하셨습니다. 감화·감동이 있어야 한다는 가르침이 아니었습니다. 할아버지는 감화·감동을 믿지 않는 사람이었습니다. 그런 감정은 오히려 마귀에게서 나오기 쉬운 것이라고 생각하셨습니다.

할아버지가 때때로 인용하신 말씀은 예레미야 17장 9절이었습니다.

만물보다 거짓되고 심히 부패한 것은 마음이라.

이 말씀 그대로 사람의 마음은 무엇보다도 속이기 잘하고, 병들고 흉한 것입니다. 사람은 약하기 때문에 스스로 속이기가 쉽습니다. 그래서 감화·감동을 믿으면 속기 쉽다고 하신 것입니다. 그것은 심리학 공부를 한 제가 쉽게 동감할 수 있는 가르침이었습니다. 사람의 잠재의식 속에서 나오는 온갖 쓸데없는 생각을 믿는다는 것은 위험한 일이기 때문입니다. 할아버지는, 성경말씀은 주님의 말씀이므로 감화·감동을 받았건 받지 않았건 무조건 믿을 수 있다고 하셨습니다.

과학자가 어떤 이론을 만들고 실험을 해서 확인을 하게 되면 그것은 자연법칙이라고 할 수 있습니다. 그래서 저도 "누구든지 성령을 구하면 주시겠다"라고 하신 성경말씀을 믿고 성령을 받았다고 생각하며 실험을 해서 확인해 보자는 단계에 이르렀던 것입니다. 매일 아침마다 주님의 지도를 받고 사는 것이 바로 성령의 인도요, 성령세례를 받은 표시가 아닐까 하고 생각했습니다.

매일 주님께 지도받은 대로 몇 달을 살아가자 내가 아는 하나님이 틀림없이 성경에 나오는 하나님이심을 확인하게 되었습니다. 그동안 하나님은 저에게 매일 하루도 거르지 않고 작은 기적들을 끊임없이 보여 주셨습니다. 우연한 일이겠지 하면서도, 어떤 일이 똑같은 방향으로 반복해서 일어나니까 하나님께서 친히 역사하시는 것이라고 믿을 수밖에 없었습니다. 누군가 제게 "어떤 사건으로 확인받았는가" 하고 묻는다면 답변하기가 곤란하지만 천 몇 백 가지 일로 틀림없이 확인받았습니다. 그 확인은 의심할 수 없는 것이었습니다. 그러다 보니 더 이상 주님께 복종하지 않을 수 없었습니다. 그래서 과학 공부를 걷어치우고 목사가 되는 길을 준비해야겠다고 결심하고 신학교에 들어갔습니다.

신학교에 1년 다니고 나서 저는 거의 미칠 지경이 되었습니다. 부모님이 중국에 살고 계셨기 때문에 저는 미국에 있는 동안 계속 기숙사생활을 했습니다. 중학교 1년, 고등학교 4년, 대학교 5년, 신학교 1년, 모두 합해 11년 동안 기숙사생활을 하면서 이론적인 공부만 했지 내 손으로 일해 본 적도 없었고 고된 노동을 해 본 적도 없었습니다. 오직 책만 붙들고 씨름하다 보니 이상한 사람이 된 것입니다. 매년 봄만 되면 특히 심했습니다. 여름 동안 아이들을 지도하고 함께 어울리다 보면 가을쯤 회복되었다가 봄이 되면 다시 미친 사람처럼 되었습니다. 저는 심리학을 공부했기 때문에 저 자신이 점점 비정상적으로 되어 가는 것을 알 수 있었습니다. 이러다간 흰옷 입은 환자 취급받기가 십상일 것 같아 모두 그만두고 노동자로 살기로 결심했습니다.

이런 이유로 학교를 그만두고 건축노동을 하던 중에 전쟁이 터졌습니다. 솔직히 말하면 처음부터 건축노동자로 일한 것은 아닙니다. 처음에는 실업자 생활부터 했습니다. 그 당시 미국 경제가 대공황에 빠져 있었기 때문에 일자리 구하기가 얼마나 힘들었는지 모릅니다. 제가 교육학 학사학위는 받았지만 학생들을 가르칠 수 있는 자격을 얻기 위해서는 석사학위를 받아야 했으므로, 대학공부가 별 소용이 없었습니다. 아무리 애써도 직업을 구할 수가 없었습니다.

그렇지만 실업자 생활을 하면서 좋은 경험도 많이 했습니다. 밑바닥 사람들과 함께 사는 방법을 배웠으니까요. 방 얻을 돈이 없어 친구 두 사람과 함께 빈 창고에 들어가 살기도 했습니다. 사탕공장 창고였는데, 물건은 거의 다 나갔고 창고세도 두세 달치 미리 낸 상태여서 생활하는 데 큰 문제는 없었습니다. 창고에 남아 있던 손상된 사탕들은 저희가 다 먹어치웠습니다. 단지 창고에 먼지가 얼마나 많던지 고무호스로 불어서 청소를 해야 했습니다. 또 벼룩이 얼마나 많던지 한 사람당 300마리는 키웠던 것 같습니다.

저는 일주일에 겨우 50센트로 살았습니다. 셋방은 엄두도 못 내고 폐가 직전의 방, 세를 놓지도 못하는 방을 얻어 살았습니다. 시장에 가서는 제일 싼 음식만 골라 사 먹었습니다. 일주일에 몇 끼 정도는 아는 사람 집에 초대받아서 잘 얻어먹기도 했습니다. 또 청년회 지도자로 활동했기 때문에 주일이면 여기저기에서 초대해 주곤 했습니다. 그 당시에는 교회가 가난해서 사례금을 많이 주지 못했지만 선물을 주는 풍습이 있었습니다. 특히 농촌 교회에 가면 사과나 복숭아, 감자 같은 과일과 채소를 선물하는 경우가 있어 현금 없이도 사는 데 큰 불편이 없었습니다. 몇 개월 동안 그렇게 실업자 생활을 하면서 지냈습니다.

그러나 얻어먹고 지내는 데도 한계가 있어 어느 순간 돈이 다 떨어졌습니다. 그래서 나중에는 정부에서 운영하는 직업소개소에 나가 매일 일자리를 알아보았습니다. 저는 노동하던 사람이 아니었기 때문에 일자리도 잘 나지 않았고, 설사 있다 해도 흑인을 구하는 자리일 경우에는 해당이 안 되었습니다. 그래서 싫어하는 일이지만 타자시험을 봐서 타자치는 일을 알아보았더니 그것마저 자리가 없었습니다. 그러던 어느 날, 이제 마지막이라고 생각하고 직업소개소를 찾아갔습니다. 다행히 방세는 미리 지불했기 때문에 2주 정도 여유가 있었지만, 수중에 돈이라고는 1달러 50센트에 먹을 것도 전혀 남아 있지 않은 상태였습니다.

소개소에 갔다가 자리가 없다는 말에 맥없이 나오는데 저보다도 더 처지가 딱한 사람을 만났습니다. 나이가 저보다 많았는데, "형제, 배가 고파 그러니 좀 도와주지 않겠소?" 하는 것이었습니다. 순간 나쁜 데 돈을 쓰려고 구걸하는 것은 아닌가 걱정이 되어 돈은 주지 않고 "식당에 가서 밥이나 먹읍시다" 하고 말했더니 좋다고 했습니다. 식당에 가서 제일 값싼 75센트짜리 식사를 시켜 먹으며 대화를 나누었습니다. 그 사람이 물었습니다.

"어디서 일합니까?"

"실업자예요."

"아! 그래요? 이거 안됐군요. 실업자를 벗겨 먹다니!"

"천만입니다. 있는 동안은 나눠 먹어야죠."

"어떤 일자리를 찾고 있습니까?"

"제가 듣기로는 정부에서 시외에 비행장을 닦는다고 하는데, 그곳에 혹 일자리가 없을까 해서요? 그곳 일자리를 소개하는 사무실을 찾고 있는데 아무도 모른다고 하네요."

"아! 그거 말이요. 소개소 찾지 말고 시청에 가서 건설담당 책임자를 만나세요. 그 사람이 내 친구니까 물어보면 될 겁니다."

"왜 당신은 안 가죠?"

"추워서 거기서 일하고 싶은 마음이 없어요. 딴 데 가서 살 계획이오."

"예, 감사합니다."

그의 말을 믿기 어려웠지만, 시간은 남아돌고 할 일은 없고 해서 시청에 찾아가 보았습니다. 책임자를 만나 물어보니, 비행장 만드는 일은 시청 소관이 아니라 국가담당업무 소관이므로 시청 내 임시사무실로 가 보라고 해서 그리고 갔습니다. 그쪽에서 무슨 용무로 왔느냐고 묻기에 노동일을 하려고 일자리를 찾는 중이라고 했습니다. 그들이 청사진을 판독할 줄 아느냐고 묻기에 안다고 대답했습니다. 사실 한 번도 청사진을 본 적이 없었습니다. 단지 남이 할 수 있으면 나도 할 수 있으리라는 생각에 그렇게 대답했던 것입니다. 그런데 놀라운 일은, 청사진을 보자마자 이해할 수 있어서 제가 거짓말한 것은 아닌 일이 되었습니다. 그쪽에서 월요일부터 근무하라고 해서 노동일을 배우며 노동자 생활을 하게 되었습니다.

3개월 정도 일하고 나니 사무도 조금씩 맡게 되었습니다. 공사를 감독하는 일이었는데, 제가 청사진과 대조해서 면밀하게 검사하다 보니 너무나 확실하고 지나치게 책임 의식이 강해 공사판 분위기와 맞지 않았습니다. 저는 소위 말하는 눈감아 주는 정치를 받아들일 수 없었던 것입니다. 그래서 해고를 당했습니다.

직장을 잃고 막막했지만 다시 재미있는 일거리를 찾게 되었습니다. 비행기 격납고 건축 현장이었는데, 쇠로 만든 골조 위를 원숭

이처럼 다니며 하는 일이었습니다. 사다리가 없어 매우 위험했지만, 올라 다니는 법이 있어 요령만 익히면 재미있을 것 같았습니다. 그래서 골조일 하는 사람에게 물었습니다.

"견습공 받지 않습니까?"

"골조 꼭대기에서 일하고 있는 책임자에게 물어보시오."

그 말에 저는 보란 듯이 신나게 골조 꼭대기로 올라가서 사람을 쓰겠느냐고 물어보았습니다. 그랬더니 야간 일을 하라고 했습니다. 그렇게 해서 새 일을 시작했습니다. 밤에 일을 하려니 얼굴이 창백해지고, 연장도 무겁고 힘에 겨워 손이 얼마나 부어올랐는지 모릅니다. 책임자가 제 얼굴과 손을 보고 저러다 쓰러지겠다고 생각했는지, 사장님 오시면 다시 물어보라고 해서 내려와 사장 오기를 기다렸습니다. 사장이 와서 제게 몇 가지 묻더니 속으로 웃는 듯했습니다. 사무를 보던 사람이 어떻게 이런 힘들고 위험한 일을 할 수 있을까 하고 말입니다. 그는 장갑이 없느냐고 묻더니 자기 장갑을 벗어 주며 한번 해 보자고 했습니다. 사실 손이 너무 거칠어져서 장갑 없이는 일할 수 없는 상태였습니다.

그날 오후 4시간 동안 일했습니다. 큰 렌치를 들고 4시간 동안 볼트 조이는 일을 계속하고 나니 그런 중노동이 없었습니다. 내 평생 그렇게 심한 노동을 그때만큼 한 적이 없을 것입니다. 덕분에 자부심은 생겼지만 너무도 졸렸습니다. 다음 날부터는 8시간을 일해야 할 텐데 걱정이 안 될 수 없었습니다.

이튿날 나가서 아침부터 점심까지 일하고 나니 쓰러질 듯했습니다. 오후에는 도저히 더는 일할 수 없다는 생각이 들어 그만둘까 말까 망설이다가 기도를 드렸습니다.

"주여, 당신의 뜻이 무엇입니까?"

그런데 기도하자 "가만히 기다려라!" 하는 음성이 들려왔습니다. 그리고 조금 있으니 오늘은 자재가 다 떨어져서 일을 못 하니 집으로 돌아가라고 했습니다. '휴! 살았구나' 생각하고 얼른 집에 와서 쉬었습니다.

다음 날 출근해서 오전내 일하고 나니 피곤해서 도무지 일을 못 하겠더군요. 오늘도 어제처럼 되었으면 하고 바랐는데 실제로 그렇게 되어 오전만 일하고 집에 돌아왔습니다. 그 다음 날은 토요일이어서 반나절만 일했고, 일요일은 충분히 안식할 수 있었습니다. 이튿날인 월요일부터는 마침내 8시간씩 일할 수 있었습니다. 그 뒤로는 몸이 더욱 단련되어 계속해서 일할 수 있었습니다.

한 가지 재미있는 사실은, 제 친구들은 다 운동을 잘했지만 대학 졸업하고는 대체로 사무직을 택해 가만히 앉아서 일하게 되었고 저는 몸도 약하고 운동도 못했지만 졸업 후 작업복 입고 노동일을 하게 되었습니다. 간혹 길에서 옛 친구들을 만나면 얼마나 자랑스러웠는지 모릅니다.

"요즘 무사히 잘 지내나?"

"물론. 요즘 철재 골조 일을 하고 있지."

"그래? 나도 한 사흘 정도 노동을 해 보았지만 집사람한테 매일 거짓말을 해야 되니 그 일을 할 수가 없군."

제가 친구들에게 제가 하는 일을 권하지 않은 이유는, 땀 냄새 풍기며 들어오는 남편을 아내들이 싫어하는 줄 잘 알았기 때문입니다. 친구들은 대체로 지식인이 되기를 원했고 지식인 아내와 결혼했기 때문에 남편이 노동하는 것을 부인들이 몹시 싫어했습니다. 노동자 생활만 한다면 몇 년 내로 큰 부자가 될 수 있고, 시장(市長)에도 출마할 수 있었을 것입니다. 그러나 부인들이 남편이 땀 흘려 노동하는 것을 싫어하고 땀 냄새를 견디지 못하니 어쩔 수 없었습니다.

제가 노동에 익숙해질 무렵 전쟁이 터졌습니다. 전쟁이 일어나니 하루에 8시간 일하던 것이 12시간으로 늘고 쉬는 날도 없었습니다. 여인숙에 묵고 있었지만 새벽에 일을 나가야 되니 혼자 밥 먹고 출근해서 점심 식사는 현장에서 해야 했습니다. 일을 마치고 숙소에 돌아가면 그대로는 땀 냄새가 너무 심해서 다른 사람들과 함께 식사를 할 수가 없어 부엌에서 따로 먹었습니다. 또 냄새가 나지 않도록 목욕부터 하고 내려오면 다른 사람들은 이미 식사가 끝나 역시 부엌에서 식사할 수밖에 없었습니다. 그래서 한참 동안 함께 묵는 사람들과 한 번도 같이 식사를 하지 못했습니다. 기도 시간은 조금밖에 가질 수 없었고 교회에 나갈 새도 없었습니다. 노동자 생활을 충분히 경험할 수 있었던 시간이었습니다.

그러던 중 정부 방침에 따라 군대를 가든지 신학교에 복학하든지 결정을 내려야 할 때가 왔습니다. 저는 다시 신학교에 들어갔다가 한 학기만 마치고 배 타는 친구 소개로 선박회사를 찾아가 자격증을 얻어 일자리를 알아보았습니다. 우여곡절 끝에 배를 얻어 타고 모험에 가득 찬 생활을 하게 되었습니다.

생명을 위협하는 위험한 고비를 몇 번이나 넘겼는지 모릅니다.

전쟁 중에는 상선을 탄 사람들이 제일 많이 죽었습니다. 해군보다 몇 배나 더 위험한 생활이었습니다. 한 배에서 20명이 공동생활을 하는데, 몇 개월 동안 도망갈 수도 피할 수도 없는 생활을 했습니다. 개인 방도 없었습니다. 하지만 이 때문에 다른 사람에 대해서 많이 배울 수 있었습니다.

　노동자 생활을 하면서 노동자들에게 전도하려고 했지만 동역자가 없었습니다. 신학생 중에 같은 뜻을 가진 사람이 한 사람도 없었던 것입니다. 같이 나가서 선원들에게 복음을 전하자고, 노동자에게 전도하자고 해도 모두들 거절하면서 지식인들에게만 전도하려고 했습니다. 교회일만 하려고 하지 노동하기를 싫어하고 노동자와 사귀기도 꺼려했습니다. 예수님의 말씀, "내가 가난한 사람을 위하여 복음을 전하러 왔다" "하나님께서 나를 세상에 보내신 것같이 나도 너희를 세상에 보낸다"라는 말씀에는 관심도 없고, 이해도 못 하는 것 같았습니다.

　그래서 저는 전도자로서는 완전히 실패했습니다. 바울 사도도 혼자서는 아무 일도 못 했습니다. 그도 혼자 있을 때는 유대인들에게 유대교에 대해서만 이야기하지 않았습니까? 그러다가 실라와 디모데가 온 다음부터 복음을 전하기 시작했습니다. 그 이유는 무엇입니까? "두세 사람이 내 이름으로 모인 곳에는 나도 그들 중에 있느니라"(마 18:20)라고 하셨기 때문입니다. 전도는 우리 힘으로 하는 것이 아니라 내 속에 계신 예수님이 하시는 것입니다. 저 개인적으로는 예수님과 관계를 맺고 있었지만 다른 동역자가 없었으므로 예수님께서 나타나지도, 친히 역사하지도 못하셨습니다. 제

나름으로 노동자들과 좋은 대화를 많이 나누었지만 한 사람도 예수님을 구주로 영접하지 않았던 것입니다.

제가 2-3개월 동안 배를 타고 돌아와서 친척을 방문한 뒤 다른 배를 타게 되었을 때의 일입니다. 그동안 함께 생활했던 부선장이 제가 속한 교파를 물으면서 자신이 성공회 신자임을 밝혔습니다. 같이 3개월씩이나 배를 타면서도 자신이 신자임을 밝히지 않고 복음전도 사역에 관심도 없는 이런 신자를 명예신자라고 불러야겠지요. 선원 생활을 하면서 배운 것도 깨달은 것도 많지만, 특별히 어떻게 하면 복음을 전할 수 있을지 깊이 생각하는 계기가 되었습니다.

그 후 신학교에 복학하여 학업을 마친 뒤 개척 교회일을 시작했습니다. 요한복음 14장 12절(내가 진실로 진실로 너희에게 이르노니 나를 믿는 자는 나의 하는 일을 저도 할 것이요 또한 이보다 큰 것도 하리니 이는 내가 아버지께로 감이니라) 말씀에 잘 나와 있지만, 그때는 기적이 어느 교파에서 잘 일어나는지 몹시 궁금했습니다. 소문에 의하면, 제가 속한 교파에서는 기적을 볼 수 없지만 순복음 교파에서는 기적이 일어난다고 했습니다. 하지만 기적을 행하는 사람을 직접 만나 본 적이 없어 믿을 수는 없었습니다.

그러면 여기서 제가 어떻게 순복음 교회도 아닌 성공회로 교파를 옮기게 되었는지 그 이유를 말씀드리겠습니다. 그때는 장로교 회법이 너무도 딱딱하고 융통성이 없어서 선교사로 파송받으려면 반드시 뉴욕에 있는 선교부에 소속되어야 하고 거기서 지급되는 월급을 받아야 했습니다.

제 할아버지의 절친한 친구 가운데 허드슨 테일러(Hudson Taylor)란 분이 있습니다. 그는 중국 선교사로 활동했는데, 장로교 선교부에 소속될 수 없는 사정이 있어 개인적인 믿음으로 중국으로 갔습니다. 그는 누구에게도 자신의 경제적 어려움을 말하지 않고 모금운동을 펼치지 않기로 결심했습니다. 그 결과 주님이 모든 문제를 해결해 주셨습니다. 그는 기존 선교부보다 더 큰 선교회를 조직하여 오직 믿음으로만 사역했습니다. 허드슨 테일러가 이끄는 선교회는, 소속 선교사가 친척이나 어떤 교회에라도 경제적 지원을 요구한 것이 드러나면 선교회에서 쫓아내는 법이 있었습니다. 절대로 모금운동을 허락지 않았던 것입니다. 제가 자라난 중국에는 그런 분들이 주위에 아주 많이 있었습니다. 그래서 저는 장로교 선교부에 찾아가 다음과 같은 제안을 했습니다.

"저는 선교사로 나가고 싶습니다. 선교부에서 지급하는 월급을 받지 않는다면, 선교부에서는 자원하는 사람만 있으면 50명이고 100명이고 더 보낼 수 있지 않겠습니까? 저는 믿음으로 나가고 싶습니다."

그러자 아주 기분 나쁜 얼굴로 이렇게 말했습니다.

"믿음으로라니, 그게 무슨 뜻으로 하는 말이요? 그러면 우리는 믿음이 부족하단 말이요? 그런 소리 하지 마시오. 그리고 월급도 받아야 합니다."

제가 특별히 가고 싶었던 곳은 중국에서도 제일 서쪽에 있는 신강이라는 지역으로 소련과 몽고에 인접한 지역이었습니다. 거기서는 모두 다 천막생활을 하고 말을 타고 다닙니다. 저도 말을 타고 다니면서 선교를 하고 싶었습니다. 장로교 선교부에서는 그곳은 다른 독일 선교사도 없고 해서 선교는 가능하지만 제안한 내용은 법적 근거가 없으니 받아들일 수 없다고 했습니다.

그런데 장로교 본부에서 멀지 않은 곳에 성공회 본부가 있었습니다. 어떤 사람이 성공회에 가서 알아보자고 해서 성공회 선교부장을 만나 보았습니다. 푸에르토리코 선교사로 계시다가 돌아온 분이었습니다.

"선교사가 믿음으로 가겠다고 하면 보내 줄 수 있는지요? 중국 내지선교회나 다른 선교회와 같이 믿음선교회(Faith Mission) 식으로 할 수는 없는지요?"

그는 화도 내지 않고 오히려 재미있는 답변을 해 주었습니다. 저에 대해 아무것도 모르는 그가 "젊은이, 그것 참 좋은 생각입니다. 우리에게는 그 믿음선교회를 통해 배울 점이 많습니다. 사실 우리는 그런 믿음이 부족합니다" 하는 것이었습니다. 얼마나 겸손한 말입니까! 조금도 기분 나빠 하지 않고 서로 배울 점에 대해 대화를 나누던 중 그가 대주교님을 만나 보라고 권했습니다. 대주교님은 일본에서 선교를 하던 분이며 의미 있는 시간이 될 것이라고도 말해 주었습니다. 그러고는 대주교님을 소개시켜 주었습니다. 대주교님을 만났지만 무슨 말을 해야 할지 몰라 조금 전에 한 말을 되풀이할 수밖에 없었습니다.

"대주교님, 제 생각으로 선교사 파송 문제에 대해서는 믿음선교회에서 배울 점이 많다고 생각합니다."

"그거 옳은 말씀이오. 그런데 우리 성공회도 그런 면에서 비슷한

면이 있습니다. 예를 든다면, 지금 아프리카의 리비아에는 성가수
도회와 우리 선교부 선교사들이 파송되어 일하고 있는데, 성가수
도회는 내지(內地)에서 선교부 선교사들은 해안에서 열심히 사역하
고 있습니다. 경제생활이나 기관 운영을 하는 데도 서로 독립적입
니다. 성가수도회는 여러 명의 수사가 수도원장 밑에 있고 수도원
장은 우리 선교부에서 파송된 분인데, 수도원장은 서열상 주교 밑
에 있습니다. 재미있는 것은 리비아 선교부에서 파송 보낸 주교가
신병으로 귀국하고 새 주교를 선임하게 되었을 때 성가수도원 소
속 어느 수사 신부의 품성이 가장 훌륭하다고 인정되어 그분이 주
교가 되었습니다. 그런데 그분이 수사 신부이기 때문에 수도원장
밑에 있습니다. 수도원장은 주교가 아닌 신부입니다. 그렇지만 교
구의 다른 모든 사람은 그 주교의 관할하에 있습니다."

다 듣고 보니 성공회는 융통성이 참 많은 것 같았습니다. 그래서
장로교를 떠나 성공회에 들어갔습니다. 교파를 바꾼 이유는 교리
문제 때문이 아니었습니다. 성공회 측에서도 저를 싫어하는 사람
이 많았지만 그들이 제게 아무 소리도 못 하는 것은 그만큼 포용성
이 크기 때문입니다. 그 대신 저도 그들에게 자유를 줄 수밖에 없
습니다. 주를 위해 나름대로 열심히 일을 하고 나면 그 결과는 주
님이 판단하실 것입니다.

성공회에 들어간 뒤 저는 미국의 남부에서 흑인들을 위해 일하
기 시작했습니다. 거기서는 흑인과 백인이 교회를 따로따로 다녔
습니다. 그런데 흑인들은 흑인 신부보다는 백인 신부를 더 원했습
니다. 백인 신부를 등에 업고 몇 사람이서 교회를 마음대로 휘두르

고자 했기 때문입니다. 백인 신부는 흑인들의 세계가 어떤지 잘 몰라서 대표를 자처하는 사람의 의견을 따를 수밖에 없었습니다. 대표라는 사람은 신부에게 교인 전체의 생각인 양 본인의 의사를 전달하고 교인들에게 가서는 신부의 권세를 빌려 군림했습니다. 저희 교회에도 그런 사람이 있었습니다. 저는 점차 무엇이 문제인지 알게 되었습니다. 그는 나를 이용했던 것입니다. 그 다음 번에 그가 또 찾아왔습니다.

"신부님, 우리가 이렇게 하려고 합니다. 허락해 주시겠습니까?"

"예, 그러면 이 문제를 전 교인들이 모인 자리에서 의논해 결정합시다."

"신부님, 그런 법이 어디 있습니까? 신부님이 결정하셔야지요."

"아니요, 죄송한 말이지만 저는 여러분의 의견을 잘 이해할 수 없으므로 모두 모인 자리에서 온 회중이 함께 결정했으면 합니다."

그랬더니 그의 얼굴이 굳어 버렸습니다. 회의 결과 대표라는 사람의 의견에 따르는 사람은 단 한 명도 없었습니다. 그 사람만 제외하고 정반대 의견에 만장일치로 찬성했습니다. 그 후부터 제가 책임지고 민주적으로 교회를 운영하면서 교회가 비교적 잘 되어 갔습니다.

흑인 교회를 통해 배우고 깨달은 바가 매우 많습니다. 그래서 저는 교회일을 그만두고 정치에 참여하기로 결정했습니다. 교회관할 사제로서 정치를 할 수는 없었으므로 평신도로서 건축일을 하면서 흑인의 인권을 위해 투쟁하기로 결심했습니다. 그때만 해도 법적으로 흑인의 인권이 인정되지 않았으며, 대법원에서도 정당한 판례가 없는 형편이었습니다. 하지만 우리의 정치활동의 영향으로 대법원에서 결정을 내려 흑인의 인권운동이 강화되기 시작했습니다.

흑인해방운동에 참여하면서 여러모로 깊이 연구해 보니 경제적인 문제가 가장 기본 문제였습니다. 경제문제를 이해하지 못하면 사회문제도 이해할 수 없습니다. 사회문제를 이해하지 못하면 신학문제도 이해할 수 없습니다. 신학은 사람의 마음을, 그리고 사람과 사람의 관계를 중요시하지 않습니까? '서로 사랑하라'는 말씀이 하나님의 가장 기본적인 법 아닙니까? '하나님을 사랑하고 이웃을 네 몸과 같이 사랑하라'는 말씀이 신학의 기본 아닙니까? 그런데 이웃을 내 몸과 같이 사랑하려고 하면 무슨 학문을 알아야 합니까? 신학뿐만 아니라 경제학·사회학·심리학을 알아야 합니다. 신학만으로는 하나님의 뜻을 실현하는 데 충분하지 않습니다.

성경의 두 가지 중요한 법은 '하나님을 사랑하라'는 말씀과 '네 이웃을 네 몸과 같이 사랑하라'는 말씀입니다. 신학교에서는 주님을 사랑하는 법에 대해 7년이나 가르치지만 이웃을 사랑하는 법에 대해서는 제대로 가르치지 않았습니다. 한 7년 정도 더 배우면 좋겠지만 그럴 시간과 돈이 있는 사람이 얼마나 되겠습니까? 그런데 사회법과 경제법을 배우기 시작하면서 저는 마침내 성경에 나오는 사회법과 경제법이 제일 실제적인 법이라는 사실을 깨닫게 되었습니다.

우리가 흑인의 인권을 위해 싸울 때 함께 손잡고 일한 사람은 공산당 측 사람들뿐이었습니다. 공산당들은 흑인 세력을 잡고 그들을 통해 미국을 공산화하고자 하는 욕망이 있었습니다. 그래서 그들은 의도적으로 배를 소유했습니다. 그들과 배를 타면서 느낀 것이지만 인권이나 노동권을 가장 강조하는 사람은 바로 공산주의자였습니다. 우리는 그들과 여러 해 동안 함께 일하면서 공산주의 사상에 대해 잘 알 수 있었고, 깊이 연구해서 그 이론의 모순점을 깨달을 수 있었습니다. 그들의 말 가운데 성경말씀과 정반대되는 것은 하나님이 계시지 않는다는 것이었고, 그들이 실제적이라고 주장하는 생산수단의 국유화라는 말도 사실은 성경말씀에 위배되는 것이었습니다.

그런데 생산수단 중에서 가장 기초적인 것은 토지입니다. 그들의 토지가 다 나라의 것이라 해서 성경적인 것은 아닙니다. 토지는 하나님께서 인간에게 주신 것이지 인간이 만든 정부나 왕에게 주신 것은 아닙니다. 이것은 자본주의 세계에서도 마찬가지입니다. 자본주의 세계는 바로 지주가 중심이 되는 세계입니다. 지주들이 땅장사를 해서 땅을 독점하고 있으니, 사람들은 공장을 운영하고 싶어도 땅이 없어 건물을 짓지 못합니다. 자본이 있어도 토지임대료를 내고 나면 공장 수입이 떨어지고, 그나마도 토지임대료가 매년 오르므로 공장은 문을 닫을 수밖에 없습니다. 지주는 가만히 앉아서 돈을 법니다. 그러니 공장을 짓기보다는 땅을 사 두는 것이 훨씬 이익이 되고, 결국 일자리는 점점 줄어들 수밖에 없습니다. 그래서 경제공황이 오는 것입니다. 이것은 바알법입니다.

'바알'이란 말은 원래 '주인'이란 뜻입니다. 누가 주인입니까? 바로 지주입니다. 바알 종교는 지주의 종교입니다. 이스라엘의 역사를 살펴보면, 히스기야 왕이 죽고 70년 동안 바알법으로 살다가 지주들의 등살에 더는 견딜 수가 없어 요시야 왕 때 종교개혁을 통해 다시 주님의 법으로 돌아갔습니다. 하지만 그 뒤 이스라엘 역사는 여호와를 믿는다 하면서도 바알법이 지배하게 되었습니다.

지금 유럽이나 미국을 가 봐도 똑같은 문제가 있을 뿐입니다. 성경말씀을 창세기부터 요한계시록까지 다 믿는다고 하면서도 토지법은 전혀 따르지 않습니다. 하나님의 법을 실행하지 않습니다. 바알법대로 살면 갈수록 부자가 될 수 있습니다. 땅만 소유하면, 자기가 원하는 대로 세를 받을 수 있기 때문입니다. 아무리 자유를 외쳐 보았자 땅이 없으면 지주의 종이 될 뿐입니다. 공장이든 농장이든 땅이 없으면 아무것도 못 합니다. 고기를 잡아 팔려고 해도 부두가 없으면 정박할 수 없습니다. 생선을 배 안에서 썩힐 수밖에 없습니다. 부두 임자의 허락이 있어야 어업도 할 수 있습니다.

지주들은 권세가 커서 드러나지 않게 사람들을 잘 다룹니다. 그들은 노동자들로 하여금 공산주의에 미혹케 하여 공산당에 들어가게 합니다. 그런데 공산당은 정부에 의해 힘을 못 쓰게 되어 있습니다. 그러면 지식인은 어떻게 조종합니까? 지식인들이 성경공부를 조금만 해 보면 현실의 모순이 무엇인지 금방 알 수 있습니다. 그래서 지주들은 자기 자본으로 대학교와 대학원, 신학대학원까지 설립합니다. 신학대학원의 학비가 1년에 50만 원이라면 실제로 학교에서 드는 비용은 100만 원에서 200만 원 정도 됩니다. 그러면 초과되는 돈은 누가 대줍니까? 지주가 내는 것입니다. 그러므로 교수가 성경의 토지법에 대해서 가르치면 조용히 불러서 압력을 넣습니다. 성경을 곡해해서 가르치지 말라든지 혹은 시대에 뒤떨어진 얘기라든지, 고대에나 가능한 일이라고 하면서 말입니다. 그래서 교수들은 교수직을 지키기 위해, 먹고살기 위해 거짓말로 가르칩니다. 굳이 거짓말을 하지는 않더라도 바른말을 못 하는 것입니다. 그래서 사회문제보다는 신에 관한 문제만 취급합니다. 실제적인 많은 주제들을 다루지 않습니다. 딱딱한 신(神) 개념만 가르치니 학생들이 흥미를 잃게 됩니다. 그러니 국내문제도 국제문제도 해결할 수 없게 되는 것입니다.

남미의 해방신학이 나오게 된 원인도 바로 여기에 있습니다. 남미의 천주교 주교들이 권력가나 대지주의 악행을 볼 때, 성경에는 의와 정의와 공의라는 말이 계속 나오는데 왜 교회는 정의와 공의에 대해 관심이 없는지 이해할 수 없었던 것입니다. 그래서 그들은 억압받는 사람을 해방시켜야 한다는 해방신학을 만들었습니다. 신학교 다닐 때에 제대로 배우지 못했기 때문에 칼 마르크스에게 해방을 배우게 된 것입니다. 칼 마르크스의 이론이 옳다는 것입니다. 그래서 결국은 인본주의에 깊이 빠지고 필요 없는 말만 늘어놓으면서 문제를 해결하지 못하게 되어 버렸습니다.

저희가 처음 목회할 때도 이런 문제가 있었습니다. 어느 날, 군대에서 사귄 제 친구가 제가 목회하는 마을로 소설을 써 보겠다고 찾아왔습니다. 조용한 데서 있고 싶다고 말입니다. 그 마을은 겉으로 보면 얼마나 아름답고 조용한지, 꼭 시인의 마을에 온 듯했습니다. 그런데 조금만 깊이 파고 들어가면 얼마나 부패하고 더러운지 말할 수 없을 지경이었습니다.

그런데 그가 이 마을에서 한 흑인 어부를 알게 되었습니다. 그 흑인은 감리교 신자인 백인이 소유한 부두에 자기 어선을 갖다 대는 대신, 뉴욕에 팔면 박스당 100달러씩 받을 수 있는 생선을 부두 주인에게 30달러에 팔 수밖에 없었습니다. 그러다 보니 그 흑인은 새 그물을 사느라고 빚진 돈을 3년이 지나도록 갚지 못하고 있었습니다. 사정을 안 제 친구가 저희 교회 신자에게 부탁해서 그 흑인의 고기를 박스당 100달러에 팔아 주었습니다. 그 지방에서는 흑인 이름으로는 생선을 뉴욕에 부칠 수 없었기 때문에 제 친구 이름으로 했습니다. 그 덕에 그 흑인은 3개월 만에 빚을 다 갚을 수 있었습니다. 그런데 이 사실이 부두 소유주에게 알려져서 저희 교회 신자가 살해위협을 받고, 그 흑인의 배를 더는 받을 수 없게 되었습니다. 그 흑인이 다른 곳을 알아보았지만 배를 정박할 부두가 있을 리 없었습니다. 미국은 그런 사회입니다.

제가 아는 이웃 마을의 한 성공회 신부님은 저처럼 코가 길어서 자주 남의 일에 간섭합니다. (물론 주의 종이라면 모든 일에 간섭을 해야 하는 것인 줄로 알지만 말입니다.) 하루는 그 신부가 아편을 밀매하는 신자를 알아냈습니다. 그 신자는 배를 사용해서 중국이나 타일랜드에서 생산된 아편을 몰래 들여왔습니다. 그것은 법을 어기는 행위로서 지역이나 주에서 다루지 않고 국가적 차원에서 다루어졌습니다. 그래서 그는 아편밀매업자에게 가서 그 사업을 그만둘 것을 종용하고, 충고를 듣지 않으면 고발하겠다고 경고했습니다. 아편밀매업자는 마을 흑인을 시켜 100달러를 줄 테니 신부를 죽이라고 시켰습니다. 신부 집은 외딴 곳에 있었고, 그날 따라 파티를 하고 있었기 때문에 누가 신부인지 창문을 통해 충분히 알아볼 수 있었습니다.

"자, 저 사람만 죽이면 백 달러를 주겠다."

"아니, 저 사람은 신부가 아닙니까?"

"그럼."

"아이고, 저는 못 죽입니다. 보통 사람이면 죽이더라도 회개해서 용서받을 수 있을지 모르지만, 신부를 죽이면 회개할 길이 없지 않습니까? 난 못 합니다."

그러자 그 밀매업자는 총을 빼앗아 직접 신부를 죽여 버렸습니다.

후임신부가 있을 때 제가 그곳을 방문했습니다. 그는 벽에 걸린 그림을 치우고 총탄구멍을 보여 주었습니다. 그것은 바로 전임신부를 죽인 총탄자국이었습니다. 아이들이 아직 어리기 때문에 놀라지 않도록 그림으로 가려 놓았다고 했습니다. 그런데 그 신부도 2년 동안만 그 교회에서 목회하다가 더 이상 견딜 수 없어 다시 군대로 들어가 군목이 되었습니다. 일반 교회는 아편밀매 하는 깡패나 몰인정한 지주로 가득 차서 너무나 부패하고 더러운 상태였기 때문입니다.

저는 한국 교회도 이와 비슷한 상황으로 변할 위험성이 있다고 생각합니다. 마귀는 주님의 사역을 방해하기 위해서는 교회부터 점령해야 함을 잘 알기 때문입니다. 교회를 잡지 못하면 마귀가 힘을 못 씁니다. 요즘 교회에는 마귀의 일을 하기 위해 들어온 사람들이 많습니다. 목회자는 이런 문제들을 직면하고 분별할 수 있어야 합니다.

제가 목회하는 중에 순복음 교회 목사가 우리 마을을 방문했습니다. 저는 그와 함께 성령과 방언에 대해서 대화를 나누었습니다. 저는 방언이 성경에 나오는 것을 알고 있었지만 필요 없다는 생각을 갖고 있었습니다. 그와 함께 기도하면서 방언으로 기도하지는 못했지만 성령세례를 받았다고 믿었습니다. 오래 전부터 성령세례를 받기 위해 기도해 왔기 때문입니다.

그 마을을 떠날 때 목회를 그만두고 다시 건축일을 하면서 사회 정의를 위해 정치투쟁을 전개하기로 결정하였습니다. 그때만 해도 해방신학이 등장하기 전이었습니다. 해방신학이 나온 지는 불과 20년밖에 안 되었으니까요. 하지만 그 당시 제 사상은 바로 해방신학의 내용 그대로였습니다. 그때까지 저는 하나님의 토지법에 대해서 깨닫지 못하고 있었습니다. 눈으로 보면서도 무슨 뜻인지 몰랐고, 성경과 연관을 짓지도 못했습니다. 그런 사상을 갖고 있었으니 목회에도 실패하고 정치에도 실패하여 오랫동안 교회를 맡지 못하게 되었지요.

그럼에도 주교님은 제 능력을 아껴 주셔서 공석 중의 관할사제직을 소개해 주었습니다. 그러면서 한 가지 당부한 것은 교회 평신도 중 한 사람이 사장인데 그가 교회 안에서 영향력이 크므로 그와 대립하면 목회하기 어렵다는 말씀이었습니다. 그는 사장이자 대지주였습니다. 그 지방의 유력한 인사로서 그 지역뿐만 아니라 교회의 권세까지 잡고 있었으므로 어느 신부든 그에게 아부하지 않을 수 없었습니다. 그 사람 비위만 잘 맞추면 교회는 어려움 없이 잘

되어 갔습니다. 주님의 사업은 안 되지만 교회는 잘 굴러 갔습니다. 저는 안타까웠지만 그 교구를 떠나 다른 교구로 갔습니다.

그런데 한 가지 분명한 것은 제가 목회하기를 싫어했다는 점입니다. 목회자보다는 신학 교수나 선교사가 되고 싶었습니다. 그래서 항상 "주여, 언제쯤이면 저를 신학 교수나 선교사로 보내 주시겠습니까? 저에게는 목회가 맞지 않습니다"라고 기도했습니다. 목회를 원하지는 않았지만 성실하게 했으므로 성과는 있었습니다. 그러나 너무 피곤했습니다. 그래서 흑인문제가 없는 북미로 가서 6년 동안 같은 교회에서 사역했습니다. 그런데 6년 동안 기도하며 주님의 인도를 기다렸지만 신학 교수로도 선교사로도 길이 열리지 않았습니다. 그동안 다른 교회에서 높은 월급에 사제관·비서까지 딸린 좋은 조건을 제시해 왔지만 주님은 허락지 않으셨습니다. 마침내 저는 주님께 이렇게 기도했습니다.

"주여, 죄송합니다만 제가 좋아하는 일을 허락지 않으신다면 제게 주님이 시키시는 일을 사랑할 수 있는 마음을 주십시오."

"하하, 이 바보야. 왜 6년 전에 그렇게 기도하지 않았느냐? 그랬다면 벌써 원하는 대로 되었을 텐데. 6년 동안 억지로 하기 싫은 일만 했으니 재미가 없을 수밖에. 왜 처음부터 마음을 고쳐먹고 기도하지 않았느냐?"

"예, 주님, 제가 바보입니다. 저는 교수 될 자격도, 선교사 될 자격도 없습니다. 그러면 제 마음을 변화시켜 주시겠습니까?"

"아, 물론이지."

기도한 지 사흘도 채 지나지 않아서 죽을 때까지 목회할 수 있는 마음으로 바뀌었습니다. 그 뒤부터 1년 동안 얼마나 흥미롭게 일했는지 모릅니다. 교육관도 크게 짓고 사제관도 수리해 비로소 좋은 집에서 살았습니다. 월급도 충분히 받게 되어 생활비 때문에 배를 탈 필요도 없었습니다. 1944년부터 12년 동안 목회하면서 매년 배를 타서 돈을 벌어 보태지 않으면 안 될 정도였으니 얼마나 딱한 생활이었겠습니까?

그 다음 해에 한국에서 편지가 왔습니다. 내용인즉, 한국의 성공회신학교가 6·25전쟁으로 문을 닫은 상태인데 저에게 한국에 와서 신학원장으로 취임해 달라는 것이었습니다. 단 2년간만 월급을 주고 그 후에는 월급을 줄 수 없다는 조건이 붙어 있었습니다. 주님은 선교사와 신학 교수가 되고 싶은 저의 소망을 한꺼번에 들어주신 것입니다. 월급을 주지 않아 생활수준은 다시 떨어지게 되었지만 말입니다.

하지만 주의 뜻인 줄 알고 한국에 왔습니다. 그런데 한 가지 의심나는 것이 있었습니다. 저는 반항적인 기질의 사람인데, 말하자면 '정반합'(正反合)의 '반'에 해당하는 사람인데 원칙대로 가르쳐야 하는 신학교를 과연 책임 맡을 수 있을까 하는 의문이 있었습니다. 주님은 7년을 기한으로 정해 주셨습니다. 신학원장 재임 6년 만에 갑자기 주님이 사표를 내라고 하셨습니다. 저는 주님께 항의했습니다.

"주님, 6년밖에 안 되었습니다."

"나에게 따질 셈이냐? 무조건 사표 내라."

"주님, 저에게는 아내도 있고 자식도 있습니다. 먼 타국에서 집으로 돌아갈 여비도 없습니다. 또 어떻게 아내와 의논도 없이 제 마음대로 사표를 낸단 말입니까?"

"내가 네 아내 문제는 해결할 테니까 사표 내!"

할 수 없이 주님이 시키시는 대로 사표를 냈습니다. 그리고 주교님께 "당분간 누구에게도 제가 사표 냈다는 것을 말하지 말아 주십시오. 제 아내에게 먼저 말해야지, 다른 사람이 아내에게 말해 주면 충격을 받을 것입니다" 하고 부탁드렸습니다. 주님은 이미 후임자까지도 정해 놓은 상태였습니다. 주교님은 지금 재학 중인 학생들이 졸업할 때까지 1년간만 더 맡아 달라고 했습니다. 주님이 약속하신 기한이었습니다.

그런데 집사람에게 사표 냈다는 말을 해야 할 텐데 겁이 나서 어떻게 해야 할지 엄두가 나지 않았습니다. 자꾸 미루던 중에 하루는 집사람이 먼저 물었습니다.

"당신, 사표 냈다는 말이 사실이에요?"

"그러면……."

그 말 밖에는 나오지 않았습니다. 집사람은 달력을 가지고 와서 8월 며칠에 자기도 내가 사표를 냈으면 하는 생각이 들었다고 했습니다. 그런데 놀랍게도 저도 그날 똑같은 생각을 했던 것입니다. 주님이 집사람 문제도 해결해 주셨습니다.

그래서 한마음이 되어 학교문제를 정리하고 이곳 강원도 산골짜기로 오기로 결정했습니다. 이곳에 온 이유는 옛날부터 공동생활에 뜻이 있었기 때문입니다. 한국에서 기숙사생활을 하는 중에, 또 배를 타고 다니는 중에 공동생활이 의미 있는 생활임을 깨달았습니다. 공동생활의 경험을 살려 사도행전에 나오는 방식으로 살고 싶었습니다. 공동생활을 통해 예수님이 살아 계신 것을 누구든지 볼 수 있도록 하고 싶었습니다. 그래서 우리 집사람도 제가 목회하지 않고 공동생활을 하는 것에 찬성했던 것입니다.

그 당시 제가 관할하던 항동교회 청년들 중에 남자 4명과 여자 4명이 같이 참여하여 우리 아이까지 12명이 이곳에 왔습니다. 이곳은 12명을 위해 지은 집입니다. 그런데 지금은 몇 명입니까? 63명입니다. 그래서 집 위쪽에 원래 우사로 쓰기 위해 지은 베들레헴을 고쳐 사람이 살도록 하고, 잠실도 사람이 입주할 수 있도록 고쳤습니다. 63명의 가족이 어렵게 살고는 있지만, 주님이 22년 동안 예수원 공동체를 유지하도록 허락해 주셨습니다.

우리의 목표는 공동체훈련과 공동체생활을 통하여 실험실과 같은 분위기 속에서 주의 말씀이 무엇인지 깨닫고, 객관적으로 성경의 말씀을 이해하려는 데 있습니다. 어떤 지주도 우리에게 이래라 저래라 할 수 없습니다. 이 땅은 우리 땅입니다. 또 바로 옆의 땅은 국유지입니다. 그러므로 우리는 지주의 간섭을 받지 않아도 되는 것입니다. 우리는 우리 힘으로 살아야 합니다. 월급도 받지 말고 서로 나누며 살아야 합니다. 힘이 없으면 믿음으로 살아야지요. 허드슨 테일러의 방식으로 사는 것입니다. 그래서 우리는 지금 반은 우리 힘으로, 반은 믿음으로 살고 있습니다. 우리 예수원의 자립도는 현재 47퍼센트에 이르렀습니다.

약 열흘 전에 예수원에 복잡한 문제가 있어서, 방문객들을 다 내보내고 우리 형제·자매만 모여서 약 3,000달러가 채워지기를 놓고 기도했습니다. 그 결과 3,600달러가 들어 왔습니다. 그 기부금은 한 사람이 낸 것이 아닙니다. 여러 사람이 30가지 이상의 명목으로 보낸 돈입니다. 그리고 그 돈은 우리가 기도하기 전에 이미 부친 돈이었습니다. 우리 중에 누군가가 재정문제를 남에게 말한 적도 없습니다. 이사야 65장 24절 말씀처럼 된 것입니다.

그들이 부르기 전에 내가 응답하겠고 그들이 말을 마치기
전에 내가 들을 것이며.

그렇습니다! 주님은 응답해 주십니다. 우리는 22년 동안 그런 경험을 통해 주님이 계신 것을 확인했습니다. 세월이 갈수록 더욱 더 확신을 갖고 믿게 됩니다.

오늘날 교회에서 병든 자가 고침을 받고 귀신을 쫓아내는 등의 기적이 많이 일어나고 있습니다. 저는 예수원 부원장을 역임한 조병호 목사님만큼 기적을 행하지 못합니다. 예수원에 오산리기도원만큼 병 고치는 기적이 많이 일어난다면 찾아오는 사람이 많아서 이 생활을 할 수가 없을 것입니다. 그래서 그런지 예수원에서 병 고친다는 소문은 별로 없습니다. 그런데 우리 중에 환자가 생겼을 때 기도하면 대부분 다 나았습니다. 제 아이들도 어릴 때 병이 나면 약을 주지 않고 안수기도만 해도 병이 다 나았습니다. 그런데 아이들이 학교에 다니기 시작하면서부터 의심이 생겨서 약을 먹게 되었습니다. 주님이 역사를 덜 하시는 것이 아니라 학교교육 때문에 믿음이 약해진 것입니다. 물론 하나님은 의사나 약을 사용해서

치유하시기도 하지만 우리 마음 중심이 그분을 먼저 의지하고 기도하기 원하십니다. 우리가 이 세상에 살면서 마귀와 싸우는 방법은 어린아이처럼 무조건 하나님을 믿는 것밖에는 없습니다. 우리는 문화인이 되면서부터 하나님께서 주시는 능력을 받지 못하게 되었습니다. 문화인이지만 문화를 의지하기보다 어린아이처럼 아버지 되시는 하나님 앞에 나온다면 주님은 지금도 놀랍게 역사하실 것입니다. 우리는 예수원의 삶을 통해서 그것을 확인했습니다.

2부

신자의 성장

1
시작하는 신자

저희가 이 말을 듣고 마음에 찔려 베드로와 다른 사도들
에게 물어 가로되 형제들아 우리가 어찌할꼬 하거늘 베드
로가 가로되 너희가 회개하여 각각 예수 그리스도의 이름
으로 세례를 받고 죄 사함을 얻으라 그리하면 성령을 선
물로 받으리니(행 2:37-38).

2부에서는 시작하는(출발하는) 신자, 추구하는 신자, 열매 맺는
신자, 순종하는 신자, 성숙한 신자, 신앙 성장의 아홉 단계에 대해
서 성령론을 토대로 이야기하겠습니다. '신자의 성장'이라는 제목
에서 어떻게 성령론이 나올 수 있느냐고 할지도 모르겠습니다. 그
러나 이것은 모두 분명히 성령과 관계 있습니다. 성령이 계시지 않
는다면 교회도 없고 신자도 없을 것입니다. 신약과 구약은 바로 성

령의 역사에서 차이가 납니다.

베드로가 설교를 하고 나자 말씀을 들은 사람들이 "우리가 어찌할꼬"라고 했습니다. 설교자에 대한 제일 좋은 반응이 바로 이것입니다. "수고하셨습니다"라는 말도 괜찮습니다. 별로 재미가 없었어도 수고했다고 말할 수 있습니다. 그러나 "좋은 말씀 많이 들었습니다" 하는 것은 사실 설교자의 마음을 아프게 하는 것입니다. 사람을 기쁘게 하기 위해 말한 것이 아니기 때문이지요. 제일 좋은 반응은 "어찌할꼬"라는 말일 것입니다. 베드로의 설교를 듣고 "어찌할꼬"라고 했을 때 베드로가 "너희가 회개하여 각각 예수 그리스도의 이름으로 세례를 받으면 죄 사함을 얻으리라"라고 말했습니까? 아닙니다. 그런데 현대 부흥사들은 흔히 그렇게 얘기합니다. 그러나 성경말씀은 그렇지 않습니다. 38절을 보십시오.

> 너희가 회개하여 각각 예수 그리스도의 이름으로 세례를
> 받고 죄 사함을 얻으라 그리하면 성령을 선물로 받으리
> 니.

죄 사함을 얻는 것이 목적이 아니라 성령을 받는 것이 목적입니다. 죄 사함을 얻는 것은 성령을 받기 위한 조건일 뿐입니다. 많은 사람들이 성령받기를 원하는 마음으로 교회에 나오지만 대부분의 교회가 성령에 대한 이야기를 전혀 하지 않습니다. "죄 사함을 얻을 것이다. 죄 사함을 얻을 것이다" 하고는 그만둡니다. 그러나 그래서는 안 됩니다. 그것은 구약 시대에 해당되는 말입니다. 구약에

서는 죄 사함에 대한 말이 많습니다. 회개하면 죄를 사하겠다고 합니다. 그러나 실상은 회개하지 않았고 회개한다고 해도 삶에 별 변화가 없었습니다. 그것이 구약입니다.

그러면 신약은 무엇입니까? 예레미야 31장 31절을 보면 "나 여호와가 말하노라 보라 날이 이르리니 내가 이스라엘 집과 유다 집에 새 언약을 세우리라"라고 했는데, '새 언약'이 곧 '신약'입니다. 이어서 32-34절에서는 이렇게 말씀합니다.

> 나 여호와가 말하노라 이 언약은 내가 그들의 열조의 손을 잡고 애굽 땅에서 인도하여 내던 날에 세운 것과 같지 아니할 것은 내가 그들의 남편이 되었어도 그들이 내 언약을 파하였음이니라 나 여호와가 말하노라 그러나 그날 후에[신약 시대, 오순절 후를 말함] 내가 이스라엘 집에 세울 언약은 이러하니 곧 내가 나의 법을 그들의 속에 두며[오순절은 성령 받은 날이기도 하지만 원래 시내 산에서 십계명을 받은 구약이 세워진 날임] 그 마음에 기록하여 나는 그들의 하나님이 되고 그들은 내 백성이 될 것이라 그들이 다시는 각기 이웃과 형제를 가리켜 이르기를 너는 여호와를 알라 하지 아니하리니 이는 작은 자로부터 큰 자까지 다 나를 앎이니라 내가 그들의 죄악을 사하고 다시는 그 죄를 기억지 아니하리라 여호와의 말이니라.

죄 사함을 주시기 전에 하나님의 법을 마음속에 기록하겠다고 하셨습니다. 그 전의 사람들은 귀로는 율법을 들었지만 마음으로 받아들이지 않았기 때문에 회개하면서도 계속 죄를 짓는 상태였습니다.

신약에 대한 말은 에스겔서에도 나옵니다.

또 새 영을 너희 속에 두고 새 마음을 너희에게 주되 너희 육신에서 굳은 마음을 제하고 부드러운 마음을 줄 것이며 또 **내 신(神)**을 너희 속에 두어 너희로 내 율례를 행하게 하리니 너희가 내 규례를 지켜 행할지라(겔 36:26-27).

성경을 번역할 때 구약 번역위원들과 신약 번역위원들이 서로 의논하지 않아서 같은 말인데도 다른 단어를 쓴 일이 많습니다. '성령'이나 '성신'이라는 말 대신 여기서는 '내 신(神)'이라고 합니다. 새 영을 너희 속에 두겠다는 것은 성령을 사람 안에 두겠다는 뜻입니다. 이것이 바로 신약입니다. 만약 성령을 받지 않은 사람이 있다면 그는 아직까지 구약에 속한 사람입니다. 그래서 베드로가 오순절에 "너희가 회개하면 성령을 선물로 받을 것이다"라고 선포한 것입니다.

그러면 성령의 역할은 무엇일까요? 우리는 이것을 꼭 깨달아야 합니다. 위의 말씀을 다시 보면 '새 마음을 주되 돌과 같이 굳은 마음을 제하고 부드러운 마음을 줄 것이며 율법을 그 마음에 기록하겠다'고 합니다. 물론 율법을 마음속에 기록하기 위해서는 한 가지 조건이 있어야 합니다.

오직 여호와의 율법을 즐거워하여 그 율법을 주야로 묵상

하는 자로다 저는 시냇가에 심은 나무가 시절을 좇아 과

실을 맺으며 그 잎사귀가 마르지 아니함 같으니 그 행사

가 다 형통하리로다(시 1:2-3).

현대 교회는 '형통'이라는 말은 아주 좋아하지만, 열매 맺는 것
에 대해서는 너무 등한시합니다. 열매 맺는 신자는 어떻게 해서 열
매를 맺습니까? 율법을 주야로 묵상함으로써 열매 맺습니다. 율법
을 한 번도 듣지 못하고 생각지 않고서는 마음에 기록될 수 없는
것이 당연하지요. 현대 사회의 대부분의 복잡한 문제들이 바로 여
기에서 기인하는 것입니다.

오늘날은 어느 사회든지 경제적인 기초가 있어야 합니다. 다시
말해서 경제제도가 있어야 합니다. 현재 두 제도가 크게 싸우고 있
는데, 그것은 공산주의와 자본주의입니다. 자본주의라고 말은 하
지만 성경을 잘 아는 사람들은 자본주의 국가의 실상에 모순이 많
음을 발견합니다.

미국만 해도 그렇습니다. 미국의 구조를 깊이 살펴보면 그 구조
가 자본주의가 아니라는 사실을 알 수 있습니다. 일종의 변형된
'봉건주의'일 뿐입니다. 봉건주의는 바알을 섬기는 데서 나왔습니
다. 로마에서 배웠고, 로마는 카르타고에서, 카르타고는 '엣바알'
(ethbaal) 즉 시돈 왕에게 배웠습니다. 이세벨의 아버지인 엣바알
의 자손들이 북아프리카의 카르타고에다 시돈과 두로의 제도인 대
지주 제도를 소개했던 것입니다. 지금도 미국에서는 부자가 되기

를 원하면 사업보다는 토지에 투자해야 합니다. 토지가 없으면 아무 사업도 못 합니다.

지금 한국에서 일어나는 현상 가운데 가장 걱정스런 일 중 하나가 토지투기 문제입니다. 왜 한국이 하나님의 크신 축복을 받았는지 아십니까? 6·25전쟁 두 달 전인 1950년 4월에 토지개혁법이 발표되었습니다. 그때 누구든지 땅을 소유할 법적인 근거가 마련되었는데, 그것은 바로 하나님의 법에 근거한 것이었습니다. 성경 제도를 믿었던 맥아더 장군이 토지개혁을 실행하는 데 많은 기여를 했습니다. 두 달 후 전쟁이 터졌을 때, 하나님은 성경의 법대로 살려고 하는 나라를 위해 친히 싸우셨습니다. 이것은 히스기야 시대의 일과 똑같습니다.

히스기야 왕 14년에 앗수르 왕 산헤립이 유다를 침략해 모든 성읍을 정복하고 예루살렘을 포위했습니다. 당시 세계 최강의 군대가 예루살렘 성을 둘러싸고 외치기를, "항복하면 밭과 포도원을 주겠다"라면서 토지개혁을 약속했습니다. 그런데 백성들은 왕의 명령에 따라 아무 대답도 하지 않았고, 다만 나라의 지도자 몇 사람이 왕 앞에 나아가서 어떻게 하면 좋을지 물었습니다. 그때 대항할 힘이 전혀 없는 히스기야 왕은 베옷을 입고 울면서 하나님 앞에 나아가 엎드렸습니다. 그러자 하나님은 이사야 선지자를 히스기야 왕에게 보내어 희년을 지키라고 말합니다.

또 네게 보일 징조가 이러하니 너희가 금년에는 스스로 자라난 것을 먹고 명년에는 그것에서 난 것을 먹되 제 삼년에는 심고 거두며 포도원을 심고 그 열매를 먹으리라(왕하 19:29).

어떤 학자들은 희년에 대한 관심이 너무나 없어서 이 말씀이 희년에 대한 말씀인 줄도 모릅니다. 아주 유명한 신학자조차도 성경 주석에, 저절로 자란 곡식만 먹고 심지 말라고 하는 것은 안식년의 법인 줄 아는데 왜 안식년이 두 번 나오는지 모르겠다고 써 놓고 있습니다. 그 사람은 이사야서만 읽고 레위기 25장은 한 번도 읽어 보지 못한 사람입니다. 레위기 25장을 보면 희년이 될 때 안식년을 두 번 지키게 됨을 알 수 있습니다.

너는 일곱 안식년을 계수할지니 이는 칠 년이 일곱 번인 즉 안식년 일곱 번 동안 곧 사십구 년이라 칠월 십일은 속 죄일이니 너는 나팔 소리를 내되 전국에서 나팔을 크게 불지며 제 오십 년을 거룩하게 하여 전국 거민에게 자유를 공포하라 이 해는 너희에게 희년이니 너희는 각각 그 기업으로 돌아가며 각각 그 가족에게로 돌아갈지며 그 오십 년은 너희의 희년이니 너희는 파종하지 말며 스스로 난 것을 거두지 말며 다스리지 아니한 포도를 거두지 말라 이는 희년이니 너희에게 거룩함이니라 너희가 밭의 소산을 먹으리라(레 25:8-12).

성경에 이렇게 분명히 나와 있는데도 신학자가 모른다고 하면 평신도가 어떻게 알겠습니까? 이 말씀대로 히스기야 왕은 희년을 실행하기로 마음에 결정했습니다. 히스기야가 실행하기로 결심만 했는데도 그날 밤 하나님께서 기적을 행하시고 앗수르 군대를 다 물러가게 해 주셨습니다.

히스기야 왕 약 100년 뒤에 시드기야 왕이 있었습니다. 시드기야 왕도 히스기야 왕과 똑같은 문제에 부딪쳤습니다. 시드기야 왕이 히스기야처럼 기도하며 "어떻게 할꼬?" 했을 때 예레미야 선지자는 안식년을 지키라고 했습니다. 왕은 예레미야의 말대로 안식년을 선포하고 종들에게 자유를 선언했습니다. 그런데 적군이 물러가자 뜻이 변하여 자유를 선언한 것을 취소해 버렸습니다. 그러자 하나님은 예레미야를 시드기야 왕 앞에 보내어 "내가 네 기도를 들은 다음에 네가 취소했기 때문에 나도 자유를 선언하며 너희를 칼과 염병과 기근에 붙이겠다"라고 하셨습니다. 하나님의 법을 지키지 않은 예루살렘을 버리신 것입니다(렘 34장).

우리 한국에서도 토지개혁을 실시하였지만 대부분의 사람들은 그것이 하나님의 법인 줄 전혀 몰랐습니다. 그렇지만 하나님의 법을 지켰기 때문에 하나님은 이 나라에 복 주셨습니다. 그리고 3년 후에 북한에서는 개인 소유의 땅을 몰수하여 모든 땅을 국가 소유로 만들었습니다. 이후 북한 사람들의 절반이 월남했습니다. 한국에서는 그 피난민들을 남한 사람들과 똑같이 대우하고 본적을 주었습니다. 그러자 하나님은 다시 한 번 크게 복을 내리셨습니다.

같은 시대에 아랍 사람들은 요단강을 건너갔습니다. 요르단 사람들이 "이스라엘과 싸울 테니 나오라. 며칠 후 너희 나라로 돌아가게 해 주겠다"라고 해서 왔다가 전쟁에 패하자 돌아가지 못하게 되었습니다. 그러자 팔레스타인 난민들은 요르단에서 살겠다고 요청했습니다. 하지만 요르단 정부는 이를 거절했습니다. 결과적으로 '팔레스타인 해방기구'(PLO)가 생성되었는데, 그들이 온 세계의 암적 존재가 되어 무죄한 피를 얼마나 흘리게 했는지 모릅니다. 복을 전혀 받지 못했습니다. '외인을 본토인과 똑같이 취급해야 한다'는 것이 하나님의 법입니다.

하지만 오늘날 한국은 하나님의 법을 지킨 결과가 어떠했는지를 다 잊어버리고 미국을 좇아서 토지투기로 큰 부자가 되려고 애쓰고 있습니다. 성경을 따르지 않고 바알법, 우상숭배법을 따르고 있습니다. 성경은 탐욕이 곧 우상숭배라고 지적하고 있지만, 소위 크리스천 국가라고 하는 미국은 탐욕으로 가득 찬 나라입니다. 요즈음의 한국은 미국을 본받아 우상숭배를 하기로 결정한 듯합니다. 웃을 일이 아닙니다. 울어도 시원찮을 노릇입니다. 각자 개인적으로 기도할 때 우리나라를 위해 울기를 부탁드립니다. 하나님의 율법은 아는 데서 그칠 것이 아니라 실제로 행해야 할 것이기 때문입니다.

콘스탄틴 황제는 기독교를 국교로 세웠지만 예수를 믿겠다고는 하지 않았습니다. 어느 날, 교회 지도자 한 사람이 황제에게 가서 말했습니다.

"예수를 믿으시면 매우 좋겠습니다."

"고맙소."

"그렇다면 예수의 가르침을 실행해야 합니다. 성령을 받고 마음속에 하나님의 법을 지킬 힘을 얻어야 합니다. 성령의 도우심에 따라 주의 법대로 살면 이 나라가 얼마나 큰 복을 받을지 모릅니다."

"물러가시오. 나중에 믿겠소."

그 교회 지도자는 왕에게 하나님의 법에 대해서는 구체적으로 설명해 주지 않았습니다. 그러다 보니 300년 동안 교회는 힘도 없고 권세도 없고 사회문제를 해결할 능력도 없었습니다. "회개하면 죄 사함을 얻으리라" 하고는 그만두었기 때문입니다. 콘스탄틴 황제는 세례를 받으면 죄를 지을 수 없는 것을 알고 죽기 직전에야 세례를 받았습니다. 그에게 진정 회개할 마음이 있었을까요? 그가 세례를 늦춘 것은 죄를 더 짓기 원했기 때문입니다. 그는 복음을 이해하지 못했습니다. 그 사람이 크리스천 국가의 왕이었는데도 불구하고 교회는 한 번도 그에게 하나님의 법을 알려 주지 않았습니다.

기독교를 국교화하는 것은 하나님의 제도가 아닙니다. 그것은 바알제도입니다. 대부분의 신학자들이 '크리스천 시스템'이라고 하면서 기독교 국가를 만들도록 주장하지만 옳지 않습니다. 그럴 것 없이 각 가족에게 땅을 주기만 하면 기본 인권이 나옵니다. 언젠가 유엔(UN)에서 30가지 항목의 기본 인권을 작성했는데 그 30가지 중에 토지권은 없었습니다. 토지 없는 사람이 어떻게 일하겠습니까? 소유한 사람의 종이 될 수밖에 없는 것입니다. 토지권이 빠진 그 30가지 인권은 사실 인권이 아니라 노예의 권리일 뿐입니다. 땅 있는 사람이 권세를 갖기 때문에 땅 없는 사람은 권세가 없습니다. 돈의 권세도 땅 가진 사람의 권세에 비하면 하찮은 것입니다.

하나님의 율법은 실제적인 법입니다. 실행할 이유가 있습니다. 물론 하나님의 법을 따라갈 마음도 있어야겠지만 그러기 위해서는 두 가지 조건을 받아들여야 합니다. 즉, 하나님께 복종하고 싶은 마음과 하나님의 명령이 무엇인지 알고자 하는 마음입니다. 많은 신자들이 하나님께 복종은 하고 싶은데 하나님의 법이 무엇인지 잘 모릅니다. 연구하지도 않습니다. 특별히 경제문제에 대해서는 신학자들조차도 그것이 다만 경제학자들의 소관인 줄로만 알고 있습니다. 그래서 주장하기를, 성경은 실제주의적인 것도 아니고 경제문제와도 상관이 없다고 합니다. 그러니 하나님의 경제법이 무엇인지 아는 사람이 거의 없는 것입니다. 큰 문제가 아닐 수 없습니다. 예수님도 "재물이 있는 곳에 마음이 있다"라고 하셨는데, 신자로서 우리가 하나님의 경제법이 무엇인지 알아야 하지 않겠습니까? 진정한 신자가 되려면, 재물이 생겼을 때 복받았다고 생각하지 말고 자신이 성령 안에 거하고 있는지, 하나님의 율법이 마음속에 기록되어 있는지 살펴보아야 합니다. 그리고 돌같이 굳은 마음 대신에 부드러운 마음을 받았는지 알아야 합니다.

성령으로 거듭났다고 말하는 사람이 많습니다. 변화받았다고 하는 사람도 많습니다. 그럼에도 불구하고 성장하지 않는 신자가 너무 많습니다. 자식이 태어날 때 그 부모가 얼마나 기뻐합니까? 처음 태어났을 때 그 아이는 아무것도 못 하는 쓸데없는 존재인 것 같습니다. 말도 못 하고 걷지도 못하고 어디 가든지 업어야 하고 똥오줌도 마구 싸고 도대체 어디 쓸데가 있습니까? 그러나 부모는 그 아이가 성장할 것을 알기 때문에 기뻐합니다. 사람 노릇 할 때까지 기다리면서, 귀히 여기고 잘 먹이고 운동도 시킵니다. 그러다 보면 조금씩 자라갑니다. 만약 서너 살이 될 때까지 아이가 걷지도 못하고 말도 못 한다면 큰일입니다. 그런 아이를 둔 부모는 밤마다 울지 않겠습니까? 처음 태어났을 때 얼마나 기뻐했는데, 기쁨을 억누를 수 없었는데, 나중에는 슬픔을 가눌 수 없게 된 것입니다.

우리 하나님께는 성장하지 않는 영적 아이들이 얼마나 많은지 모릅니다. 이유가 무엇입니까? 성령을 받았는지 안 받았는지 모르기 때문입니다. 성령으로 거듭났다고 말하면서도 성령으로 성장하는 법을 생각지 않기 때문입니다. 또 주의 일을 하기 위한, 마귀와 싸우기 위한 강한 무기를 준비하지 못했기 때문입니다.

신자인 우리는 성령을 통하여 무기를 보유하게 됩니다. 성령 안에서 성장하는 것과 무기를 들고 싸우는 능력, 이 두 가지는 다 필요합니다. 효과 있는 일을 하기 위해서는 성령의 무기를 받아야만 합니다. 성령의 능력으로 주의 사업을 하는 것과 성령의 능력 없이 주의 사업을 하는 것은 마치 맨손으로 농사를 짓는 것과 좋은 연장을 사용하여 농사를 짓는 것만큼이나 차이가 있습니다.

그러면 성령을 받기 위해서는 먼저 무엇을 해야 할까요? 예수를 믿고 죄 사함을 받았다면 그 다음에 해야 할 것이 무엇입니까? 우선 우리는 하나님께서 나를 용서하신 것처럼 다른 사람을 용서해야 합니다(마 18:23-35). 그리고 내가 죄인이란 사실을 깨달아야 합니다.

사람들은 사회법을 어기거나 사회가 인정하지 않는 더러운 생활을 하는 사람만이 죄인인 줄로 압니다. 그런 사람들은 대부분 죄 가운데 생활하다가 재미를 잃고 복잡한 문제가 생겨 마음의 평화가 없어질 때 비로소 자기가 죄인인 줄 알고 회개하면서 "하나님께서 날 용서해 주시겠느냐?"라고 합니다. 그런 사람들은 대개 과거의 생활을 다시는 하려고 하지 않습니다. 그들이 회개하는 이유는 평안을 누리기 원해서입니다.

그런데 어떤 사람들은 기독교 가정에서 자라나 사회법을 어기거나 더러운 생활에 빠진 적도 없어서 사회적인 입장에서 볼 때 죄가 별로 없습니다. 찬송가를 부를 때 죄인이라는 가사가 많이 나오기 때문에 자기가 죄인이라고 말은 하지만 실제로는 거의 죄인이라고 느끼지 않습니다. 습관적으로 "나는 죄인이다"라고 말할 뿐입니다(그렇지만 마음속으로는 진정 자신이 죄인이라고 인정하지 않습니다).

그리고 사회에도 자기가 죄인이 아닌 줄로 생각하는 사람이 많습니다. 사회법에 어긋난 일을 한 적도 없고 더러운 생활을 한 적도 없지만 완전히 세속화된 사람으로서 하나님에 대한 관심이 전혀 없는 사람들입니다. 그들은 하나님이 계시든지 말든지 상관없고 나름대로 살겠다는 사고방식을 갖고 있습니다.

죄가 무엇인지 아십니까? '죄'란 하나님을 무시해 버리는 것입니다. 하나님을 무시해 버리는 사람은 마치 큰길 한가운데 서서 눈을 감고 교통신호를 무시해 버리는 사람과 같습니다. 다행히 사고가 나지 않았다고 할지라도 죽기 전에나 혹은 죽은 후에 큰 사고를 당할 것입니다. 그에게는 영원한 죽음이 기다리고 있을 뿐입니다.

또 (모르긴 해도) 사는 동안 기쁨이 별로 없을 것입니다. 돈만 있으면 문제가 다 해결될 줄 알고 열심히 노력하여 원하는 만큼 돈을 벌지만 그 다음에도 참된 기쁨이 없을 것입니다. 아내와 다투게 되고, 아이들을 꾸짖고, 동업자와도 의견충돌을 일으키고, 사는 것이 도대체 무엇인지 이해할 수 없고, 재미도 없을 것입니다. 왜 그럴까요? 그 자신은 자기가 죄인이란 사실을 깨닫지 못하지만 그는 죄인이기 때문입니다. 죄 가운데 살고 있기 때문입니다.

죄가 무엇입니까? 하나님의 법에 어긋나는 것이 죄입니다. 하나님의 법에는 여러 가지가 있지만 기본적인 법은 하나님의 말씀을 들으라고 하는 복종의 법입니다. 아이들이 부모의 말을 듣지 않으면 매를 맞아야 합니다. 처음 맞을 때는 억지로 듣지만 때가 되면 부모님이 옳았다고 깨닫고 감사하게 될 것입니다. 어떤 부모들은 현대화(?)되어서 아이들 나름대로 행동하도록 내버려 두지만 결국 이 아이들은 기쁨이 하나도 없이 복잡한 문제에 깊이 빠져서 형편없는 생활을 하게 되곤 합니다. 성경말씀에도 아이들을 제멋대로 내버려 두고 때리지 않으면 참되게 자식을 사랑하는 것이 아니라고 하지 않았습니까? 마찬가지로 하나님께서도 우리를 사랑하시므로 우리 마음을 때로 불안케 하시고 자주 "내 말에 귀를 기울이라"라고 권면하십니다.

어떻게 하나님의 말씀을 들을 수 있습니까? 성령의 도우심을 힘입어 하나님의 말씀을 들을 수 있고 순종할 수 있습니다. 성령의 도우심이 없으면 듣지 못하고, 비록 듣더라도 순종할 줄 모르게 됩니다. 그래서 신자의 생활은 시작부터 성령 안에서 이루어져야 합니다. 성령께서 역사하지 않으시면 교회는 다녀도 신자인 척하는 것일 뿐입니다.

또 외적 성령만 받고 내적 성령이 없는 사람들도 있습니다. '외적 성령'이란 '성령의 임하심을 받는 것'으로 '임한다' '머리 위에 앉는다' 라는 뜻을 담고 있습니다. '성령 부으심을 받았다' '성령이 임하셨다' '성령의 권능으로 옷 입었다' 라는 말들이 바로 외적 성령을 받았다는 표현입니다. 세례를 받기 위해 물 속에 들어가면 물이 어떤 상태로 있습니까? 물이 내 바깥에 있지, 내 안으로 들어지는 않습니다.

그런데 외적 성령과 내적 성령이 같이 나오는 구절이 있습니다. 바로 고린도전서 12장 13절입니다.

우리가 유대인이나 헬라인이나 종이나 자유자나 다 한 성령으로—성령 속에—세례를 받아 한 몸이 되었고 또 다한 성령을 마시게 하셨느니라.

성령을 마시면 성령이 내 안에 들어옵니다. 내 안에 들어온다는 것은 내적 성령을 의미합니다. 물을 마실 때 물이 내 속에 들어오지만 세례(침례)를 받을 때는 물이 내 몸 밖에 있습니다. 이와 같이 안에 계신 성령과 밖에 계신 성령의 역사는 구별되는 것입니다. 이 것은 성령의 사역을 이해하는 데에 매우 중요한 차이점입니다. 마태복음 7장을 보십시오. 22절부터는 외적 성령을 받은 사람에 대한 말씀입니다.

그날에 많은 사람이 나더러 이르되 주여 주여(이들이 예수님께 '주여'라고 합니다. 예수님이 주님인 줄 안 것입니다) 우리가 주의 이름으로 선지자 노릇 하며(예언말씀을 했습니다) 주의 이름으로 귀신을 쫓아내며(마귀와 싸웠습니다. 귀신도 쫓아냈습니다) 주의 이름으로 많은 권능을 행치 아니하였나이까 하리니 그때에 내가 저희에게 밝히 말하되 내가 너희를 **도무지**(처음부터) **알지 못하니**…….

왜 도무지 알지 못했습니까? 그들이 거듭나지 않았기 때문입니다. 하나님의 자식이 아니었기 때문입니다. 외적 성령 충만함은 받았지만 내적 성령은 받지 못했기 때문입니다. 사도행전 5장에도 그런 사람이 나옵니다. 아나니아가 가짜 신자인 줄은 그때까지 아무도 몰랐습니다. 방언도 하고 예언도 하고 성령의 능력도 나타냈습니다. 연보도 잘 바쳤습니다. 그런데 아나니아가 자기 아내 삽비라와 더불어 소유를 팔아 그 값에서 얼마를 감추고 일부를 가져다가 사도들의 발 앞에 두면서 모두 바치는 것이라고 속였습니다. 왜냐하면 하나님을 위해서가 아니라 자기 개인의 영광을 위해서 했기 때문입니다. 예수님은 이런 문제가 생길 줄 알고 "네가 연보할 때에는 아무도 알지 못하게 하라. 왼손이 하는 것을 오른손이 모르게 하라"라고 권면하시지 않았습니까?

하나님과 사람을 속인 아나니아에게 베드로가 말했습니다.

아나니아야 어찌하여 사단이 네 마음에 가득하여 네가 성령을 속이고 땅 값 얼마를 감추었느냐(행 5:3).

아나니아의 마음속에 가득한 것은 성령이 아니고 마귀였습니다. 그에게 외적 성령은 임했지만 내적 성령이 없고 마귀가 들어 있었습니다.

'가득'이라는 말은 헬라어 원어로 볼 때 '충만'이라는 말과는 좀 다릅니다. 사도행전 2장에서는 성령의 충만함을 받았다고 했고, 4장에서는 베드로가 성령이 충만하여 대중 앞에 나아가 말했다고 했습니다. 또 나중에 핍박을 받을 때는 신자들이 기도하러 모인 곳이 진동하고 성령의 충만함을 받아 담대히 말씀을 전했습니다. 사도행전을 보면 '충만'이라는 말이 계속 나오는데 사실 '가득'이라는 말과는 원어상 차이가 있습니다. '충만'이란 '플레스테이스'($\pi\lambda\eta\sigma\theta\epsilon\iota\varsigma$)를 번역한 것이고 '가득'이라는 말은 '플레로오'($\pi\lambda\eta\rho\omega$)를 번역한 것입니다. 비슷한 뜻이지만 똑같지 않습니다. 전자는 일시적으로 갑자기(거의 폭발적으로) 채워지되 늘 시간적인 제한을 갖는 것으로 성령의 외적 능력을 의미하는 반면, 후자는 침윤(浸潤) 혹은 오랫동안 지속적으로 채워지는 것으로 내적 열매를 맺게 하는 것입니다. 사람들이 이 문제에 대한 관심이 없기 때문에 번역을 할 때 흔히 오류를 범해 왔습니다.

에베소서 5장 18절의 "술 취하지 말라 이는 방탕한 것이니 오직 성령의 충만을 받으라"라는 말씀은 '성령의 가득함을 받으라'는 말씀인데 '충만을 받으라'는 말로 번역되었습니다. 저는 '가득'이라는 말 대신 '충분'이라는 말을 자주 사용합니다. '충분하다'는 것은 나무가 열매를 맺으려면(시 1편) 진액이 있어야 하는데, 그때 진액이 충분해야 한다는 뜻과도 같습니다. 이것은 '충만'과는 의미가 좀 다릅니다. 진액이 충분해야 나무가 죽지 않을 뿐 아니라 열매를 맺을 수 있습니다. 성령의 충분함이 없는 사람은 영적으로 죽은 사람입니다. 그에 반해 충만이라는 말은 '충전'이라는 말과 같은 뜻입니다. 배터리를 충전시키면 힘이 생겨 자동차가 쉽게 출발할 수 있지만 배터리가 충전되지 않으면 출발하지 못합니다. 배터리를 늘 새롭게 충전시킬 수 있듯이 신자들은 성령 충만함을 여러 번 받을 수 있습니다. 외적 성령의 충만은 배터리를 충전시키는 것과 똑같은 일입니다. 반면, 나무에 진액이 떨어지면 나무가 죽게 되어 다시 살릴 도리가 없습니다.

'성령의 충만'(외적 성령)과 '성령의 충분'(내적 성령)은 그만큼 차이가 있습니다. 왜 세례 요한은 성령 충만함을 받았음에도 거듭난 사람은 아니었습니까? 예수께서 세례 요한에 대해 무엇이라고 말씀하셨는지 기억하십니까? "여자에게서 난 사람 중에 제일 큰 사람이다. 그러나 천국에 속한 지극히 작은 자가 그보다 낫다"라고 말씀하셨습니다. 왜냐하면 천국에 속한 사람은 모두 '거듭난 사람'이기 때문입니다. 거듭난 사람은 성령으로 난 사람입니다. 요한은 성령 충만함을 받았지만 성령으로 난 사람은 아니었습니다. 마음속에 성령의 가득함이 없었습니다. 외적 성령만 받았을 뿐입니다.

구약 시대의 모든 예언자들은 다 외적 성령을 받았습니다. 악명 높은 선지자 발람도 아주 훌륭한 예언을 했습니다. 다만 그는 주의 뜻대로 예언할 마음 없이 자기 뜻대로 돈 받고 예언하기를 결정했습니다. 돈을 위하여 사는 사람이기는 했지만 하나님은 그를 사용하셨습니다. 신약성경에서도 발람의 길로 가는 사람을 삼가라고 두 번이나 경고하고 있습니다.

오늘날 현대 교회에도 그러한 사람들이 있습니다. 예언도 잘하고 기적도 베풀지만 돈만 생각하는 사탄으로 가득 찬 사람들이 있습니다. 아나니아와 똑같은 사람들입니다. 아나니아가 발람의 길을 따르는 대단치 않은 신자에 불과했듯이 마태복음에도 발람의 길을 가는 유명한 신자에 대해 말하고 있습니다(마 7:22). 예언을 하고 기적도 행하고 귀신을 쫓아내며 주의 이름으로 많은 권능을 행하였지만 주께서는 "나는 너를 모른다. 처음부터 몰랐다"라고 하십니다. 그래서 성령으로 거듭나지 않으면 큰일 납니다. 하나님이 계시지 않는다면 아무렇게나 살아도 상관없겠지만 하나님이 계시다면 하나님의 뜻대로 살아야 하지 않겠습니까?

저는 젊었을 때 목사로 부르심을 받은 줄 알았지만 재미가 없어서 목사가 되고 싶은 마음이 전혀 없었습니다. 그때 좋은 생각이 났습니다.

'하나님이 계시다는 확인도 없는데 내가 다른 사람들에게 하나님을 믿으라고 선포하면 거짓말쟁이가 되지 않는가? 그러니 하나님이 계신 것을 확인하지 못하면 목사 대신 과학자가 되겠다.'

저는 물리학을 아주 좋아했는데, 제가 대학에 다닐 때는 물리학 중 원자핵 분야가 시작된 지 5년밖에 안 되었고 원자폭탄도 발명되지 않았습니다. 원자력을 막 연구하기 시작한 시절이어서 저는 원자핵을 연구하는 물리학자가 되고 싶었습니다. 그랬더라면 지금

쯤 꽤나 유명한 과학자가 되었을지도 모릅니다.

저는 "하나님, 당신이 계시다면 확인을 시켜 주십시오! 당신이 계시다는 것이 확인되면 복종할 수밖에 없지만 계시지 않으면 과학자가 되겠습니다"라고 솔직히 기도했습니다. "성경은 하루에 한 장씩 읽겠습니다. 학교에 채플 시간이 있으니 그 시간에 출석하겠습니다. 그러니 저에게 확인을 시켜 주십시오"라고 기도했지만 처음에는 아무런 확인도 주시지 않았습니다. 매일 성경을 읽고 혹시 성경을 통해 말씀해 주시지 않을까 생각해 보며, 채플 시간에 열심히 참석하고 가능한 기도에 힘쓰는 중에 이런 생각이 났습니다.

'사람이 하나님의 뜻을 행하려 하면 이 교훈이 하나님께로서 왔는지 내가 스스로 말함인지 알리라'(요 7:17).

하나님의 뜻을 알기 위해서는 조건이 있음을 알았습니다. 무슨 조건입니까? 하나님의 뜻을 행하려고 하는 마음이 있어야 한다는 조건입니다. 저의 문제는, 제게는 하나님의 뜻을 행하려는 마음이 전혀 없었다는 것이었습니다. 제 뜻대로 살려고 했기 때문에 하나님의 뜻을 알 도리가 없었습니다. 어떻게 해야 할지 궁리하다가 이렇게 기도했습니다.

"하나님, 당신이 계시다면 내 마음을 고쳐 주십시오. 나에게 하나님의 뜻을 행하고자 하는 마음을 주십시오."

그렇게 기도하고 난 후 하나님의 손에 맡겼습니다. 하루가 지나고 이틀이 지나고 사흘째 되던 날 이런 생각이 났습니다.

'하나님이 계시다면 나를 창조하신 분으로서 나를 아실 뿐 아니라 내가 나를 아는 것보다 더 잘 아실 것이다. 또 성경말씀에 하나

님은 사랑이시라고 하셨으니 나를 알고 사랑한다면 무슨 부탁을 드려도 다 들어주실 것이다.'

이렇게 생각하자 무섭기도 하고 재미가 없을 것 같기도 했지만 보람을 느끼지 않을 수 없었습니다. 하나님의 뜻대로 살아도 되겠다는 생각이 들면서 제 정신도 변화되어 하나님의 뜻을 행하려는 마음이 생겼습니다. 거기까지는 좋았는데 하나님이 계신지 안 계신지, 그리고 우연히 그런 생각이 난 것인지 아닌지 확인할 방법이 없었습니다. 그래서 계속해서 기도하고 성경말씀대로 살려고 노력하면서, 무슨 명령을 받았다는 느낌이 있으면 성경을 통하여 확인한 후 복종하려고 노력했습니다. 1년이 지나도록 별다른 일이 생기지 않았습니다.

그런데 전혀 하나님의 존재에 대한 확인이 없었다고 말할 수는 없었습니다. 그래서 1년을 더 시험해 보았습니다.

2년째 되자 우연한 일이 너무 많아서 하나님이 계신 것 같다고 느껴졌습니다. 1년만 더 하면 될 것 같기도 한 생각이 들어서 다시 1년 더 시험하다가 반년이 채 못 되어서 의심이 전혀 들지 않았습니다. 하나님의 계심이 확인되었지만 어디서 어떻게 확인되었는지 모릅니다. 그런데도 마음속에는 '틀림없이 하나님이 계시다'는 확신이 들었습니다. 저는 그것이 우연한 일이 아니고 하나님께서 친히 역사하신 줄로 확신하고 있습니다. 시험해서 확인받았습니다. 저는 과학자의 정신을 가지고 있기 때문에 시험이 없으면 확인도 없다고 생각합니다. 시험해서 확인받고 할 수 없이 목사가 될 수밖에 없었지만, 그래도 하나님의 존재하심을 믿기에 목사로서 거짓

말할 필요도 없게 되었습니다.

우리가 죄인인지 아닌지의 문제는 하나님께 복종할 마음이 있는지 없는지의 여부에 달린 것입니다. 아무리 깨끗한 생활을 해도 하나님께 복종하는 마음이 없다면 죄인일 뿐입니다. 하나님께 복종하는 마음은 어디에서 나옵니까? 성령께서 마음속에 역사하셔서 나오는 것입니다. 신앙생활을 처음 시작하는 신자는 성령을 받아서 거듭나게 되고 그 다음에 성장하는 법입니다. 또한 여기에는 중요한 문제가 있습니다. 그것은 용서를 받자마자 남을 용서해 주어야 한다는 것입니다.

예수께서 가르쳐 주신 기도에는 "우리가 우리에게 죄 지은 자를 사하여 준 것같이 우리 죄를 사하여 주옵시고"라고 되어 있습니다. 이 기도문이 요즈음 아주 아름다운 곡조를 입고 많이 불리고 있습니다. 그런데 한국말로 하면 너무 길어서 가사가 맞지 않기 때문에 가사를 좀 줄여야 했습니다. 그래서 "우리가 우리에게 죄 지은 자를 사하여(용서하여) 준 것같이"라는 말을 다 빼버렸습니다. 그렇게 되면 무조건 "우리 죄를 사하여 주옵소서"(우리를 용서해 주옵소서)라는 말이 되는데, 그것이 오늘날 교회들의 정신이 되어 버렸습니다. 이는 크게 잘못된 것입니다. 용서받은 우리는 남을 용서해야 합니다.

그럼에도 대부분의 사람들은 '나는 하나님을 배반한 일도 없고 큰 죄를 지은 일도 없는데 저 사람은 나를 배반하고 내 돈을 훔쳐 가고 마누라를 훔쳐 가는 아주 큰 죄를 지었다. 용서할 수 없다'라고 생각합니다. 하나님 보시기에는 그 사람의 죄나 나의 죄나 똑같습니다. 둘 다 하나님께 복종하지 않았습니다. 죄는 하나님께 복종하지 않는 것입니다. 그 모양과는 상관이 없습니다. 그 사람의 행태가 나에게 큰 시험이 되고 큰 상처를 준 것뿐입니다.

사무엘상 15장 23절에서는 "거역하는 것은 사술의 죄와 같고 완고한 것은 사신 우상에게 절하는 죄와 같음이라"라고 했습니다. 신자들이 무당을 숭배하지는 않습니다. 그러나 고집하는 마음이 있다면 그것은 무당을 숭배하는 것과 똑같다는 것이 성경의 말씀입니다. 그래서 누군가 나에게 죄를 지었다면 그를 용서해야 합니다. 그렇지 않으면 내가 받은 용서가 무효가 되고 맙니다.

우리는 신자라면 구원의 확신이 꼭 있어야 한다고 생각합니다. 그래서 "참으로 회개했습니까?" "참으로 예수를 구주로 인정합니까?" "죄 사함 받았다는 확신이 있습니까?"라고 질문하며 자주 확인합니다. 그런데 우리는 구원을 얻은 확신이 있으면서도 남을 용서하기를 거절합니다. 그런 확신은 거짓입니다. 예수께서도 분명히 "네가 형제를 용서하지 않으면 하나님께서도 너를 용서하지 않으신다"라고 하셨습니다. 마태복음 18장 21-35절 비유를 보면, 한 종이 자기의 동관을 용서하기를 거절함으로써 자기가 받은 용서(빚의 탕감)가 무효가 되어 감옥에 들어갔습니다. 우리가 용서를 얻었다고 해도 남의 죄를 용서하지 않는다면 하나님은 우리와 다시 계산하십니다.

시작하는 신자는 남을 용서하는 신자가 되어야 합니다. 남을 용서하는 마음이 없다면 아직 시작하지 않은 줄 알고 하루 속히 주님께 용서할 수 있는 마음을 달라고 기도해야 합니다.

우리 모두에게는 마음의 상처가 많이 있습니다. 상처를 받지 않은 사람은 아무도 없습니다. 태어나기 전에 상처를 받는 일도 있어서 정신이 건강하기란 쉽지 않습니다. 그러나 하나님은 그것도 다 치료하실 수 있습니다. "주여 내가 받은 상처를 치료해 주시고 그 아픔을 낫게 해 주시고 용서하도록 도와주옵소서"라고 기도한다면 우리가 받은 용서가 유효하게 될 것입니다.

너희를 위하여 보물을 땅에 쌓아 두지 말라 거기는 좀과
동록이 해하며 도적이 구멍을 뚫고 도적질하느니라 오직
너희를 위하여 보물을 하늘에 쌓아 두라 거기는 좀이나
동록이 해하지 못하며 도적이 구멍을 뚫지도 못하고 도적
질도 못 하느니라 네 보물 있는 그곳에는 네 마음도 있느
니라 눈은 몸의 등불이니 그러므로 네 눈이 성하면 온몸
이 밝을 것이요 눈이 나쁘면 온몸이 어두울 것이니 그러
므로 네게 있는 빛이 어두우면 그 어두움이 얼마나 하겠
느뇨 한 사람이 두 주인을 섬기지 못할 것이니 혹 이를 미
워하며 저를 사랑하거나 혹 이를 중히 여기며 저를 경히
여김이라 너희가 하나님과 재물을 겸하여 섬기지 못하느
니라 그러므로 내가 너희에게 이르노니 목숨을 위하여 무

엇을 먹을까 무엇을 마실까 몸을 위하여 무엇을 입을까 염려하지 말라 목숨이 음식보다 중하지 아니하며 몸이 의복보다 중하지 아니하냐 공중의 새를 보라 심지도 않고 거두지도 않고 창고에 모아들이지도 아니하되 너희 천부께서 기르시나니 너희는 이것들보다 귀하지 아니하냐 너희 중에 누가 염려함으로 그 키를 한 자나 더할 수 있느냐 또 너희가 어찌 의복을 위하여 염려하느냐 들의 백합화가 어떻게 자라는가 생각하여 보라 수고도 아니하고 길쌈도 아니하느니라 그러나 내가 너희에게 말하노니 솔로몬의 모든 영광으로도 입은 것이 이 꽃 하나만 같지 못하였느니라 오늘 있다가 내일 아궁이에 던지우는 들풀도 하나님이 이렇게 입히시거든 하물며 너희일까 보냐 믿음이 적은 자들아 그러므로 염려하여 이르기를 무엇을 먹을까 무엇을 마실까 무엇을 입을까 하지 말라 이는 다 이방인들이 구하는 것이라 너희 천부께서 이 모든 것이 너희에게 있어야 할 줄을 아시느니라 너희는 먼저 그의 나라와 그의 의를 구하라 그리하면 이 모든 것을 너희에게 더하시리라 그러므로 내일 일을 위하여 염려하지 말라 내일 일은 내일 염려할 것이요 한 날 괴로움은 그날에 족하니라(마 6:19-34).

이 말씀을 잘 알고는 있지만 이대로 살 수 있다고 생각하는 신자는 그리 많지 않은 것 같습니다. 대부분의 신자들이 생활문제를 놓고 염려하는 것은 정상인 줄로 압니다. 그런데 여기 나오는 말씀은 우리에게 상당히 중요한 것을 시사해 주고 있습니다. 즉, 진정한 신자로서 무엇을 위해 사느냐, 무엇을 구하느냐 하는 문제인데, 대부분의 신자들은 여기 이 땅에서 (시간 여유가 좀 있으면 교회일을 하겠다는 생각은 하지만) 하나님 나라를 찾을 수 있다고는 거의 생각지 않습니다. 천국이라고 하면 흔히 천당을 연상하기 때문에 더욱이 이 땅에서는 찾을 수 없습니다. 천당을 찾으려면 빨리 죽어야 하니까 천당을 찾는 사람이 없고, 하나님 나라를 찾는 사람도 별로 없습니다. 혹 어떤 신자들은 하나님의 나라가 이 땅에 이루어지기 위해서는 정치일을 많이 해야 한다고 생각해서 공의를 위해 싸우기도 합니다. 그러나 그런 일 하다가 희생자가 되어서 오히려 자기 생활이 더 복잡하게 된 사람도 있습니다.

우리가 여기서 깊이 생각해야 할 것은 '하나님의 나라'라는 말입니다. 내가 나의 사업을 위해 염려하지 말아야 한다면 무엇을 위해 염려해야 합니까? '하나님의 나라'와 '하나님의 의'란 무슨 뜻입니까? '의'에 대해서는 주기도문에서 "그러므로 너희는 이렇게 기도하라 하늘에 계신 우리 아버지여 이름이 거룩히 여김을 받으시오며 나라이 임하옵시며 뜻이 하늘에서 이룬 것같이 땅에서도 이루어지이다"라고 했습니다. 하나님의 나라가 완전히 이 땅에 이루어지려면 예수님이 재림하셔야 합니다. 예수님이 다시 오실 때 왕으로서 재림하시고, 그렇게 되면 천년왕국이 있게 될 것입니다.

그런데 그때까지 우리에게는 하나님의 뜻이 이 땅에 이루어지도록 노력할 책임이 있습니다. 우리가 예수님의 재림을 빠르게 할 도리는 없습니다. 물론 온 세계에 복음이 전파된 후에 하나님의 나라가 임하고 예수께서 다시 오신다고 하셨습니다. 그래서 어떤 사람들은 우리가 선교 사업을 더디 해서 하나님의 나라가 빨리 오지 못한다고 말하기도 합니다. 사실 그런 점이 있을지도 모릅니다. 그러나 온 세계에 복음이 전파된다는 것은 선교 사업에 국한된 얘기만은 아닌 줄 압니다. 모든 사람이 외국에 가서 선교사가 될 수는 없지 않습니까?

최근에 받아 본 기도표에 의하면, 파푸아뉴기니에서 성경이 여섯 가지 방언으로 번역되었다고 합니다. 그 섬—한국보다 큰 섬이긴 합니다만—은 산이 많고, 골짜기 골짜기마다 언어가 다르다고 합니다. 약 700종류의 말이 있는데 그 중에서 겨우 여섯 가지가 먼저 번역된 것입니다. 그 외의 방언을 하는 사람들을 위해 복음서 한 권이나 시편 정도가 번역되어 있는지 모르겠습니다. 자기 나라 언어가 없는데 어떻게 성경을 읽을 수 있으며, 하나님을 알 수 있겠습니까? 하나님의 말씀을 직접 볼 수도 없을 뿐 아니라 주민들의 3분의 2가 문맹자라고 하니 성경이 번역되어도 쓸데가 없지 않습니까? 그러므로 선교사들이 나가서 문맹퇴치하는 일만 해도 얼마나 귀한 일인지 모릅니다.

제 친구인 밥 라이스 목사님은 대구에서 장로교 선교사로 계시다가 미국에 가서는 문맹자를 위한 선교회를 조직했습니다. 현재 오클라호마에 본부를 두고 해마다 세계를 돌면서 문맹자 교육 사역을 합니다. 한국 사람들도 선교사로서 문맹자를 가르칩니다. 그러나 대부분의 사람들이 그런 일 하기를 싫어합니다. 왜 그런 줄 압니까? 제일 가난한 사람만 상대해야 하기 때문입니다. 선교 대상자들은 사회적으로 지위가 가장 낮은 사람들이 대부분이고, 문화 시설이 전혀 되어 있지 않은 깊은 산속에 거주하기 때문에 그런 곳에 가서 선교하기란 여간 불편한 것이 아닙니다. 그런데 아시아 인구의 90퍼센트가 노동자와 농민인 상황에서, 아시아 복음화를 위해 우리가 그 사람들에게 가서 그들과 하나 되지 못한다면 예수님이 사람과 하나 된 것이 우리에게 아무런 의미가 없습니다. 선교사를 위하여 기도할 때, 미국보다는 동방에서 선교사들이 많이 배출되고 그러한 일을 하도록 기도해야 할 것입니다. 상당히 중요한 문제입니다.

그러면 선교사로서의 부르심 없이 일반 사회에 살면서 내가 해야 할 일은 무엇입니까? 그것은 내가 있는 곳에서 하나님의 나라를 찾는 것입니다. 하나님의 나라를 구하는 것은 외국에 나가 선교 사업을 하는 데서뿐만 아니라 내가 있는 곳에서 찾아야 합니다. 그렇지 않다면 그는 하나님의 명령을 어기는 사람인 것입니다. 뉴욕에서 일하고 있으면 뉴욕에서, 서울에서 살고 있으면 서울에서 하나님의 나라를 찾아야 합니다. 하나님의 일을 하면 생활문제를 해결하지 못한다고 생각하는데 예수님은 염려하지 말라고, 그 모든 것을 직접 부담하시겠다고 말씀하십니다.

제가 한국에 왔을 때, 선교부에서 우리의 생활비를 해결해야 한다고 생각했더라면 예수원 일은 시작도 하지 않았을 것입니다. 1964년도에 하나님께서 분명히 보여 주셨기에 주님의 뜻인 줄 알고 실행했습니다. 하나님은 "산에 가서 밭을 개간하고 집을 짓고 기도생활을 하라. 밭에서 나오는 것이 충분하지 않겠지만 걱정하지 마라. 내가 책임지겠다. 내 말을 들어라"라고 말씀하셨습니다. 제 집사람은 작은 교회를 맡아서 교회일을 하자고 했지만 저는 교회일을 맡으면 신학교에서와 똑같은 문제가 생길 수밖에 없으니 교회가 없는 곳에 가서 '기도의 집'을 짓자고 했습니다.

신학교에 있으면서 기도의 능력에 대해 6년 동안 가르쳤지만 학생들은 하나도 믿지 않았습니다. 기도의 능력을 옛날이야기나 미신 정도로밖에 생각지 않았던 것입니다. 성공회의 어떤 주교님은, 기도의 능력을 믿는 사람들은 미신을 믿는 보통 사람일 뿐이며 지식인(인텔리)은 기도를 믿지 못한다고 했습니다. 그리고 유명한 어느 신학자는 몸의 부활과 예수님이 동정녀에게서 태어난 것을 믿지 않는다고 했습니다. 아마도 예수 부활과 동정녀 탄생을 믿는 저는 유명한 신학자는 되지 못할 것입니다. 사람들은 명예를 얻기 위해 진리대로 살지 못하고 있습니다. 학생들도 그러한 영향을 받아서인지 올바른 가르침을 도무지 들으려고 하지 않았습니다.

물론 또 다른 이유가 있었습니다. 그것은 그때까지 순종하는 생활에 대해서 깨닫지 못했기 때문입니다. 예수님이 나의 왕이라면 왕 앞에 항복해야 하지 않겠습니까? 신자로서 우리는 주님 앞에 항복해야 합니다. 십자가를 지라고 하면 매일매일 십자가를 져야 합니다. 오늘날 교회 안의 많은 신자들이 십자가에 대해서는 듣기도 싫어합니다. 십자가를 통하여 복받은 것은 믿지만 그 십자가를 꼭 자신이 질 필요는 없다고 생각합니다. 그래서 학생들도 십자가 이야기를 듣기 싫어하고, 자기에게 주어진 십자가에 대해 관심도 없습니다. 기도에 대해서는 더더욱 관심이 없습니다. 그러니 기도의 능력이 없다고 말할 수밖에 없지요.

신학을 '과학의 여왕'이라고 말하는데, 신학이 과학에 속한다면 실험을 해 봐야 합니다. 산에 가서 조그만 집을 짓고 기도생활만 하여 효과가 있는지 없는지 실험해 보자고 해서 예수원이 시작되었습니다. 그 후 지금까지 병든 자를 고치고 여러 기적도 체험했으며, 많은 사람들이 은혜를 받고, 안 믿던 사람들이 예수님을 믿게 된 일도 많았습니다. 하나님께서 여러모로 놀라운 기적을 행하셨습니다. 여러 해가 지나면서 충분히 실험이 되었습니다.

종종 예수원을 시작할 때 누가 월급을 주었느냐고 묻습니다. 아무도 줄 사람이 없었습니다. 그런 우리에게 어리석은 일을 한다고 비난하고, 심지어는 미쳤다고 하는 사람도 있었습니다. 그러나 오래 전부터 우리는 하나님께서 경제문제를 해결해 주시는 체험을 해 왔습니다. 벌써 40년 이상 그렇게 살아 왔으므로 이론적인 말이 아닙니다. 하나님께서 이모저모로 잘 돌봐 주셔서 우리는 충분히 살아왔습니다. 지금까지 월급이나 정해진 수입은 없었지만 그래도 잘 살았습니다. 때때로 우리가 지나치게 방심하면 바닥에까지 떨어뜨리기도 하셨는데, 그 모든 것이 어디에서 나오는지 잊지 말라고 경고하시기 위해서였습니다.

무슨 사업을 하든지 사업에 대해 먼저 생각하는 것이 아니라 하나님의 뜻이 무엇인지, 어떻게 하면 사업을 통하여 하나님의 뜻을 이루어 드릴 수 있을지를 생각하는 사람, 그런 사람을 '추구하는 (찾는) 신자'라고 합니다. 그래서 자신의 사업이 아무래도 주께 영광 돌리는 일이 아니라면 그만두어야 합니다. 그러나 그 일이 깨끗하다면 아무런 문제가 없습니다. 주를 위하여 일하고, 거기에서 나온 수입을 나의 것이 아닌 하나님의 것으로 알고 다시 사업에 투자하고, 우리 가족을 위하여, 교회를 위하여, 그 밖의 다른 일을 위하여 어떻게 나누어 써야 하는지를 물어보면 하나님께서 알려 주실 것입니다. 누구든지 주의 뜻대로 행하려 하면 알 것이라고 했습니다.

야고보서 1장 5절에서는 "누구든지 지혜가 부족하거든 모든 사람에게 후히 주시고 꾸짖지 아니하시는 하나님께 구하라 그리하면 주시리라"라고 하셨습니다. 우리에게 진정 주의 나라와 주의 의를 구하는 마음만 있다면 하나님께서 수입을 어떻게 써야 할지도 알려 주십니다. 뿐만 아니라 수입이 없어도 문제를 해결해 주십니다. 걱정할 것이 아무것도 없습니다. 어떤 때는 조금 부정을 저지르기만 하면 일이 잘되었을 것임에도 불구하고 그 유혹을 거부함으로써 파산하는 경우도 있습니다. 그러나 하나님께서 문제를 해결하실 줄 믿으면 파산의 위험을 능히 극복할 수 있습니다.

제 친구 중에 영락교회에 다니는, 와이셔츠 수출 사업을 하는 집사님 한 분이 있는데 그는 부정은 일절 하지 않는다는 정신으로 사업을 하다가 몇 년 전에 파산했습니다. 그분의 회사에서 일하는 직원이 서른 명 정도였는데 거의가 신자였습니다. 그 사람들에게 얼마나 미안하게 되었는지, 일자리를 잃은 사람들의 형편을 생각할 때 걱정하지 않을 수 없었습니다. 그는 집에 가서 아내와 세 딸을 모아 놓고 가족회의를 열었습니다.

"두 가지 길이 우리 앞에 놓여 있다. 회사 공동체가 파산하느냐, 개인적으로 파산하느냐의 문제다. 회사가 파산을 해도 우리 식구는 충분히 살 수 있다. 그러나 우리 회사 직원 서른 명과 딸린 식구들의 생계는 곤란해질 것이다. 만약 우리가 개인적으로 파산하면 자동차도 팔고 집도 팔고 모든 것을 팔아야 한다. 우리는 아주 어렵게 살아야 한다. 하지만 그 사람들에게 일자리는 줄 수 있다."

그러자 가족들이 만장일치로 "그러면 우리 가족이 희생하자"고 결정했습니다. 그러고는 모든 것을 팔고 아주 어렵게 살면서 2~3년 정도 고생하다가 하나님께서 마침내 도와주셔서 회사가 다시 일어섰습니다. 이것이 바로 하나님의 의를 찾는 태도입니다.

이와는 반대되는 이야기를 해 보겠습니다. 미국에 어떤 큰 기독교 회사가 있었습니다. 교파와 관계없는 개인회사였지만 기독교쪽 일을 하기 위해 조직된 기독교 잡지회사였습니다. 잡지가 얼마나 좋았는지, 또 이사들이 얼마나 훌륭한 신자들이었는지 모릅니다. 그런데 사장이 중도에 다른 사업도 해야 한다고 주장했습니다. 이사들은 하나같이 하나님의 뜻이 아닌 것 같다고 했지만 사장이 하나님의 뜻이라고, 자기가 성령님의 지도를 받았다고 고집했습니다. 이사들이 책임질 수 없다고 사표를 내자 사장은 다른 사람들을 이사로 임명하고 일을 계속했습니다. 그 결과 파산에 이르렀습니다. 당시에 모든 기독교계가 이 일로 쇼크를 받았습니다.

그는 파산할 때 자기 개인재산이 얼마인지 말하지 않았습니다. 개인적으로는 회사가 파산하기 전이나 후나 별 다름 없이 좋은 집에서 살았습니다. 그러나 파산한 지 3년이 지난 지금까지도 법적인 문제는 해결되지 않은 상태입니다. 저는 그 잡지를 1년 정기구독 하여 10개월 정도 받아 보았습니다. 남은 2개월분을 돈으로 계산하면 4달러 정도밖에 안 되지만 제게도 편지가 왔습니다. 저는 상관없으니 괜찮다고 했지만 법적으로는 그만둘 수 없는 일이었습니다. 각 채무자(정기구독자)를 위하여 책임을 져야 했기 때문입니다. 저는 남은 구독료를 돌려받고 싶은 마음은 없지만 법적으로 그렇게 되었습니다. 아직까지도 이 일로 교계에서 좋지 않은 소리가 나고 시끄럽습니다. 만약 그 사람이 개인적으로 파산했더라면 모든 사람이 그를 불쌍히 여겨 좋게 생각해 줄 수도 있었을 것입니다, 그러나 개인적으로 희생한 것이 아무것도 없었을 뿐 아니라 한 번도 자기 자신을 솔직히 말한 적이 없어서 온 교계에 냄새가 나고, 하나님의 유익은커녕 자기 개인의 유익을 위해 교회를 이용한 사람으로 낙인찍혔습니다.

교회 안에서도 이런 일이 자주 생기는데 그것은 사람들이 하나님의 의를 찾는다고 말은 하면서도 실제로는 그렇지 못하기 때문입니다. 우리 각 사람은 "보물을 땅에 쌓아 두지 말라. 네 보물 있는 그곳에는 네 마음도 있다"라는 말씀으로 자기 자신을 잘 살펴보아야겠습니다. 나의 보물은 무엇입니까? 나에게 제일 귀한 것은 무엇입니까? 각 사람은 각기 자기 양심을 찾아야 합니다. 아무리 하나님을 잘 믿는다, 예수님을 잘 믿는다, 찬송가를 잘 부른다, 기도를 잘한다고 해도 제일 중요한 것이 재물이라면 하나님을 믿는 사람이라고 볼 수 없습니다. 두 주인을 섬길 수는 없습니다. 재물과 하나님을 겸하여 섬길 수는 없습니다. 그러나 그런 신자가 오늘

날 너무나도 많습니다. "하나님, 하나님!" "예수님, 예수님!" "할
렐루야, 할렐루야!"를 부르면서 주일에는 하나님을 잘 섬기지만
월요일부터 토요일까지는 재물을 섬기며 삽니다.

제 친구 중 한 사람은 예수를 처음 믿을 때 교수였습니다. 그는
크리스천 교수 모임이 있다는 소식을 듣고는 바쁜 중에도 시간을
내어 모임이 있는 온양 호텔로 갔습니다. 대부분이 어떻게 하면 담
배를 안 피우고 술을 안 먹을 수 있을지, 어떻게 하면 아부하지 않
고도 승진할 수 있을지를 놓고 얘기했습니다. 그런데 이 친구는 그
런 문제보다는 어떻게 하면 자신의 전공과목을 기독교식으로 가르
칠 수 있을지, 기독교적인 입장이 무엇인지에 대해 알고 싶었습니
다. 그가 질문을 하자 나이 많은 교수들은 이 젊은 교수에게 아무
말도 하지 않고 무시해 버렸습니다. 옆에 있던 또 다른 젊은 교수
가 좋은 질문이라고, 자기도 그런 문제에 관심이 있다고 하면서 다
시 물어보자고 해서 두 번째 질문을 했습니다. 그런데 이번에도 완
전히 무시하고 대답이 없었습니다. 세 번째 다시 물었습니다. 마침
내 나이 많은 교수가 말하기를 "이보게 젊은이, 나는 강의실에 들
어갈 때 종교는 문 밖에 두고 들어간다네!"라고 했습니다. 실제로
대부분이 그렇습니다. 제가 대학에 다닐 때 한 크리스천 경제학자
는 "탐욕이 없으면 경제제도가 있을 수 없다"라고 했습니다. 성경
말씀은 탐욕이 우상숭배라고 하는데, 그 경제학자의 말대로라면
우상숭배하지 않고는 실제적인 경제제도가 있을 수 없다는 말이
됩니다. 정말 그렇게 믿는다면 성경 전체를 거짓말로 볼 수밖에 없
습니다. 그 경제학자는 장로였는데, 교회 안에서 그를 나쁜 사람이

라고 여기는 사람은 아무도 없었습니다. 그렇지만 우상숭배를 해야 한다고 가르치는 사람이 어떻게 장로가 될 수 있습니까? 교실에서 가르치는 것과 교회에서 말하는 것에는 얼마나 큰 차이가 있는지 모릅니다.

헨리 모리스(Henry Morris) 박사는 수력학(水力學) 분야 교수이면서 침례교 성인반 교사였습니다. 그는 어느 날 갑자기, 자기가 주일에 가르치는 것과 월요일에 학교에서 가르치는 내용이 똑같지 않음을 의심하게 되었습니다. 사실은 정반대의 이론을 가르치고 있었습니다. 성경을 믿어야 할지, 과학을 믿어야 할지 선택해야 했습니다. 과학을 안 믿을 수도 없고, 그렇다고 성경이 틀렸느냐 하면 그것도 아닙니다. 그는 이 문제를 해결하지 않으면 안 된다고 결론 내렸습니다. (대부분의 사람들은 이런 문제에 부딪치면 다시 생각지 않습니다. 복잡해서 생각지 못했다고 하지만 진리—하나님의 의는 진리를 포함합니다—를 위해 사는 사람이라면 이 문제를 해결해야 합니다.)

그런데 연구를 해 보니 아주 흥미 있는 일이 생겼습니다. 그는 오히려 "과학이라고 하는 것은 사실 과학이 아닙니다. 단지 이론, 그것도 증명되지 않은 가설이 대부분일 뿐입니다. 성경말씀이 옳은 말씀입니다"라고 고백했습니다. 그는 여기에 흥미를 느껴 그렇게 가르치고, 몇 년 후에는 책도 썼습니다. 그리고 마침내 캘리포니아에 가서 새로운 대학을 조직했습니다. 그 대학에서는 무슨 과학을 가르치든지 성경대로 가르쳤습니다. 미국에도 그런 대학은 거의 없고, 한국에는 하나도 없을 정도입니다. 지금 한국에서는 과

기원 학생들이 졸업을 하여 여기저기 교수로 일하면서 반드시 우리나라에도 그러한 대학이 있어야 한다고 설립동역자들을 모으고 그런 대학을 조직하기 위해 노력 중입니다.

지금 우리 한국에도 유명한 기독교 학교들이 많이 있지만 대부분의 교수들은 교실에 들어갈 때 종교를 바깥에 두고 들어갑니다. 그러나 젊은 학자들 중에 '그럴 수 없다. 우리는 모순 없이 진리를 가르치는 사람이 되어야 한다. 하나님이 한 분이시니까 진리는 하나여야 하며, 교실에서 하는 말과 교회에서 하는 말이 일치해야 한다. 만일 모순이 있다면 우리가 그 문제를 해결해야 한다'고 생각하는 분들이 있습니다. 우리는 모순 없이 살아야 합니다. 가르치는 일을 하든지 사업을 하든지 모순 없이 사는 것이 하나님의 의를 찾는 것입니다.

'의'라는 말은 보배가 어디 있느냐, 주인이 누구냐 하는 문제입니다. 많은 교수들이 주일은 하나님을 섬기고 월요일부터는 인기를 위해 일반 사회를 섬기는데, 일반 사회는 누구에게 속한 것입니까? 성경은 분명하게 말씀합니다. 세속은 하나님께 속한 것이 아니고 마귀에게 속한 것입니다. 이 세상의 주인은 하나님 아니면 마귀, 둘 중 하나입니다. 그러므로 하나님이 나의 주인이 되지 못하면 마귀가 나의 주인이 되는 것입니다. 마귀는 머리에 뿔이 난 흉한 모습으로 나타나서 "내가 마귀니 나를 섬기라!" 하고 말하지 않습니다. 아름다운 모습으로 접근하고, 아주 부드러운 말로 유혹하며, 하나님의 말씀도 아주 잘 합니다. 성경말씀은 "하나님과 재물을 겸하여 섬길 수 없다"라고 분명히 말하지만 마귀는 "재물을 믿고 실제주의자가 되라"라고 유혹합니다. 그러나 참된 실제주의자는 성경을 믿는 사람입니다. 성경이야말로 얼마나 실제적인 책인지 모릅니다. 시험해 본 사람들이 다 그렇게 인정합니다. 많은 사람들이 두려워해서 시험해 보지 않았을 뿐입니다.

'의'는 다음 세 가지로 구분할 수 있습니다. 첫째로 '전가된(부여된) 의'(imputed righteousness)입니다. 이 말은 나에게는 없는 것인데 하나님께서 나를 의인이라고 간주하신다는 뜻입니다. 예를 들면, 내게 돈이 한 푼도 없는데 은행 책임자가 5천 달러를 빌려주겠다고 하면 5천 달러가 내게 있는 것과 다름없습니다. 물론 나중에 갚아야 하고 이자를 내야 하지만 어쨌든 나는 5천 달러가 있는 사람이 되었습니다. 그것을 'impute'라고 합니다. 실제로는 그렇게 될 수 없지만 계산상 그렇게 나타나는 것이지요. 우리의 의가 그런 것입니다.

원래 우리는 죄인으로서, 우리를 위하여 살 수는 있어도 하나님을 위하여 살 힘은 전혀 없는 존재입니다. 하나님의 뜻대로 산 것이 아니라 우리의 뜻대로, 고집하는 사람으로서 살았으므로 하나님 보시기에는 죄인일 뿐이었습니다. 그런데 그러한 우리가 예수의 피로 말미암아 의인이 되었습니다.

한자 '義'(의)를 풀이해 보면 '羊'(양)이 있고 그 밑에 '我'(아)가 나옵니다. 양 밑에 내가 들어가서 의인이 되었다는 것입니다. 스스로 의인이 된 것이 아닙니다. 나는 아직까지 죄인일 뿐입니다. 하나님께서 나의 죄를 가리고 계산하지 않으시는 것뿐입니다. 하나님의 은혜입니다. '은혜'라는 말은 '거저 주었다'는 뜻입니다. 그렇다고 값없이 주신 것이 아닙니다. 내가 값을 치르지는 못했지만 예수께서 값을 다 치르셨습니다. 이것이 '전가된(부여된) 의'입니다.

둘째로 '효과 있는 의'(effective righteousness)란 말이 있습니다. 내가 의인으로 인정함을 받고 깨끗하게 되었지만 계속해서 그 의를 이루어 가야 한다는 의미입니다. 어떤 사람이 환상을 보고 자기가 큰 죄인인 줄 알게 되었습니다. 그래서 "주여, 불쌍히 여기소서"라고 기도하는데, 그때 흰옷을 입은 자신의 모습을 보게 되었습니다. 속은 깨끗하지 못하지만 흰옷을 입어서 깨끗하게 나타났습니다. 그런데 옆에 있던 사람은 흰옷이 없었는데도 깨끗했습니다. 후자의 모습은 무엇을 뜻합니까? 성령의 능력으로 실제로 깨끗해진 것을 말합니다. 하나님께서 실제로 의를 이루게 하실 수 있다는 것입니다. 물론 그것이 한순간에 되는 것은 아니지만 갈수록 점점 더 의인이 되어 갈 수 있으므로 의를 찾으라고 하신 것입니다. 첫째 의는 예수님의 흘리신 피로 말미암아 단번에 깨끗함을 얻는 것이고, 둘째 의는 성령의 도우심을 힘입어 거듭날 뿐만 아니라 실제로 의인이 되기 위하여 일생 동안 옳은 일을 하면서 하나님의 나라와 그 의를 계속 찾는 것입니다.

셋째로 '활발한 의'(active righteousness)가 있습니다. 그것은 사회에서 나타나는 의나 정의 혹은 공의의 성격을 띱니다. 민주주의 나라에서 살면 그에 따른 책임도 많습니다. 말해야 할 때도 있고, 올바르게 투표해야 할 때도 있고, 혹 정치인이라면 의를 위하여 싸울 수도 있어야 하지 않습니까? 정부에 편지를 보낼 수도 있습니다. 이렇게 저렇게 정의로운 나라가 되게 하기 위해 노력할 기회가 많이 있습니다. 또 우리에게 그러한 기회가 있다면 그렇게 해야 합니다.

콘스탄틴 황제가 그런 것을 잘 몰랐기 때문인지 로마 정부는 변화되지 않았습니다. 일반 신자들에게는 힘이 없지만 황제에게는 힘이 있습니다. 황제가 원했다면 정의를 실현할 수 있었습니다. 그런데 아무도 황제에게 그렇게 하도록 요청하지 않았습니다. 일반 신자들에게는 그렇게 말할 기회가 별로 없었지만 주교에게는 그러한 기회가 있었습니다. 지도자들이 하나님의 의를 찾았더라면 아름답고 깨끗한 경제제도를 마련하지 않았을까 하는 생각도 듭니다. 그런데 그 사람들이 하나님의 의를 찾지 않았기 때문에 가난한 사람들 사이에 반발이 생겼습니다.

북아프리카의 어거스틴은 유명한 신학자로서 장로교 신학의 기초를 마련한 분입니다. "하나님을 사랑하고 네 나름대로 하라"라는 유명한 말을 했는데, 그는 하나님은 사랑했지만 형제는 사랑하지 않았습니다. 성경은 하나님을 사랑한다고 하면서 형제를 사랑하지 않으면 거짓말쟁이라고 말씀합니다. 어거스틴 시대 북아프리카의 본토인들은 이탈리아 사람들에게 땅을 모두 빼앗겨서 가난한 사람들이 많았습니다. 바알제도가 그대로 있었기 때문에 어려운 사람들이 많았습니다. 교회 안에서도 주교를 선출하는 문제로 파쟁이 생겼습니다. 파쟁의 원인이 대개 교리문제 때문이라고 핑계를 대지만 사실은 교리문제보다는 경제문제 때문입니다. 올바른 신학을 아는 사람들은 대개 부자이고 세력을 잡고 있어서 나라를 운영하는 힘이 있었지만 가난한 사람들은 그들에게 이용만 당하고 마음이 상해 모두 다 이단에 들어갔습니다. 그런데도 어거스틴은 그런 것을 보지 못했습니다. 교회사를 쓰기까지 했지만 눈먼 사람같이 보지 못했던 것입니다. 참다못한 가난한 사람들이 이슬람교를 믿게 되었습니다. "토지는 알라의 것이다!"라고 모하메드가 외쳤을 때(성경에서 나온 말씀입니다—"토지는 하나님의 것이다") 그들은 만장일치로 이슬람교에 들어가 가톨릭교도들을 모두 바다에 던져 버렸습니다. 그때부터 북아프리카와 중동은 모두 다 이슬람화되었으며 지금까지도 지속되고 있습니다.

지금의 아랍 국가들은 원래 모두 기독교 국가였지만 우리는 그런 사실을 다 잊고 말았습니다. 왜 그렇게 되었을까요? 기독교가 경제문제에 대해서 생각지 않고 생각하기를 싫어해서 그렇게 된 것입니다. 지금 공산국가들도 마찬가지입니다. 그들 국가들도 원래는 기독교 국가였습니다. 그러나 기독교가 하나님의 의를 구하지 않았기 때문에 이용당한 사람들이 이슬람교나 공산주의 · 인본주의 · 사회주의로 나아가게 된 것입니다. 하나님의 의를 찾으라는 것은 힘이 닿는 대로, 기회가 있는 대로 올바른 경제제도, 올바른 정치제도를 만들어야 한다는 뜻입니다.

그런데 만약 그런 기회가 없어서 제국주의나 독재체제 밑에 완전히 들어간 사람들은 어떻게 합니까? 방법이 있습니다. 예수께서는 "주의 성령이 내게 임하셨으니 이는 가난한 자에게 복음을 전하게 하시려고 내게 기름을 부으시고 나를 보내사 포로 된 자에게 자유를, 눈먼 자에게 다시 보게 함을 전파하며 눌린 자를 자유케 하고 주의 은혜의 해를 전파하게 하려 하심이라"(눅 4:18–19)라고 말씀하셨습니다. 복음을 전파하되 부자나 지성인에게만이 아니라 가난한 사람에게 전하라고 하셨습니다. 기독교가 가난한 사람들에 대해 관심을 보이지 않자 공산당이 와서 "우리가 가난한 사람들을 위한 유토피아를 건설하겠다"라고 했습니다. 이때라도 교회가 "잘못했다. 지금부터 우리도 가난한 사람들을 위하여 참된 기쁜 소식을 전하겠다"라고 반성했어야 하는데 그렇게 하지 않고 오히려 총을 가지고 싸우려고 했습니다. 그것이 기독교적인 대답입니까? 그것이 하나님의 뜻입니까? 가난한 사람에게 좋은 소식을 전해야 합니다. 공산당이 그렇게 했습니다. 물론 결과적으로 좋은 소식이 아니라 거짓말이었습니다. 좋은 소식을 가진 사람은 신자인 우리입니다. 그런데 우리가 그렇게 실행하고 있지 않습니다.

누가복음 4장 19절 말씀을 보면, "주의 은혜의 해를 전파하게 하려 하심이라"라고 했는데, 여기서 '은혜의 해'라는 말은 '자원(自願)의 해'라고 해야 옳습니다. 자원적인 것과 은혜적인 것에는 비슷한 점이 있지만 원어로 볼 때 다릅니다. '자원의 해'를 '희년'이라고 하지만 보통의 희년과는 다릅니다. 희년 선포는 원칙적으로 왕이 해야 합니다. 사람들은 예수님이 왕이 되사 희년을 선포하심으로써 모든 사람이 자기의 토지를 다시 찾을 줄 알았습니다. 토지를 되찾게 되면 종의 생활을 계속할 필요 없이 자유롭게 살 수 있었습니다. 또 포로를 위하여 자유를 주겠다는 말도 나오는데 그들은 법적인 자유를 원했습니다. 법적인 희년을 원했습니다. 그런데 예수님은 자원의 희년을 선포하겠다고 하셨습니다.

오순절에 어떤 일이 일어났습니까? 모인 자들이 성령을 받자마자 모든 것을 '통용했다'고 합니다. 모든 신자가 자신들의 소유를 서로 통용해서 희년이 실행되었습니다. 성경은 신자들이 자신의 소유를 팔아 각 사람의 필요에 따라 나누어 주어 그들 중에 핍절한 사람이 한 명도 없었다(행 4:34-35)고 합니다. 법적으로 무조건 똑같이 나눠 준 것이 아니라 필요한 대로 나누어 주자 핍절한 사람이 한 명도 없었다는 것입니다. 그것이 바로 자원의 희년입니다. 이런 경우에 성경에서는 '의'라는 말보다 '자비'(mercy)라는 말을 사용합니다.

마태복음 23장 13절에는 "화 있을진저 외식하는 서기관들과 바리새인들이여"라는 말씀이 나오는데, 여기서 '외식'이라는 말은 '하는 척하는 것'을 말합니다. 마태복음 23장 23절에서는 "너희가 박하와 회향과 근채의 십일조를 드리되 율법의 더 중한 바 의와 인과 신은 버렸도다 그러나 이것도 행하고 저것도 버리지 말아야 할지니라"라고 말씀하고 있습니다. 그들은 십일조는 잘 드렸지만 의와 자비에 대해서는 관심이 없었습니다. 구약에서는 모든 것을 법으로만 해결하지 않았습니다. 복잡한 문제가 생겨 법적으로 해결하기 곤란한 경우에는 자원적으로 해결해야 하는데, 그때 자비가 필요합니다. 미국이나 한국에서 비슷한 문제가 생긴 것은 자비의 법을 무시하고 복지사회를 이루기 위해 복잡한 법만 잔뜩 만들어 놓았기 때문입니다.

미국의 경우, 한 명의 어려운 사람에게 10달러를 주기 위해서는 정부에서 100달러를 모아야 하고, 그것을 운영하기 위한 사회복지

기관도 있어야 하고 감독도 있어야 하고 회계하는 사람도 있어야 합니다. 하지만 머리통은 큰데 효과가 너무 적습니다. 미국에서는 법적으로 복지문제를 해결하기 위하여 (흑인) 가정을 파괴하는 결과를 초래하기까지 했습니다. 지금 제대로 가족생활을 하는 흑인들이 별로 없는데, 그 이유는 흑인 여자들이 정부로부터 보조금을 타기 위해서는 흑인 여자에게 남편이 없어야 하기 때문입니다. 그래서 아버지 없는 아이들이 얼마나 많은지 모릅니다. 이것은 법으로 인해 생긴 재난입니다. 법으로 모두 다 해결하지 못하므로 문제가 많아지는 것입니다. 문제를 해결하기 위해서는 우리가 주위 사람들의 문제를 보고 직접 도와주어야 합니다. 그것을 자비라고 합니다.

자비의 법은 구약에서도 많이 찾아볼 수 있습니다. 예를 들면, 룻이 밭에 가서 이삭을 줍지 않았습니까? 추수할 때 나그네와 가난한 사람을 위해서 땅에 떨어진 이삭을 남겨 두는 것, 이것이 자비의 법입니다. 어려운 사람들을 자비로 도와주어야 합니다. 그래서 의와 자비는 같이 있어야 하는 것입니다. 독재치하에 있으면 법적으로 문제를 해결하기가 쉽지 않습니다. 그러나 자비로는 해결할 수 있습니다. 오순절 이후 핍절한 사람이 없었던 것은 서로 자비심을 가지고 문제를 해결했기 때문입니다. 그것이 바로 자원의 희년입니다. 법적인 희년은 아니었지만 결론은 희년과 다를 바가 없습니다. 가난한 사람을 도와주라는 것은 하나님의 의를 구하라는 말 속에 포함되어 있습니다.

세 가지 의를 다시 정리해 봅시다. 첫째는 '법적인 의'로서 어린

양의 피를 통하여 죄 사함을 얻고 의인이 되었다는 것이고, 둘째는 성령이 내 안에 계심으로 마음의 고침을 얻고 의인이 되어 가는 것이고, 셋째는 하나님의 지혜로 인도하심을 받아 사회에서 의를 실천하는 것입니다. 자유로운 사회에 살 때는 법적으로 문제를 해결하도록 노력하면서 자비를 베풀고, 자유 없는 사회에 살 때는 자원적으로 문제를 해결해 나가도록 노력해야겠습니다. 어떠한 방법으로라도 의를 이루고자 한다면 성령께서 힘을 더하여 주시고 지혜도 주실 것입니다. 참으로 원하는 마음만 있다면 모든 문제를 해결할 수 있습니다.

3
열매 맺는 신자

육체의 일은 현저하니 곧 음행과 더러운 것과 호색과 우
상숭배와 술수와 원수를 맺는 것과 분쟁과 시기와 분냄과
당 짓는 것과 분리함과 이단과 투기와 술 취함과 방탕함
과 또 그와 같은 것들이라 전에 너희에게 경계한 것같이
경계하노니 이런 일을 하는 자들은 하나님의 나라를 유업
으로 받지 못할 것이요 오직 성령의 열매는 사랑과 희락
과 화평과 오래 참음과 자비와 양선과 충성과 온유와 절
제니 이 같은 것을 금지할 법이 없느니라(갈 5:19-23).

시작을 했으면 성장하여 열매를 맺는 것이 정상입니다. 그러나
성령이 우리 안에 계시지 않으면, 즉 성령의 충분함(가득함)을 받지
않으면 열매를 맺을 수 없습니다. 어떤 사람은 성령의 능력이 많은

데도 마음속에 성령이 계시지 않아 버림을 당하기도 합니다. 발람과 같은 사람이 그 좋은 예가 될 것입니다. 그는 능력이 많았지만 성령이 마음속에 계시지 않았기 때문에 열매가 없었습니다. 기적을 행하고 예언을 하고 선지자 노릇도 하고 병든 자를 고치고 귀신을 쫓아낸다고 할지라도 마음속에 성령이 계시지 않으면 열매를 맺을 수 없고, 열매가 없다면 다 헛된 일일 뿐입니다. 물론 그런 사람을 통해 은혜를 받은 사람의 입장에서는 헛된 일이 아닙니다. 병고침을 받은 사람으로서는 얼마나 기쁜 일인지 이루 말할 수 없습니다. 그러나 성령의 능력으로 병을 고쳤다 하더라도 병 고치는 사람의 마음속에 성령이 계시지 않으면 병 고치는 자 본인에게는 유익이 없습니다.

갈라디아서 5장 6절 말씀에는 "그리스도 예수 안에서는 할례나 무할례가 효력이 없되 사랑으로써 역사하는 믿음뿐이니라"라고 했습니다. 많은 사람들이 오직 믿음만 있으면 된다고 말하면서 행함이 있어야 한다는 말을 무시하곤 합니다. 사실 야고보서에서 하는 말이나 요한일서에서 하는 말이나 갈라디아서에서 하는 말은 다 동일한 것입니다. 바울 서신 중 믿음을 제일 강조한 것이 갈라디아서인데 자세히 보면 믿음에도 조건이 있음을 알 수 있습니다. 그냥 믿음이 아니라 '사랑으로써 역사하는 믿음'입니다. 구원을 위해서는 믿음이 있어야 하는데 사랑이 없는 믿음은 성령께서 주신 구원의 믿음이 아니라는 것입니다.

믿음은 마귀에게도 있습니다. 마귀는 하나님이 계신 줄도 알고 예수님이 사람의 죄를 위하여 죽은 줄도 알지만 하나님을 사랑하지는 않습니다. 어떤 신자들은 하나님을 미워하는 것은 아니지만 하나님이나 이웃을 사랑하지 않고 다만 자기의 구원만 생각하여 지옥 가기를 두려워해서 믿기도 하는데, 효력이 있는 것은 사랑으로써 역사하는 믿음 한 가지뿐입니다. 그 사랑은 바로 성령의 열매입니다.

육체의 일

많은 신자들이 성령의 열매는 인정하면서도 그 반대의 것이 무엇인지는 깨닫지 못합니다. 그 반대는 '육체의 일'입니다. 보통 우리는 육체의 일을 호색 · 간음 · 술 취하는 것 정도로 생각하지만 갈라디아서 5장 19-21절에 보면 열다섯 가지나 나옵니다. 흔히 몸으로 지은 죄만이 육체의 일이라고 생각하기 쉽지만, 열다섯 가지 중에서 몸으로 지은 죄는 다섯 가지밖에 없습니다. 열 가지는 머리나 영으로 지은 죄입니다. 그러면 왜 이것을 육체의 일이라고 합니까? 이는 아주 중요한 문제로서 깊이 생각해 보아야 할 점입니다.

불교에서는 물질을 악하다고 합니다. 그래서 우리 몸도 악할 뿐 아니라 몸이 원하는 것은 다 악하다고 생각하는 경향이 우리 신자들에게도 많습니다. '불교 사상'(Buddhism)보다는 '관념론'(Idealism)이라는 말이 그럴듯해서 듣기에 좋습니다만, 이 둘은 표현만 다를 뿐 내용은 같은, 비성경적인 사상입니다. 관념론을 그다지 나쁘지 않다고 생각하기 쉬운데, 사실 관념론은 진리가 아닐뿐더러 해로운 것이기도 합니다. 왜냐하면 물질을 나쁘다고 강조하기 때문입니다. 창세기 1장을 보면, 하나님은 물질적인 이 세상을 친히 창조하셨습니다.

> 그 빛이 하나님의 보시기에 좋았더라(4절).
>
> ……모인 물을 바다라 칭하시니라 하나님의 보시기에 좋았더라(10절).
>
> ……열매 맺는 나무를 내니 하나님의 보시기에 좋았더라(12절).
>
> ……어두움을 나뉘게 하시니라 하나님의 보시기에 좋았더라(18절).
>
> ……생물을 그 종류대로, 날개 있는 모든 새를 그 종류대로 창조하시니 하나님의 보시기에 좋았더라(21절).
>
> ……땅에 기는 모든 것을 그 종류대로 만드시니 하나님의 보시기에 좋았더라(25절).
>
> 하나님이 그 지으신 모든 것을 보시니 보시기에 심히 좋았더라(31절).

그러므로 물질이 나쁘다는 말은 신자로서는 할 수 없습니다. 성경을 믿는다면 물질을 하나님께서 친히 창조하신 것으로 보고, 물질적인 이 육체에서 나오는 행동을 무조건 나쁜 것으로 봐서는 안 됩니다.

그러면 왜 바울은 갈라디아서에서 육체의 일을 나쁘다고 했습니까? 연구해 보면 쉽게 답을 얻을 수 있습니다. 열다섯 가지 육체의 일을 표로 만들어서 공통점을 찾아보면 됩니다. 몸으로 지은 죄도 있고, 머리로 지은 죄도 있고, 영으로 지은 죄도 있지만 모두 다 이기주의나 개인주의에서 나온 죄라는 점에서 공통점이 있습니다. 우리가 다 육체를 가진 인간이지만 육체 때문에 개인이 되지 않았습니까? '개별하는 원리'가 곧 육체인 것입니다.

물질 그 자체가 나쁜 것은 아닙니다. 다만 나 개인만을 위하여 살고 다른 사람에게 관심이 없다면 그때는 개인주의자가 됩니다. 성경에는 개인주의란 말이 나오지 않지만 대신 '육체'라는 말은 많이 나옵니다. '육체'라는 말을 현대어로 바꾸면 '개인주의'입니다. 혹은 '이기주의'라고도 합니다. 술 취하든지 간음하든지 호색하든지 우상숭배하든지 술수하든지 원수를 맺든지, 그것들은 모두 '나'를 위한 것입니다. 육체의 일이 육체에서 온 것이라서 나쁜 것이 아니라 개인주의이기 때문에 나쁜 것인데 오늘날 교회가 그 사실을 잊어버렸습니다. 불교나 관념론의 영향을 받아 술·담배·간음 등은 나쁘다고 하면서도 육체에 속한 이기적인 일은 나쁘게 보지 않고, 몸으로 지은 죄가 아니면 죄가 아니라고 생각합니다.

우상숭배

우상숭배는 영적인 죄로서 우리의 몸과는 별 관계가 없습니다. 사람들은 대개 자기를 위한 이익을 얻기 위해 우상숭배를 합니다. 그런데 많은 사람들이 우상숭배하는 이들과 똑같은 이유로 하나님을 섬깁니다. 그런 사람들은 하나님이 우상보다 강한 줄로 알아 효력이 있으리라고 생각합니다. 하나님을 숭배하는 이유가 자기의 개인문제를 해결하기 위한 것이므로 하나님을 사랑하지도 않고 다른 사람을 섬길 마음도 전혀 없습니다. 그러니 어떻게 십자가를 질 생각을 하겠습니까? 십자가 이야기는 듣기 싫어하고 축복 이야기만 듣고 싶어 합니다. 복받기 위하여 하나님을 숭배하는 것은 우상숭배와 조금도 다를 바가 없습니다.

다른 구절에 보면 탐욕이라는 말이 나오는데 '탐욕이 곧 우상숭배'입니다. 구약 시대에는 상(像)을 만들고 그 앞에 절하는 것이 우상숭배였지만 신약 시대에는 우리 인간의 마음에 깊이 도사리고 있는 탐심이 곧 우상숭배라고 했습니다. 지금 미국의 현대 문화는 우상숭배하는 문화입니다. 탐욕과 탐심으로 가득 찬 문화입니다.

술수

술수는 무엇입니까? 무술(巫術)이나 술수를 헬라어로 '파르마케이아'(φαρμακεία)라고 하는데, '약을 먹는 것'이란 뜻입니다. 병을 고치기 위한 약이 아니라 마약·아편 따위의 약으로, 마술도 여기에 포함됩니다. 지금 미국에서는 귀신을 다루는 무당들이 점점 많아지고 이런 것에 관한 책자도 나와서 읽는 사람들이 계속 증가하는 추세입니다. 원하는 것을 이루기 위하여 신령하고 비밀스러운 영적인 힘을 구하는데 그 대상이 귀신이든 하나님이든 상관하지 않고 있습니다. 마약을 복용하는 사람들은 거의가 귀신교에 들어가게 됩니다. 귀신교에 들어간 사람들의 대부분이 약을 복용합니다. 술수는 엄밀히 말해 영적인 죄이지 몸으로 지은 죄가 아닙니다. 그러나 그러다 보면 몸으로 죄를 짓기도 하고, 자기만을 생각하는 '개인주의'에 빠지게도 됩니다.

원수를 맺는 것

교회 안에 술수하는 사람은 없습니다. 우상숭배하는 사람이 있기는 하지만 음행하거나 더러운 혹은 호색하는 신자는 별로 없습니다. 있다고 해도 회개하거나, 그렇지 않으면 교회에서 떠나 버립니다. 그런데 원수를 맺는 것은 교회에서 흔히 볼 수 있는 일입니다. 여기에 문제가 있습니다.

분쟁

분쟁 없는 교회도 별로 없습니다. 어떤 사람은 자기 뜻대로 교회를 움직이고 싶은데 목사가 자기 말을 듣지 않으면 분쟁을 일으켜 쫓아내 버리기도 합니다. 또 어떤 사람은 목사를 자기편으로 만들어서 당을 짓기도 합니다. 한 교회에 장로가 두 명 있으면 당이 둘 생기기도 합니다. 신학교에 가면 이 교수파 저 교수파가 있고, 그러다가 심해지면 갈라져서 새 교파가 나오기도 합니다. 큰 문제가 아닐 수 없습니다. 대개는 서로 믿음이 맞지 않거나 시기해서 이런 일이 생기기도 하지만 참된 이유는 개인문제 때문입니다. 어떤 사람은 자유주의자로서 나가서 새 교파를 만들고 새 신학교를 조직하여 자신이 유명한 지도자가 됩니다. 그 교파에서는 그 지도자가 훌륭한 성인인 줄 아는데, 정작 성경말씀에는 그와 같은 사람이 어떻게 된다고 나와 있는지 아십니까? "경계하노니 이런 일을 하는 자들은 하나님의 나라를 유업으로 받지 못할 것"(갈 5:21)이라고 했습니다.

그러면 우리에게 새 조직을 만들 이유는 없습니까? 무슨 특별한 것을 강조하기 위한 사명을 받아서, 예를 들면 선교 사업이 부족하니까 선교 사업을 강조하기 위하여 일반 교회에서 새 조직을 만들 수는 있습니다. 분쟁이 있어서가 아니라 무엇을 강조하기 위해서나 좋은 일을 하기 위해서는 할 수 있습니다.

그렇지만 우리만 옳다고 하여 새 조직을 만든다면 그것은 육체의 일이 됩니다. 훌륭한 지도자가 좋은 의도로 그 일을 시작했을지라도 문제 있는 사람들이―어디가든지 그런 사람이 있습니다―항상 문제를 만듭니다. 물론 그러한 정신으로는 하나님의 나라를 얻을 수 없습니다.

시기

"저 사람은 솔로를 하는데 왜 나는 못합니까?"

"저 사람은 주일학교에서 가르치는데 나는 왜 가르칠 수 없습니까?"

"왜 저 사람은 집사가 됐는데 나는 안 됩니까?"

"나는 집사 된 지 10년이고 저 사람은 9년밖에 안 되었는데 왜 저 사람이 먼저 장로가 됩니까?"

이렇듯 교회 안에는 시기하는 일들이 얼마나 많은지 모릅니다.

분냄

분냄은 화를 내는 것으로 집집마다 그런 일이 흔합니다. 그런데 분내는 것도 육체의 일이므로 분내는 사람들은 하나님의 나라를 유업으로 받을 수 없습니다.

당 짓는 것, 분리함, 이단

'이단'이란 우리만 옳다고 해서 완전히 떨어져 나가는 것을 말하는데, 어떤 사람이라도 그렇게 말한다면 그가 곧 이단자입니다. 성경말씀에는 두세 사람이 예수의 이름으로 모이면 예수께서 그들과 친히 함께 계시겠다고 하셨는데 어떻게 내가 예수님이 옳다고 하신 것을 틀렸다고 할 수 있습니까?

교회가 무엇입니까? 예수님의 몸입니다. 그런데 몸에서 한 팔을 뽑아 버린다면 좋은 일입니까? 그렇다고 팔만 몸입니까? 몸이 다른 지체를 필요 없다고 할 수 있습니까? 그럴 수 있다고 하는 것, 그것이 바로 이단의 정신입니다. 그리스도의 몸을 찢는 행위입니다.

병에는 두 가지 무서운 병이 있는데 그 중 한 가지는 간질병입니다. 간질환자가 발작을 하면 몸이 많이 뒤틀리지만 그것은 의미가 없는, 정신이 없는 움직임입니다. 보기에도 좋지 않습니다. 이 지체와 저 지체가 서로 합력하지 못하고, 한 몸이면서도 서로 싸우고 땀 흘리며 힘을 다 뺀다면 하는 일이 전혀 없게 될 것입니다. 현대 교회가 흔히 그런 상태에 빠집니다. 활발하기는 하지만 효과가 하나도 없고 뜻도 없고 방향도 없습니다. 이 지체 저 지체가 서로 인정하지 못하고 서로 경쟁하고 대적할 뿐입니다. 간질병에 걸린 모습입니다.

또 다른 한 가지 병은 성경에서 제일 무서운 병이라고 하는 나병입니다. 나병이 왜 무서운 병입니까? 나병환자 가운데 정작 나병으로 죽는 환자는 별로 없습니다. 대개 다른 병으로 죽습니다. 나병환자는 감각이 없기 때문에 손으로 무엇을 만져도 느끼지 못하고, 돌에 발을 부딪쳐도 모릅니다. 부딪쳐서 살이 깨지고 피가 흘러도 눈으로 보지 않으면 모릅니다. 교회 안에서도 흔히 그런 증세가 나타납니다. 어떤 지체가 아주 심하게 아파도 다른 지체들이 그의 아픔을 모르거나 무시해 버리고 전혀 아파하지 않습니다. 사랑이 있다면 서로 이해하고 서로의 입장을 알고 아파할 수 있지만 많은 교회들이 사랑이 없고 코이노니아가 없기 때문에 전혀 서로를 모릅니다. 나병에 걸린 교회에서 당 짓는 것과 분리함과 이단이 나옵니다.

투기

세상에서야 '사촌이 논을 사면 배가 아프다'는 말이 통할지 모르지만 어떻게 교회에서 그런 일이 자주 생기는지 이해하기가 매우 힘듭니다. 그러므로 육체의 일이 없어지고 개인주의가 없어지도록 기도해야 합니다. 우리가 나를 위하여 사는 사람이 아니고 하나님을 위하여, 예수님을 위하여, 형제·자매들을 위하여 사는 사람이라면 서로를 위하고 남을 위하여 살아야 할 것입니다. 나를 위하여 사는 사람은 가짜 신자일 뿐 아니라 육체의 일에 빠진 사람일 뿐입니다.

투기와 술 취함과 방탕함과 또 그와 같은 것들이라 전에
너희에게 경계한 것같이 경계하노니 이런 일을 하는 자들
은 하나님의 나라를 유업으로 받지 못할 것이요(갈 5:21).

성경이 아주 강한 어조로 말씀하고 있는데도 불구하고 지금의
교회에서는 이를 너무 가볍게 생각하는 경향이 있습니다. 신자가
간음하거나 술 취하거나 방탕하면 큰 죄인 줄 알면서도, 투기와 시
기와 분쟁을 하면 덮어 두거나 너무 관대하게 처리해 버립니다. 하
나님 보시기에는 그리스도의 몸을 찢는 것보다 더 큰 죄가 없을 텐
데도 있을 수 있는 일로 여깁니다. 술에 취해 사는 사람이나 간음
한 사람을 올바른 신자라고 하지는 않습니다. 하지만 그런 사람들
은 자신도 자신의 행위가 부끄러운 줄 압니다. 그런데 당 짓는 사
람들은 부끄러워하기는커녕 오히려 자기가 옳은 사람이라고 자랑
합니다.

성령의 열매

육체의 일과 반대되는 것은 무엇입니까? 성령의 열매입니다. 성
령의 열매는 우리가 분리되지 않고 사랑으로, 코이노니아로 하나
될 때 맺게 되는 것입니다. 성경말씀대로 예수님은 나무이고 우리
는 가지입니다. 건강한 나무에 붙어 있는 가지에는 저절로 열매가
열리지만 나무에서 떨어져 나온 가지는 열매를 맺을 수 없습니다.
시편 1편을 보면, 시냇가에 심은 나무가 시절을 좇아 과실을 맺

는다고 했습니다. 물은 성령을 뜻하고 나무를 심은 땅은 성경을 뜻합니다. 아무리 옥토에 심어도 물이 없으면 열매를 맺을 수 없습니다. 그렇다고 시내 한가운데에 나무를 심으면 그 나무는 죽고 말 것입니다. 옥토에 심되 양분과 물을 충분히 흡수하도록 해야 열매를 맺게 됩니다. 나무가 항상 물과 양분을 흡수하는 것처럼 우리 신자들도 매일매일 성경을 읽으면서 성령의 도우심을 구해야 합니다. 그런데 인간의 머리로 성경을 해석할 수 있다고 생각하기 때문에 개인주의가 나옵니다. 학자들조차 성경을 알기는 하되 틀린 해석을 내리는 것을 흔히 볼 수 있습니다. 그것은 개인적인 입장에서 성경공부를 했을 뿐, 성령의 도우심을 구하지 않고 성경을 읽었기 때문에 생기는 결과입니다. 그러므로 무슨 말인지 도무지 깨달을 수 없는 것입니다.

요한복음 5장에 나오는, 평생 성경공부만 했던 사람의 이야기를 살펴봅시다.

> 너희가 성경에서 영생을 얻는 줄 생각하고 성경을 상고하거니와 이 성경이 곧 내게 대하여 증거하는 것이로다 그러나 너희가 영생을 얻기 위하여 내게 오기를 원하지 아니하는도다 나는 사람에게 영광을 취하지 아니하노라 다만 하나님을 사랑하는 것이 너희 속에 없음을 알았노라 나는 내 아버지의 이름으로 왔으매 너희가 영접지 아니하나 만일 다른 사람이 자기 이름으로 오면 영접하리라(요 5:39-43).

예수께서 많은 사람들을 가르치기 시작하셨을 때 사람들은 예수께 이렇게 물었습니다.

"누구 밑에서 공부했느냐? 졸업장은 있느냐? 우리는 다 박사다. 우리 중에는 가말리엘 문하에서 공부한 박사도 있다. 그런데 너는 누구냐?"

그러자 예수님은 "나는 하나님의 이름으로 왔다"라고 분명하게 대답했습니다. 그 당시에 많은 지도자들은 사회의 인정을 받았지만 모두 자기 이름으로 온 사람들뿐이었습니다. 지금도 졸업장을 내세우면서 누구누구 밑에서 공부했다고 하면 "아, 유명한 분 밑에서 공부하셨군요. 어서 오십시오" 하면서 잘 받아들입니다. 그러나 학교에 가면 누가 가장 공부를 잘하느냐가 중요한 일이지만 교회 안에서는 그것보다 더 중요한 일이 있습니다. 즉, 성령을 받았는지, 하나님의 인도하심을 받았는지 그것을 알아야 합니다.

> 너희가 서로 영광을 취하고 유일하신 하나님께로부터 오는 영광은 구하지 아니하니 어찌 나를 믿을 수 있느냐(요 5:44).

신학교에 많은 박사들이 있지만 자기를 위해, 사람에게 영광을 얻기 위해 박사학위를 얻었다면 그는 믿을 수 없는 사람일 것입니다. 신학교에서 교수로 초빙하려고 "예수께서 동정녀에게서 태어나신 것을 믿습니까? 예수께서 몸으로 부활하신 것을 믿습니까?"라고 묻지만 현대 학자들은 그런 것을 믿지 않습니다. 유명한 신학자 중에도 그런 말을 믿는 사람은 별로 없습니다. 처음에는 아니라고 대답했다가 몇 번 취직할 기회를 놓치게 되면 "예, 대강은 믿습니다. 우리 교파의 교리 그대로 믿습니다"라고 거짓말을 하고 일자리를 구합니다. 하지만 참으로 믿는 학생이 오면 그에게 시험이 됩니다. 그 학생의 믿음을 깨뜨려 믿지 못하게 하려고 합니다. 자기가 믿지 않기 때문에 다른 사람이나 학생이 믿는 것을 싫어하고 두려워합니다.

어떤 신학생 두 명이 예수원을 찾아왔습니다. "신부님, 저희가 다니는 신학교는 보수주의로 유명한 좋은 신학교입니다. 그런데 믿는 사람이 많지 않은 것 같습니다. 저희는 1학년인데 반에서 믿는 사람이 반쯤 됩니다. 2학년에는 믿는 사람이 삼분의 일 정도 되고, 졸업반에는 믿는 사람이 거의 없습니다. 3년 동안 그곳에서 공부하게 되면 믿음을 다 잃게 되지나 않을지 걱정이 됩니다" 하고 마음을 털어놓았습니다. 그래서 제가 "아닙니다. 하나님과 교제하면서 학교를 위해 기도하면 하나님께서 새롭게 하시고 문제를 고칠 수 있습니다"라고 이야기해 주었습니다. 그러나 그 학생들은 자신이 없다면서 그 학교를 그만두고 다른 신학교로 갔습니다.

제가 신학교에 다닐 때도 그런 문제가 있었습니다. 그러나 학생 몇 명이 비밀리에 모여서 학교와 교수님들을 위해 기도했습니다. 또 학생들을 위해서도 기도했습니다. 학교의 분위기를 고쳐 달라고 겸손한 마음으로 기도했습니다. 우리의 신앙이 어린 줄 알기에 교만하거나 자랑하지 않고 데모하지도 않았고 아무에게도 말하지 않았습니다. 다만 은밀하게 모여서 울며 기도했을 뿐입니다. 몇 개월이 지났지만 별 변화가 없었습니다.

학교에는 수요일마다 전도사들이 돌아가면서 설교하는 시간이 있었는데, 모여 기도하는 사람 중 한 사람이 전도사였습니다. 그에게 설교하라는 연락이 왔는데, 그 전도사가 두려워했습니다. 박사·교수·학생들 앞에서 설교하는 것이 두려웠던 것입니다. 그러나 해야 하는 줄 알기에 우리에게 자기를 위해 기도해 달라고 부탁했습니다. 그가 우리에게 무슨 제목으로 설교해야 할지 물었지만 우리는 하나님께 기도하고 양심대로 하면 하나님이 제일 중요한 문제를 보여 주실 것이라고 말해 주었습니다. 그는 우리의 말대로 설교 준비를 했습니다. 원래부터 설교를 잘하는 사람도 있지만, 그는 그리 좋은 설교자가 아니었습니다. 우리가 뒤에서 기도하고 기도하던 중 드디어 설교하는 날이 되었습니다. 학생들이나 교수들은 그 전도사의 설교에 별 기대를 하지 않았습니다. 그런데 성령께서 그를 사용하셨습니다. 설교가 얼마나 힘이 있던지 듣는 사람들이 모두 회개했습니다. 좋지 않은 말이나 일이 생길 때마다 그 설교를 기억하라고 할 만큼 대단한 설교였습니다. 기도의 지원(background)이 있으면 신학교도 고칠 수 있습니다. 가만히 있으면 고쳐지지 않습니다. 성령께서 주신 사랑의 정신만 있다면 어떤 문제라도 충분히 극복할 수 있습니다.

사랑

하나님을 사랑하고 내 개인의 영광에 관계없이 하나님의 영광만을 구하는 것이 사랑의 정신입니다.

오직 성령의 열매는 사랑과 희락과 화평과 오래 참음과
자비와 양선과 충성과 온유와 절제니 이 같은 것을 금지
할 법이 없느니라(갈 5:22-23).

성경 안에 깊이 뿌리를 박고, 겸손한 마음으로 성령의 도우심을
구하면 깨닫게 될 뿐 아니라 성령의 열매를 맺게 됩니다. 성령의
도우심으로 성경을 깨달았다면 서로 모순이 생기지 않습니다. 그
러나 내가 개인적으로 해석하고, 저 사람도 개인적으로 해석하는
경우에는 모순이 생깁니다. 신학교에 그런 문제가 많이 있습니다.
이 학자는 이런 말을 하고 저 학자는 저런 말을 하면 서로 다른 해
석이 나오는데, 성령 받고 해석하는 사람과 사랑으로 해석하는 사
람, 또 하나님의 영광만을 원하는 사람의 해석에는 별 차이가 없습
니다. 똑같은 해석이 나오지는 않더라도 서로 이해하도록 노력하
고 한뜻이 되도록 노력합니다.

희락

희락은 기쁨입니다. 성령 안에 있으면 항상 마음에 기쁨이 있습
니다. 슬픈 일이 생겨도 기쁨이 나올 수 있습니다. 저는 개인적으
로는 아무리 슬퍼도 교인들에게 좋은 일이 생기면 같이 기뻐할 수
있습니다. 저의 슬픔을 성령께서 주신 기쁨으로 이길 수 있는 것입
니다. 희락은 중요합니다. 보통 사람들은 친절한 사람을 사랑하고
자기를 좋아하는 사람을 가까이 하는데 그런 사랑은 아가페 사랑
이 아니라 필리아 사랑입니다. 마찬가지로 기분이 좋을 때는 기쁘

고 기분이 나쁠 때는 그렇지 못하다면 그것은 성령께서 주신 희락이 아닙니다. 성령께서 주신 희락은 기분과 아무 관계가 없는 객관적인 것입니다. 하나님이 거룩하시고, 놀라운 일을 많이 행하시고, 하나님의 능력에는 한이 없으신 줄 알면 기쁠 수밖에 없습니다. 하나님께서 나를 사랑하시는 줄 알고, 하나님께서 나를 용서하신 줄 알고, 하나님께서 나중에 내 문제를 해결해 주실 줄 알고 기뻐하는 것입니다.

마찬가지로 나의 원수라도 하나님께서 사랑하시므로 나도 그 사람을 사랑해야 합니다. 그래서 객관적으로 냉담하게 그 사람을 사랑하기로 결정합니다. 아가페는 결정하는 사랑입니다. 많은 젊은 사람들이 연애에 빠질 때, 저 여자와 연애해야겠다는 신중한 결정이나 생각 없이 사랑에 빠지는 것을 볼 수 있습니다. 그것은 필리아 사랑이지 아가페 사랑이 아닙니다. 그 사랑은 감정으로 하는 것입니다. 그런데 아가페 사랑은 싫은 사람에게라도 잘하기로 결정하는 것입니다.

화평

'분리'나 '이단'의 정반대 개념은 '화평'이라고 할 수 있습니다. 하나가 되는 것입니다. 화평에는 상대방과 화평하고, 하나님과 화평하고, 나 자신과 화평한다는 세 가지 정신이 포함되어 있습니다. 어떤 이들은 하나님과 상대방과는 화평하지만 자기 자신과는 화평이 없습니다. 자기를 싫어하고 자학하며, 자기가 쓸데없는 인간이란 열등감이 아주 강해서 괴로워합니다. 그러나 그것을 이겨 내야 합니다. 하나님께서 나를 사랑하시고 존중해 주시는 것처럼 나도 내 자신을 사랑하고 존중해야 합니다.

제 큰딸이 양녀인데 많은 한국인들이 그 아이에게 "너는 그 가족에 속하지 않는다"라고 말해서 딸아이가 열등감을 얼마나 강하게 느꼈는지 모릅니다. 제 친구 목사님 한 분도 남몰래 그 아이에게 친핏줄이 아니면 그 집과 아무 상관이 없다는 이야기를 해서 (아버지의 생각도 그런 줄 알고) 딸아이가 불안해했지만 제게 직접 물어보지는 못했습니다. 말도 못하고 마음속에 감추고 있었던 것입니다. 그 애가 솔직하게 말하지 않았기에, 저는 문제가 있는 줄은 알았지만 어디에 문제가 있는지 잘 몰랐습니다. 그러다가 어떤 회의에 참석하게 되었는데 그 아이를 위한 대언말씀이 선포되었습니다. 대언하신 분은 멀리서 온 외국인으로서 우리와 전혀 모르는 사람이었습니다. 목사님을 통해 "내 딸아, 내가 너를 사랑하고 너는 나에게 아주 특별한 인물이다"라는 주님의 말씀을 듣고 제 딸아이가 얼마나 기뻐했는지 모릅니다.

많은 사람들이 제 딸에게 너는 훌륭하신 너의 할아버지 토리 목사님의 이름을 더럽히면 안 되고, 집안 전통을 지켜야 하고, 그 집안사람과 똑같은 사명을 가져야 한다고 말했습니다. 저는 딸아이가 항상 마음에 무거운 짐을 가지고 있었다는 사실을 알게 되었습니다. 그런데 대언자는 "너는 아버지·어머니·할아버지·할머니·고조할아버지·고조할머니를 따라가지 않아도 된다. 내가 너를 위한 특별한 길을 준비해 두었단다"라고 했습니다. 그 대언말씀을 들을 때 어떻게 알지 못하는 사람 입에서 그런 말이 나올 수 있었는지 놀랐지만 딸아이에게는 큰 위로가 되었습니다. 사명이 다르더라도 우리와 똑같이 자기도 하나님의 사명자인 것을 알고는 마침내 우리 가족과 아무런 부담 없이 하나가 될 수 있었습니다. 이렇듯 자기 자신과 화평하기 위해서 하나님과 화평하는 일은 중요합니다.

오래 참음

오래 참는다는 것은 상당히 재미있는 문제입니다. 우리는 누가 잘못하면 금방 화를 내거나 욕을 하거나 싸우거나 책망하려고 합니다. 그러나 하나님은 "잠깐, 가만히 있어 봐"라고 하십니다. 그래서 하루쯤 가만히 있다가 "주여, 오늘 말하면 되겠습니까?" 하고 물으면 "아니다. 가만히 기다려라"라고 말씀하십니다. 다시 "주여, 오늘은……?" 하면 또 "아니……" 하십니다. 이렇게 3–4일이 지나고 나서 "에이, 그만두자. 참자" 하는데 하나님께서 "애, 그만 참고 오늘 가서 얘기해라" 하고 말씀하십니다. "주여, 재미없습니다. 말하기 싫습니다. 그만두겠습니다"라고 하자 "아니다. 지금 가서 말해 보아라. 지금 너는 화가 다 가라앉아서 객관적으로 말할 수 있고 옳은 말을 할 수 있으니 권면할 수 있다. 어제 권면했다면 개인 감정이 나와서 효과가 없었을 것이다. 그리고 내일까지 기다리면 그 사람이 타락하니까 오늘 가서 이야기하라"라고 하십니다.

오래 참는 것과 완전히 포기하는 것은 다르기 때문에 포기하지 말고 오래 참다가 하나님께서 "지금 가서 말하라"라고 하실 때 형제로서 책임감을 가지고 그 사람을 권면하여 그의 잘못을 고치도록 노력해야 합니다. 참는 것이 때로는 하루일 수도 있고 이틀일 수도 있고, 1개월 혹은 1년일 수도 있습니다. '하나님께서 말씀하시기까지 참는 것'을 오래 참음이라고 합니다.

자비

'자비'를 영어로 'gentleness'라고 하는데, 이는 '상대방의 입장을 이해하고 싶어 한다'는 뜻입니다. 당신의 입장을 알고 싶다는 뜻입니다. 흔히 사람들은 내 입장을 이해해 달라고 하며 자기 입장에 대해서만 이야기하고 상대방 이야기를 듣기 싫어합니다. 그러나 신자라면 마땅히 성령의 도우심을 힘입어 자기 입장보다는 상대방의 입장을 알고 싶어 하고, 그것에 귀 기울여야 합니다. 제3자의 입장에서가 아니라 본인의 입장에서 알고 싶어 하는 것이 자비입니다. 자비는 문제가 생길 때마다 상대방의 입장을 알고 싶어 하는 정신입니다.

양선

'양선'은 영어로 'goodness'입니다. 원어를 찾아보니 '좋은 선물을 나눠 주는 마음'이란 뜻입니다. 헬라어나 히브리어나 영어에서는 'good'과 'goods'의 의미가 다릅니다 'good'은 '좋은 것'이라는 뜻이고, 'goods'는 '재산'이란 뜻입니다. 이렇게 볼 때 양선의 정신은 '재산을 나누어 줄 수 있는' 정신입니다.

오순절에 성령을 받았던 사람들은 자신의 재산을 자발적으로 나누어 주었으며 모든 것을 서로 통용했습니다. 저는 '왜 아홉 가지 열매 중에 사귐(통용)이란 중요한 말이 빠졌을까, 왜 코이노니아가 나오지 않을까?'를 놓고 고민하던 중 '양선'이 바로 그런 뜻임을 알게 되었습니다. 내 재산은 내 것이 아니라 하나님의 소유니까 누구든지 필요로 한다면 나눠 줄 수 있다고 하는 정신이 성령의 열매입니다. 그렇게 되면 성경말씀대로 교인 중에 핍절한 사람이 한 명도 남지 않을 것입니다.

그런데 우리는 이러한 문제를 해결하기 위해 좀 다른 방법을 쓰는 것 같습니다. 많은 교회들이 가난한 사람이 오면 교회에 못 들어오게 합니다. 부자가 가면 어서 오라고 극진히 환영하지만 가난한 사람이 가면 쳐다보지도 않는 교회가 되었습니다.

한번은 한 가난한 흑인이 어떤 유명한 성공회 교회를 찾아갔습니다. 그가 교회에 들어가려니까 신자 회장이 옆에 있는 교회로 가면 좋겠다고 했습니다. 하지만 그 사람은 "저는 이 교회가 좋습니다"라고 했습니다. 그러자 신자 회장이 "그러면 이 교회에 들어오는 것이 주의 뜻인지 아닌지 알아봅시다"라고 제안했습니다. 다음주일, 그 흑인이 "회장님, 기도하실 때 하나님께서 무슨 말씀을 하셨습니까?"라고 물으니 "주님께서 나도 100년 동안 이 교회에 들어가지 못했는데 어떻게 네가 들어갈 수 있느냐 하고 말씀하셨습니다"라고 했다고 합니다. 나중에 태풍으로 그 교회의 지붕이 날아가 버렸는데, 그때 그 흑인이 "아하, 드디어 하나님께서 교회에 들어가시게 되었구나!"라고 했답니다.

양선이란 어려운 사람의 입장을 알고 겸손히 도와주는 마음입니다. 거만하면 안 됩니다. '봉사'라는 말에는 '섬김'이라는 말과는 달리 교만한 뜻이 들어 있습니다. 높은 사람으로서 내가 너를 돕겠다고 하는 태도입니다. 성경에는 '봉사'라는 말 대신 '섬김'이라는 말이 나오는데, 이것은 섬기는 사람이 일꾼처럼 남의 밑에 들어가서 돕는다는 뜻입니다.

충성

'충성'이란 말을 한국 사람들만큼 잘 이해하는 이들은 별로 없을 것 같습니다. 충무공 이순신 장군을 크게 존경하지 않습니까? 거기에는 이유가 있습니다. 그가 나라를 위해 자신의 몸을 아끼지 않았기 때문입니다. 우리는 하나님의 충무공이 되어야 합니다. 하나님의 나라를 위하여 충성하는 사람이 되어야 합니다. 미국 사람들은 충성을 중요하게 생각지 않으며 충성하는 사람을 바보로 여깁니다. 충성을 중히 여기는 한국 정신을 버려서는 안 될 것입니다. 그것은 귀하고 거룩한 정신입니다.

온유

세상에서 제일 온유한 사람은 모세였습니다. 하지만 모세도 아주 크게 화를 낸 적이 몇 번 있었습니다. 그런데 왜 그를 온유한 사람이라고 했겠습니까? 모세는 하나님의 영광을 위하여 화를 냈기 때문입니다. 자기의 영광은 상관하지 않았고 관심도 없었지만, 사람들이 하나님을 욕하든지 하나님의 거룩한 물건을 만지든지 하나님의 뜻을 어기든지 하면 크게 화를 냈습니다. 그는 자기가 아닌 하나님의 입장만을 생각하는 사람이었습니다. 그래서 온유한 사람입니다.

　모세는 온유의 정신을 버린 적이 일생 동안 단 한 번밖에 없었습니다. 그는 이스라엘 백성을 광야로 인도하던 중 물이 없어 죽어갈 때 바위를 지팡이로 쳐 물이 나오게 했습니다. 그리고 약 38-39년 뒤에 똑같은 문제가 생겼습니다. 모세는 옛날의 사건을 잘 기억했지만 지금 함께 있는 이스라엘 백성들이 처음 데리고 나왔던 그 백성들이 아니라는 사실을 잊어버렸습니다. 지금 있는 백성들은 사막에서 나서 자란 새로운 세대이었습니다. 그런데 그러한 사실을 잊어버린 모세는 그들의 행동에 기분이 나빴습니다. 모세가 "주여, 어떻게 하면 좋겠습니까?" 하고 기도했을 때 하나님께서 지팡이를 바위에 대고 말하라고 하셨습니다. 모세는 하나님께서 다시 한 번 바위에서 물이 나오게 하실 줄 알고 기분이 좋아서 사람들을 바위 앞에 모아 놓고 "이 배반자들아, 아론과 내가 이 바위에서 물이 나오게 하겠다" 하고 말했습니다. 그러나 하나님에 대한 이야기는 하지 않았습니다. 그런 다음 하나님의 명령과는 달리 막대기를 가지고 바위를 쳤습니다. 하나님께서 백성을 불쌍히 여겨서 물이 나오게 하셨지만 백성들은 물을 먹느라고 바빠서 모세를 쳐다보지도 않았습니다. 이때 하나님은 모세에게 "네가 나를 영화롭게 하지 않았으므로 너는 약속의 땅에 들어가지 못한다"라고 말씀하셨습니다. (120년 동안 살면서) 단 한 번 온유하지 못함으로써 자기 평생의 목표를 이루지 못하게 된 것입니다. 하나님께서 모세를 그렇게까지 대하신 것은 그가 지도자였기 때문에 그만큼 책임이 큼을 말씀해 주시기 위함이었습니다.

우리의 지위가 높으면 높을수록 우리의 책임은 많아지고 무겁습니다. 주일학교 학생이 잘못을 하면 하나님은 금방 용서하시고 더 이상 생각지 않으십니다. 그러나 목사가 잘못한다면 심한 문책을 당할 수밖에 없을 것입니다. 하나님은 아무것도 모르는 사람이나 계급이 낮은 사람이나 책임이 없는 사람에게는 아주 부드럽게 대하시고, 용서하고 또 용서해 주십니다. 그러나 위치가 높거나 책임이 무거운 사람에게는 아주 딱딱하게 자주 책망하고, 잘못하면 잘라 버리기도 하십니다. 그러므로 우리가 알아야 할 것은 높은 자리에 있을수록 온유해야 한다는 사실입니다.

절제

보통 절제란 말이 나오면 술과 호색에 대해서만 생각하고 더 이상 그 말을 깊이 생각지 않는 것 같습니다. 그런데 절제에는 여러 가지가 있습니다. 어떤 사람은 지나치게 많이 먹는 것을 절제해야 하고, 어떤 사람은 말을 절제해야 하는데, 제대로 실행을 못해서 자주 문제가 생깁니다.

어떤 사람은 스포츠를 절제하지 못해서 하나님이 주신 시간을 낭비하고, 어떤 사람은 텔레비전 보는 것을 절제하지 못해서 하나님의 시간을 낭비합니다. 사실 하루 종일 텔레비전 보는 것은 낭비일 뿐만 아니라 우상숭배가 아닌가 싶기도 합니다. 어떤 교회 목사는 텔레비전을 절대로 보지 말아야 한다고 강조하기 때문에 목사가 심방을 가면 신자들이 텔레비전을 숨길 정도입니다. 그러나 목사가 돌아가고 나면 또 봅니다. 사실 텔레비전은 큰 시험거리이고 유혹입니다.

"주님, 이 프로그램을 봐도 되겠습니까?"

"30분만 보아라."

그런데 30분이 지나고 나서 재미있는 프로그램이 나오면 다시 보게 됩니다. 잘못하면 12시까지 보게 되는데 그러면 기도할 시간도 없고, 아이들이나 아내와 이야기할 시간도 없습니다. 텔레비전 보다가 피로해서 자고 나면 다음 날 일할 때도 피곤하고 문제가 생깁니다.

내 소유를 사용하는 데도 하나님의 뜻이 있습니다. 십일조는 '나의 것이 모두 하나님의 소유'라는 표시일 뿐 사실 십분의 십이 다 하나님의 것입니다. 나의 모든 것이 하나님의 것이니까 하나님의 승낙 없이는 일 원도 쓰지 않겠다는 태도를 가지면 속임을 당할 이유도 없고 문제도 별로 생기지 않습니다. 시장 보러 갈 때도 "주여, 무엇을 살까요?" 하고 물어보고 목록을 적어서 사면 이것저것 필요하지 않은 것을 사지 않게 되어 돈을 낭비하지도 않을 것입니다. 모든 면에서 절제하면 하나님께 영광을 돌릴 수 있고, 하나님의 것을 하나님을 위하여 올바르게 쓸 수 있습니다.

> ……이 같은 것을 금지할 법이 없느니라 그리스도 예수의
> 사람들은 육체와 함께 그 정과 욕심을 십자가에 못박았느
> 니라(갈 5:22-24).

육체를 십자가에 못박고, 대신 그리스도 예수의 피로 말미암아

성령의 힘으로 주께 영광 돌리는 아름다운 생활을 하면 나 개인뿐 아니라 나를 통하여 교회도 아름답게 될 것입니다. 이로써 교회가 참으로 그리스도의 몸이 되면 사람들이 와서 보고 "여기 놀라운 일이 있구나! 나도 예수를 믿어야겠다"라고 할 것입니다.

4
순종하는 신자

사무엘이 사울에게 이르되 여호와께서 나를 보내어 왕에게 기름을 부어 그 백성 이스라엘 위에 왕을 삼으셨은즉 이제 왕은 여호와의 말씀을 들으소서 만군의 여호와께서 이같이 말씀하시기를 아말렉이 이스라엘에게 행한 일 곧 애굽에서 나올 때에 길에서 대적한 일을 내가 추억하노니 지금 가서 아말렉을 쳐서 그들의 모든 소유를 남기지 말고 진멸하되 남녀와 소아와 젖 먹는 아이와 우양과 약대와 나귀를 죽이라 하셨나이다 사울이 백성을 소집하고 그들을 들라임에서 계수하니 보병이 이십만이요 유다 사람이 일만이라 사울이 아말렉 성에 이르러 골짜기에 복병하니라 사울이 겐 사람에게 이르되 아말렉 사람 중에서 떠나 내려가라 그들과 함께 너희를 멸하게 될까 하노라 이

스라엘 모든 자손이 애굽에서 올라올 때에 너희가 그들을
선대하였느니라 이에 겐 사람이 아말렉 사람 중에서 떠나
니라 사울이 하윌라에서부터 애굽 앞 술에 이르기까지 아
말렉 사람을 치고 아말렉 사람의 왕 아각을 사로잡고 칼
날로 그 모든 백성을 진멸하였으되 사울과 백성이 아각과
그 양과 소의 가장 좋은 것 또는 기름진 것과 어린 양과
모든 좋은 것을 남기고 진멸키를 즐겨 아니하고 가치 없
고 낮은 것은 진멸하니라(삼상 15:1-9).

사울이 하나님의 진멸 명령을 받고도 진멸하지 않은 것은 그의
탐욕 때문이었습니다. 그는 하나님의 말씀을 듣지도, 복종하지도
않았습니다.

여호와의 말씀이 사무엘에게 임하니라 가라사대 내가 사
울을 세워 왕 삼은 것을 후회하노니 그가 돌이켜서 나를
좇지 아니하며 내 명령을 이루지 아니하였음이니라 하신
지라 사무엘이 근심하여 온 밤을 여호와께 부르짖으니라
(삼상 15:10-11).

사무엘은 하나님의 말씀을 듣고 밤새도록 기도하였습니다. 우리
중에 누가 대통령을 위하여 그렇게 기도했습니까? 오늘날 정부를
위하여 그렇게 기도하는 분이 있습니까? 제가 알기로는 우리 한국
교회에는 밤새도록 기도하는 사람이 많습니다. 그러나 대통령이나

정부를 위해서 기도하는 것이 아니라 자기 자신의 문제를 위해서 기도합니다. 그러나 사무엘은 왕을 위하여 밤새도록 기도했다고 했습니다.

> 사무엘이 사울을 만나려고 아침에 일찍이 일어났더니 혹이 사무엘에게 고하여 가로되 사울이 갈멜에 이르러 자기를 위하여 기념비를 세우고 돌이켜 행하여 길갈로 내려갔다 하는지라 사무엘이 사울에게 이른즉 사울이 그에게 이르되 원컨대 당신은 여호와께 복을 받으소서 내가 여호와의 명령을 행하였나이다 사무엘이 가로되 그러면 내 귀에 들어오는 이 양의 소리와 내게 들리는 소의 소리는 어찜이니이까 사울이 가로되 그것은 무리가 아말렉 사람에게서 끌어 온 것인데 백성이 당신의 하나님 여호와께 제사하려 하여 양과 소의 가장 좋은 것을 남김이요 그 외의 것은 우리가 진멸하였나이다(삼상 15:12-15).

사울은 하나님께 제사드리기 위하여 진멸치 않았다고 핑계를 대고 있지만, 하나님을 '나의 하나님'이 아닌 '당신의 하나님'이라고 했습니다. 복종하지 않고, "내가 한 것이 아니라 무리가 했다. 백성이 했다"라고 핑계를 댔습니다.

> 사무엘이 사울에게 이르되 가만히 계시옵소서 간밤에 여호와께서 내게 이르신 것을 왕에게 말하리이다 가로되 말

씀하소서 사무엘이 가로되 왕이 스스로 작게 여길 그때에 이스라엘 지파의 머리가 되지 아니하셨나이까 여호와께서 왕에게 기름을 부어 이스라엘 왕을 삼으시고 또 왕을 길로 보내시며 이르시기를 가서 죄인 아말렉 사람을 진멸하되 다 없어지기까지 치라 하셨거늘 어찌하여 왕이 여호와의 목소리를 청종치 아니하고 탈취하기에만 급하여 여호와의 악하게 여기시는 것을 행하였나이까(삼상 15:16-19).

만약 이때라도 사울이 회개했더라면 문제는 해결되었을 것입니다. 사울은 사실 여러모로 좋은 왕이었습니다. 호화로이 살지도 않았고, 큰 왕궁을 건축하지도 않았습니다. 전쟁이 일어나면 앞장서서 싸우러 나갔고, 집에 앉아 있으면서 군병만 보내는 법은 없었습니다. 상당히 위대한 왕이었습니다. 솔로몬같이 여러 아내를 거느린 적도 없었고, 다윗보다 (비교적) 깨끗한 생활을 했습니다. 다만 다윗 왕은 나단 선지자가 와서 네가 잘못했다고 하자마자 핑계 없이 땅에 엎드려 울면서 즉각 자기의 잘못을 회개했는데, 사울은 그렇지 못했습니다. 다윗 왕의 좋은 점은 바로 그와 같은 태도입니다. 다윗은 하나님을 사랑하는 마음이 있었으므로 잘못한 줄 알자마자 곧 회개했습니다. 그러나 사울은 좋은 사람이기는 했지만 교만했습니다. 하나님을 사랑하기보다는 자기 체면을 먼저 생각하는 사람이었습니다.

사울이 사무엘에게 이르되 나는 실로 여호와의 목소리를
청종하여 여호와께서 보내신 길로 가서 아말렉 왕 아각을
끌어 왔고 아말렉 사람을 진멸하였으나 다만 백성이 그
마땅히 멸할 것 중에서 가장 좋은 것으로 길갈에서 당신
의 하나님 여호와께 제사하려고 양과 소를 취하였나이다
(삼상 15:20-21).

왕이 백성의 지도자인데 어떻게 백성의 말을 따릅니까? 그것은
왕의 태도라기보다는 정치인의 태도입니다. 옳은 일인지 하나님의
말씀인지 상관하지 않고 백성들이 원하는 것을 다 해야 한다는 것
은 정치인의 정신입니다. 서양 속담에 "백성의 소리가 하나님의
소리다"라는 말이 있는데, 그럴 수 없습니다. 백성보다 하나님의
소리를 들어야 합니다. 특별히 왕은 하나님께로부터 직접 명령을
받아야 하고, 그 명령대로 행해야 합니다. 그런데 사울 왕은 백성
의 소리는 들었지만 하나님의 소리는 듣지 않았습니다. 우리는 크
리스천이면서도 하나님의 목소리보다도 옆 사람의 소리에 민감한
경향이 있습니다. 우리를 비웃거나 멸시하는 것을 견디지 못합니
다. 사람의 멸시 때문에 하나님의 목소리를 듣지 않는 때가 얼마나
많은지 모릅니다.

또한 제사만 드리면 모든 것이 다 해결되는 줄 압니다. 아름다운
예배만 드리면 되는 줄 압니다. 하나님은 뇌물을 받는 분이 아닙니
다. 아무리 (하나님께) 돈을 많이 바친다고 해도 하나님께 마음을
드리지 않는다면 받지 않으실 뿐 아니라 싫어하실 것입니다. 많은

사람들이 하나님께 뇌물만 바치면 자기 나름대로 다 할 수 있으리라고 생각합니다. 그러나 그런 허락을 받고자 제사드리는 것을 하나님이 원하시겠습니까?

> 사무엘이 가로되 여호와께서 번제와 다른 제사를 그 목소리 순종하는 것을 좋아하심같이 좋아하시겠나이까 순종이 제사보다 낫고 듣는 것이 수양의 기름보다 나으니 이는 거역하는 것은 사술의 죄와 같고 완고한 것은 사신 우상에게 절하는 죄와 같음이라 왕이 여호와의 말씀을 버렸으므로 여호와께서도 왕을 버려 왕이 되지 못하게 하셨나이다(삼상 15:22-23).

일제 시대 때 우상숭배를 거절함으로써 목숨을 잃은 교인들이 많았습니다. 당장 죽임을 당하지는 않았더라도 고난을 받고 피를 흘린 사람들이 있었습니다. 우리는 그들을 존중합니다. 그러나 우상 앞에 절하는 것보다 더 완고하고 악한 것은 고집하는 마음입니다.

> 사울이 사무엘에게 이르되 내가 범죄하였나이다 내가 여호와의 명령과 당신의 말씀을 어긴 것은 내가 백성을 두려워하여 그 말을 청종하였음이니이다 청하오니 지금 내 죄를 사하고 나와 함께 돌아가서 나로 여호와께 경배하게 하소서 사무엘이 사울에게 이르되 나는 왕과 함께 돌아가

지 아니하리니 이는 왕이 여호와의 말씀을 버렸으므로 여
호와께서 왕을 버려 이스라엘 왕이 되지 못하게 하셨음이
니이다(삼상 15:24-26).

사실 사울은 어느 정도 자신의 잘못을 고백하는 듯하였으나 진
정으로 회개한 것은 아니었습니다. 그러나 다윗은 자기의 잘못을
고백했을 뿐만 아니라, 베옷을 입고 흙을 머리 위에 쓰고 성전 앞
에 나가 엎드려 울면서 기도했습니다. 다윗 왕이 베옷을 입고 땅에
엎드려 회개하는 모습을 사흘 동안 누구나 볼 수 있었습니다. 다윗
왕은 자기의 체면을 모두 다 버렸습니다. 그것이 참된 회개입니다.
고백한다고 해도 체면을 버리지 못하면 문제가 복잡해집니다. 개
신교에서는 천주교가 고해성사를 많이 사용해서 교회가 부패했다
고 보고, 하나님께 직접 고백하면 되므로 고해성사는 필요 없다고
주장하지만 성경에 나타나는 고백이나 자백은 원래 회중 앞에서
하는 것입니다. 사울은 하나님 앞에서 비밀리에 고백하지도, 회중
들 앞에서 공개적으로 고백하지도 않았습니다. 그는 사무엘에게만
고백했습니다.

하나님은 회개하는 사람을 용서해 주십니다. 그런데 왜 사울은
용서해 주지 않으셨습니까? 구약 시대에는 용서하는 법이 달랐습
니까? 다윗은 용서를 받았는데 왜 사울은 용서받지 못했습니까?
다음 구절을 보면 알 수 있습니다.

사무엘이 가려고 돌이킬 때에 사울이 그의 겉옷자락을 붙

잡으매 찢어진지라 사무엘이 그에게 이르되 여호와께서
오늘 이스라엘 나라를 왕에게서 떼어서 왕보다 나은 왕의
이웃에게 주셨나이다 이스라엘의 지존자는 거짓이나 변
개함이 없으시니 그는 사람이 아니시므로 결코 변개치 않
으심이니이다 사울이 가로되 내가 범죄하였을지라도 청
하옵나니 내 백성의 장로들의 앞과 이스라엘의 앞에서 나
를 높이사 나와 함께 돌아가서 나로 당신의 하나님 여호
와께 경배하게 하소서(삼상 15:27-30).

내 체면을 잃지 않도록 해 달라는 말은 교만한 말입니다. 사울은
잘못한 줄 알면서도 자기의 체면을 하나님의 용서보다 더 중요하
게 생각했습니다. 참된 회개는 누가 알건 상관없이 모든 백성 앞에
서 하는 것입니다. 다윗은 베옷을 입고 머리에는 흙을 뒤집어쓴 채
땅에 엎드려 회개했습니다. 모든 백성이 그 모습을 볼 수 있었으
며, 하나님 보시기에 아름다운 일이었습니다. 그런데 사울은 끝까
지 왕의 체면을 지켜야 한다는 정치인 정신이 너무 강했습니다. 우
리가 신자로서 체면을 얼마나 귀히 여기고 있는지 깊이 생각해 보
아야 합니다.

이에 사무엘이 돌이켜 사울을 따라가매 사울이 여호와께
경배하니라(삼상 15:31).

사울은 경배하거나 복종하는 모양만 내었을 뿐이지 하나님의 말

씀은 듣지 않았습니다. 거짓 경배를 한 것입니다. (잠깐 우리 함께 기도합시다. 주여, 우리가 이 성경을 읽을 때 주께서 우리 개개인에게 하시는 말씀이 무엇인지 깨닫게 해 주시고, 우리 마음을 성령으로 고치셔서 우리가 이제부터 주의 말씀을 듣고 무조건 복종하는 사람이 되도록 허락해 주옵소서. 우리는 우리의 체면을 자꾸 생각하게 되고, 다른 사람의 멸시를 견디지 못하고 굽히기가 너무 쉽습니다. 그러나 성령께서 우리 마음속에 계시다면 새사람으로 고쳐 성령의 힘으로 열매를 맺게 하셔서 우리의 고집과 체면을 버리고 주를 사랑하고 복종하는 백성이 되게 해 주실 줄 믿습니다. 예수 그리스도의 이름으로 구하옵나이다. 아멘.)

성경에는 '하나님의 말씀'이란 말이 많이 나오는데, 사무엘 시대에는 모세오경과 여호수아서밖에 없었을 것입니다. 이 여섯 권 가운데는 아말렉 사람을 진멸시키라는 말이 나오지 않습니다. 다만 출애굽기와 민수기에 아말렉과 끝까지 싸움이 있으리라는 예언 말씀은 있습니다. 그러나 사무엘이 받은 주의 말씀은 귀에 직접 들려주신 말씀이었습니다. 하나님께서 사무엘에게 친히 말씀을 주신 것입니다.

사무엘은 하나님의 '대언자'(代言者)로서 사울에게 말씀을 전했습니다. '선지자'란 말보다 '대언자'라고 번역하는 것이 원뜻에 더 가깝습니다. 선지자나 선견자라고 하면 '미리 안다' '앞서 본다'라는 뜻이 있지만 '대언자'는 '하나님 대신 말하는 사람'이라는 뜻입니다. 그래서 사무엘은 하나님 대신 사울에게 말씀을 전했습니다. 사울도 그것이 하나님의 말씀인 줄 알았습니다. 하나님의 말씀으로 택함을 받아 왕이 된 사울이기에 하나님의 말씀에 반드시 복종할 법도 한데 백성을 두려워해서 복종하지 않았습니다.

현대 교회에서도 하나님의 말씀이란 말을 많이 쓰는데, 대개는 성경 자체에 대한 말인 줄로만 알고 성경 외에는 하나님의 말씀이 없다고 생각하는 사람들이 있습니다. 성경, 특히 시편 119편에는 하나님의 말씀에 대한 구절이 아주 많이 나옵니다(영어로는 'word'와 'God's word' 이 두 가지로 구분할 수 있습니다). 한국말로는 똑같이 번역되어 있어서 구별이 없습니다만 분명 차이가 있습니다.

> 청년이 무엇으로 그 행실을 깨끗케 하리이까 주의 **말씀**을 따라 삼갈 것이니이다(시 119:9).
> 내 영혼이 진토에 붙었사오니 주의 **말씀**대로 나를 소성케 하소서(시 119:25).
> 나의 영혼이 눌림을 인하여 녹사오니 주의 **말씀**대로 나를 세우소서(시 119:28).
> 주를 경외케 하는 주의 **말씀**을 주의 종에게 세우소서(시 119:38).

여기서 '말씀'으로 번역된 단어들은 다 다릅니다. 한국어 성경이나 영어 성경은 똑같이 '말씀'(word)이라고 번역하고 있지만, 히브리어는 '이므라'(אִמְרָה)와 '다바르'(דָּבָר)로 다르게 되어 있습니다.

> 여호와여 주의 **말씀**대로 주의 인자하심과 주의 구원을 내

게 임하게 하소서(시 119:41)

그리하시면 내가 나를 훼방하는 자에게 대답할 말이 있사

오리니 내가 주의 **말씀**을 의뢰함이니이다(시 119:42).

41절과 42절도 똑같이 '말씀'으로 번역되어 있지만 히브리어 원어가 다릅니다. 시편 119편에서만 봐도 '이므라'와 '다바르'가 각각 50번 정도 나옵니다.

신약에서 '말씀'으로 번역되어 있는 헬라어는 '로고스'($\lambda\acute{o}\gamma os$)와 '레마'($\acute{\rho}\eta\mu\alpha$)** 입니다. 한국어 성경에는 의미를 구분하지 않고 모두 말씀으로 번역되어 있습니다(로고스는 자주 나오는데 레마는 가끔 나옵니다). 로고스가 나오는 대표적인 구절은 요한복음 1장 1절과 14절입니다.

태초에 말씀이 계시니라 이 말씀이 하나님과 함께 계셨으

니 이 말씀은 곧 하나님이시니라(요 1:1).

말씀이 육신이 되어 우리 가운데 거하시매 우리가 그 영

광을 보니 아버지의 독생자의 영광이요 은혜와 진리가 충

만하더라(요 1:14).

말씀이 육신이 되었다는 것은 곧 하나님이 사람이 되셨다는 말

---

* אִמְרָה('imrâh) 또는 אֶמְרָה('emrâh): אֹמֶר('êmer)의 여성형으로 명령, 연설, 말이라는 뜻이 있음. דָּבָר(dâbâr): דָּבַר(dâbar)에서 유래. '말'이라는 뜻으로 함축적으로 '(언급된) 사실'이나 '사물' 이외에 여러 가지 뜻이 있음.

로서, 예수님이 하나님의 말씀이라는 뜻입니다. 하나님께서 세상을 창조하셨을 때 말씀으로 창조하셨기에 우리는 예수님이 창조 때부터 계신 것을 압니다. 여기서 하나님의 입김은 성령이고, 하나님의 말씀은 성자입니다. 또 말씀이란 기초적인 원리, 하나님의 뜻, 하나님의 창조적인 능력, 하나님의 보편적인 정신을 말합니다. 바로 하나님의 말씀이 육신이 되신 것입니다. 그것을 '로고스'라고 합니다. 신약성경에서 말씀이라는 단어는 대개 로고스를 번역한 것으로 이것이 제일 많이 나옵니다. 그런데 성경번역자들은 로고스를 말씀이라고만 번역하지 않고 '원리'라고도 번역했습니다. 물론 그런 뜻도 있습니다. 아무튼 성경은 하나님의 로고스이며 예수님도 하나님의 로고스입니다. 내가 직접 예수님을 만질 수는 없지만 성경을 만지고 성경으로부터 지혜를 얻을 수 있습니다.

이미 명절의 중간이 되어 예수께서 성전에 올라가사 가르치시니 유대인들이 기이히 여겨 가로되 이 사람은 배우지 아니하였거늘 어떻게 글을 아느냐 하니(요 7:14–15).

요한은 항상 이 문제에 관심이 많았습니다. 예수님은 노동자로서 공부를 하지 못했는데 어떻게 신학을 알 수 있느냐는 유대인들

** λόγος(lŏgŏs): '모음, 수집'(생각을 모으고 정신에 합쳐 말로 엮어 냄)이라는 뜻. ①단어, 말, 언어 ②이성, 간주, 유의, 주시 ③(요한서신에서) 하나님의 말씀. ῥῆμα(rhēma): '말해진 것'이라는 뜻. ①생생한 목소리로 말해진 것. ②목소리로 산출된 어떤 소리, 일정한 뜻을 가짐. ③말, 말씀, 말함, 선포, 메시지, 연설 등.

의 질문이 4-7장에서 계속 나옵니다. 오늘날 선교사들은 이 문제를 깊이 깨닫지 못하고 예수님과 우리가 다르다고만 생각했습니다. 예수님이야 신학교에 가지 않아도 하나님 말씀을 전할 수 있지만 우리는 그럴 수 없지 않느냐고, 그래서 초등학교 6년, 중학교 3년, 고등학교 3년, 대학교 4년, 대학원 3년, 도합 19년 동안 공부하지 않으면 목사가 될 수 없도록 제도를 만들어 놓았습니다.

성경은 성령만 계시다면 하나님의 말씀을 전할 수 있다고 가르치는데, 교회는 공부를 했느냐 안 했느냐의 문제로 매우 복잡해졌습니다. 옛날에는 가난한 교회나 농촌 교회에도 목사가 있었지만 지금은 목사들이 다 도시로 나가 버려 시골에는 대개 전도사밖에 없습니다. 전도사만 있으면 주의 성찬도 못하고 세례도 주지 못하므로 교인들은 온전한 교회생활을 못 하게 됩니다. 법을 고치면 될 텐데 그렇게 하도록 허락지도 않습니다. 교역자들은 하나님 앞에서 겸손한 마음으로, 일반 신자도 성령의 힘으로 주의 일을 할 수 있다는 사실을 인정해야 할 것입니다.

예수께서 대답하여 가라사대 내 교훈은 내 것이 아니요 나를 보내신 이의 것이니라 사람이 하나님의 뜻을 행하려 하면 이 교훈이 하나님께서로서 왔는지 내가 스스로 말함인지 알리라 스스로 말하는 자는 자기 영광만 구하되 보내신 이의 영광을 구하는 자는 참되니 그 속에 불의가 없느니라(요 7:16-18).

여기에서 '영광' 문제가 또 나옵니다. 사울은 자기의 영광을 구하는 사람이었고, 다윗은 하나님의 영광을 구하는 사람이었습니다. 다윗은 사울보다 잘못이 더 많았는데도 불구하고 하나님의 영광을 구했기 때문에 자기를 낮추고 회개하고 완전히 굴복할 수 있었습니다. 그러나 사울은 하나님보다 자기 영광을 귀히 여겼기 때문에 충분히 회개하지 못했습니다.

위 구절에서 '말한다'는 말은 '로고스'와 관계 있습니다. 중요한 것은 우리가 하나님의 인도하심을 받을 수 있다고 하는 약속입니다.

신학대학원까지 19년 동안 공부하고 안수받으면 이 교훈이 하나님께로서 왔는지 내가 스스로 말함인지 알게 된다는 말씀이 아닙니다. 누구든지 하나님의 뜻을 행하려 하면 알게 될 것이라는, 귀한 약속이자 성경의 원리입니다.

저는 실제로 그러한 경우를 본 적이 있습니다. 예수원에 찾아왔던 미국인 고등학생이 있었는데, 직업군인인 아버지와 함께 온 가족이 한국에서 2년 정도 살다가 미국으로 들어갔습니다. 그 여학생이 친구 한 명과 같이 예수원을 방문했다가 이곳에서 어떤 미국 청년을 만나 그를 통해 주님을 믿게 되었습니다. 그리고 거듭나서 항상 주의 뜻을 행하려는 마음이 있었습니다. 그러나 미국에 가서는 교회는 다녔지만 한국에서 맛보았던 것과 같은 기쁨이 없었습니다. 항상 하나님의 말씀을 갈망하고 있었는데, 하루는 한국의 훌륭한 부흥사가 와서 집회를 인도한다는 신문 광고를 보고 친구와 같이 찾아갔습니다. 집회가 시작된 지 30분도 채 안 되어 그것이 자기들을 위한 모임이 아니라는 것을 알게 되었습니다. 나중에 알고 보니 설교하던 사람이 통일교의 문선명 씨였습니다. 문선명 씨에 대해 들어본 적이 없는 그들이었지만, 하나님의 뜻을 행하려는 마음이 그들에게 있었기 때문에 성령께서 "이것은 너희를 위한 것이 아니다"라고 알려 주셨고 그들은 복종하는 마음으로 그곳을 나와 버렸습니다. 속지 않았던 것입니다.

사도 바울이 세운 교회도 그러했습니다. 바울은 교회를 세울 때 예수님과 십자가의 도를 전하고 성령과 성경을 소개한 후 떠나 버렸습니다. 데살로니가 교회를 3주 안에 개척했는데 3주 동안 계속 가르치기만 한 것은 아니었습니다. 낮에는 천막 만드는 일에 종사했기 때문에 가르칠 시간이라고는 저녁 시간밖에 없었습니다. 그러므로 조금밖에 못 가르쳤고 그나마 3주 만에 내쫓기고 말았습니다. 그런데 그 교회가 계속해서 성장하고 발전하는 훌륭한 교회가되어 2,000년이 지난 지금까지도 데살로니가는 예수를 믿는 도시가 되었습니다.

> 그러하나 진리의 성령이 오시면 그가 너희를 모든 진리
> 가운데로 인도하시리니 그가 자의로 말하지 않고 오직 듣
> 는 것을 말하시며 장래 일을 너희에게 알리시리라(요
> 16:13).

성령님이 오시면 그가 모든 진리 가운데로 인도하시리라고 했습니다. 모든 진리를 보여 주시겠다, 모든 진리를 알려 주시겠다는

것이 아니라 '진리 가운데로 인도하시겠다'고 하셨습니다. 성령님이 우리의 인도자가 되기를 원하시고 우리가 성령을 받으면 성령의 인도하심을 받을 수 있습니다. 그러기 위해서는 그를 따라가야 합니다. 한순간에 모든 진리를 알게 되는 것이 아니라 계속해서 따라가면 진리 가운데로 들어갈 수 있고 찾을 수 있게 됩니다.

조병호 목사님 말씀대로 예수원 주위의 "뒷산이 뒤통수치고 앞산이 앞이마를 친다" 하는 좁은 골짜기를 계속 올라가다가 꼭대기에 이르면 갑자기 동해가 나타납니다. 묵호나 삼척을 다 볼 수 있는 아주 놀라운 경치인데, 이것은 성령을 따라가는 사람의 경험과 아주 비슷합니다. 숲이 우거진 좁은 산길을 올라가면서 별다른 것을 보지 못하는 것처럼, 하루하루 지나면서 놀라운 진리를 깨닫지도 못하고 많이 보지도 못하지만 꼭대기에 올라가서는 갑자기 놀라운 진리를 발견할 수 있습니다.

이 일은 아주 재미있지만 조건이 있습니다. 가만히 있으면 안 되고 따라가야 한다는 것입니다. 많은 신자들이 한 번 예수를 믿고는 가만히 앉아서 영 쉬려고 합니다. 다 왔다고 생각합니다. 더 이상 연구하고 싶은 마음이 없고, 지속적으로 꾸준히 성령의 인도하심을 구하지도 않으며, 내가 다 안다고 하다 보니 사울과 같은 사람이 생기게 됩니다. 자기 체면만 생각하고 하나님의 영광을 생각지 않습니다. 그러나 하나님의 영광을 생각하는 사람이라면 열심을 내지 않을 수 없을 것입니다. 하나님은 자꾸 올라오라고 하실 뿐만 아니라, 우리가 가만히 앉아 있는 것을 좋아하지 않으시기 때문입니다.

너희 중에 누구든지 지혜가 부족하거든 모든 사람에게 후
히 주시고 꾸짖지 아니하시는 하나님께 구하라 그리하면
주시리라(약 1:5).

공부한 사람에게만 지혜를 주시겠다는 말씀이 아닙니다. '누구
라도' 원하면 지혜를 주시겠다고 했습니다. 여기서 지혜는 '지혜의
말씀'이 아닌 '지혜 그 자체'를 말하는데, 이것은 하나님의 은사입
니다. 그런데 지혜 있는 사람이 되고자 한다면 조건이 있습니다.
하나밖에 없는 조건입니다. 곧 '주의 뜻을 행하려 하는 마음'입니
다.

오직 믿음으로 구하고 조금도 의심하지 말라 의심하는 자
는 마치 바람에 밀려 요동하는 바다 물결 같으니 이런 사
람은 무엇이든지 주께 얻기를 생각하지 말라 두 마음을
품어 모든 일에 정함이 없는 자로다(약 1:6-7).

"오직 믿음으로"라는 말을 다른 말로 하면 '오직 충성하는 마음
으로'라고 할 수 있습니다. 의심이란 주의 말씀이 분명한 줄 알면
서도 할까 말까 망설이고 무조건 따라가지 못하는 태도를 말합니
다. 사울은 의심했습니다. '제사드리는 데는 재물이 있어야 하는
데 이것을 다 진멸해 버리면 제사는 어떻게 지내느냐? 그러지 말
고 좋은 것은 재물로 바치자. 또 우리 성중에는 가난한 사람이 많
으니 그들에게 좀 나눠 주면 얼마나 좋은 일이냐' 하고 자기 나름

으로 생각해서 하나님의 말씀에 무조건 따르지 않았습니다.

며칠 전에 어떤 자매에게서 편지가 왔습니다. 중요한 일에 대해 아직도 결정을 내리지 못하고 있다는 내용이었습니다. 저는 자매에게 "하나님의 뜻이 무엇인지 물어보면 하나님께서 알려 주실 터이니 무조건 복종하겠다는 마음을 가지십시오. 그러면 어떻게 결정해야 되는지 하나님의 뜻을 분별할 수 있습니다"라고 알려 주었습니다. 그 자매의 마음이 바다의 파도같이 바람 부는 대로 왔다갔다 하며 정함이 없는 이유는 내 뜻대로 할까 주님의 뜻대로 할까 결정하지 않았기 때문입니다.

오늘날 그런 사람들이 많이 있습니다. 그러나 하나님의 약속은 분명합니다. '무조건 주님의 뜻대로 순종하겠다고 하면 지혜를 얻을 수 있다' 는 강하고도 중요한 약속입니다. 무슨 소리나 생각이 떠오를 때 그것이 귀신으로부터 온 것인지, 나 스스로 생각한 것인지, 하나님께서 주신 것인지 분명히 분별할 수 있습니다. 성령께서 우리에게 직접 말씀해 주실 수도 있기 때문입니다.

마태복음 4장 4절에도 '하나님의 말씀'이라는 말이 나오는데, 이때는 '로고스' 가 아닌 '레마'를 사용합니다. 여기 재미있는 것은 예수님이 시험을 받을 때마다 (성경에) "기록되었으되"라고 하셨다는 것입니다. 이것은 로고스에 대한 말입니다. 하나님의 원리가 성경에 기록되어 있다고 하니까 마귀가 그만두고 다른 시험을 합니다. 예수님이 성경에 기록되어 있다고 대답해서 또 이깁니다. 예를 들면, "기록되었으되 사람이 떡으로만 살 것이 아니요 하나님의 입으로 나오는 모든 **말씀**으로 살 것이라"(마 4:4)라는 말씀이 있습니다. 이때의 말씀은 '레마'로서 한마디 한마디 구체적으로 말씀하시는 것입니다. 보편적인 원리가 아니라 구체적으로 적용하는 소리입니다. 내가 지도를 가졌다고 해도 볼 줄 모른다면 그것을 가르쳐 줄 사람이 필요합니다. 로고스를 '하나님의 지도'라고 한다면 레마는 '나에게 해당되는 부분을 하나님께서 지시해 주는 소리'라고 할 수 있습니다.

> 이에 마귀가 예수를 거룩한 성으로 데려다가 성전 꼭대기에 세우고 가로되 네가 만일 하나님의 아들이어든 뛰어내리라 기록하였으되 저가 너를 위하여 그 사자들을 명하시리니 저희가 손으로 너를 받들어 발이 돌에 부딪히지 않게 하리로다 하였느니라(마 4:5-6).

위의 말씀처럼 마귀도 성경을 사용하고, 성경에 대한 말을 합니다. 그러나 예수께서는 "기록되었으되 주 너의 하나님을 시험치 말라"(마 4:7)라고 하셨습니다. 예수님은 성령의 인도하심을 받아 광야에 나가셨고, 계속해서 인도를 받는 상태에 있었으므로 자기에게 해당되는 성경말씀을 알 수 있었습니다. 우리도 성경을 읽으면서 무조건 하나님께 복종하겠다는 마음이 있으면 어떤 말씀이든 그것이 자신에게 해당되는 말인지 아닌지 알 수 있을 것입니다.

누가복음 3장 2절, "안나스와 가야바가 대제사장으로 있을 때에 하나님의 **말씀**이 빈 들에서 사가랴의 아들 요한에게 임한지라"에서 하나님의 말씀도 '로고스'가 아니고 '레마'입니다. 특별한 말쯤, 특별한 목소리를 직접 하나님으로부터 들었다는 말입니다. 요한복음 8장 47절, "하나님께 속한 자는 하나님의 말씀(레마)을 듣나니 너희가 듣지 아니함은 여호와께 속하지 아니하였음이로다"라는 말씀을 풀어 설명하면 하나님께 속한 사람은 하나님의 목소리를 들을 것이라는 뜻입니다.

요한복음 15장 7절을 보겠습니다.

> 너희가 내 안에 거하고 내 말이 너희 안에 거하면 무엇이
> 든지 원하는 대로 구하라 그리하면 이루리라.

이 약속을 믿기는 참 어렵습니다. 무엇을 구하든지 이룰 수 있다는 것은 지나친 말씀이 아닐까요? 내가 여러 가지를 구했지만 이루어진 것이 별로 없는데 어떻게 예수께서 이런 약속을 하셨을까요? 그러나 답이 있습니다. 그것은 "너희가 내 안에 거하고 내 말이 너희 안에 거하면"이라는 조건을 따르면 된다는 것입니다. 그러면 어떻게 예수 안에 거합니까? 거듭나고 세례를 받고 예수님의 몸 된 교회에 속하면 됩니다. 교회가 아무리 부패하였다고 해도 교회를 떠나서 내 스스로 신앙생활을 하겠다고 하면 안 됩니다.

그리고 "내 말이 너희 안에 거하면"이라고 하신 대로 우리는 주의 목소리를 듣는 사람이 되어야 합니다. 무조건 복종하는 마음으로 "주님, 우리에게 무엇이라고 말씀하시는 것입니까? 오직 주의 뜻만을 구합니다"라고 기도해야 합니다. 주의 뜻을 알고 그대로만 구할 때 놀라운 일이 생깁니다. 우리가 대단치 않은 것을 구하고도

응답이 없는 것은 우리의 뜻대로 구하고 우리의 영광만을 위해 구했기 때문입니다. 우리가 개인의 뜻과 개인의 영광을 다 버리고 하나님의 영광만을 위해 하나님의 뜻을 알기 위해 기도한다면 하나님은 "이것을 구하라" 하고 가르쳐 주십니다. "주여, 그럴 수 없습니다. 그것은 너무나 큰일입니다. 기적이 없이는 이루어질 수 없습니다"라고 하면 "아니다, 구해라. 내가 하겠다. 그러나 구하지 않으면 하지 않겠다" 하고 말씀하십니다. 하나님의 말씀, 하나님의 목소리가 우리 안에 있으면 구하고 이루는 때가 있습니다.

> 구원의 투구와 성령의 검 곧 하나님의 말씀(레마)을 가지라 모든 기도와 간구로 하되 무시로 성령 안에서 기도하고 이를 위하여 깨어 구하기를 항상 힘쓰며 여러 성도를 위하여 구하고(엡 6:17-18).

기도하라고 하십니다. 하나님께서 주신 말로 기도하는 것, 그것이 바로 성령의 검입니다. 에베소서 6장 10-20절 말씀 전체는 마귀와 싸우는 일에 대한 내용입니다.

> 종말로 너희가 주 안에서와 그 힘의 능력으로 강건하여지고 마귀의 궤계를 능히 대적하기 위하여 하나님의 전신갑주를 입으라(엡 6:10-11).

갈수록 강건하여지고 성장하여 마귀를 대적하되 마귀가 침범할 때까지 기다리는 것이 아니라 손에 검을 들고 마귀의 성(城)에 가서 하나님이 주신 레마(말씀)로 공격해야 한다는 말씀입니다.

> 우리의 씨름은 혈과 육에 대한 것이 아니요(엡 6:12 상반
> 절).

많은 신자들이 사람이 문제라고 생각하지만 교회 안에서나 정치 및 기타 사회 안에서 싸워야 할 상대는 사람이 아니라 사탄입니다.

> 정사와 권세와 이 어두움의 세상 주관자들과 하늘에 있는
> 악의 영들에게 대함이라(엡 6:12 하반절).

우리가 싸워야 할 상대는 보이지 아니하는 악한 영들입니다. 이 세상은 마귀가 잡고 있습니다. 이 세상은 마귀의 것입니다. 그렇기 때문에 이 세상에는 나쁜 일들로 꽉 차 있습니다. 그러므로 나쁜 일을 하는 사람의 배후에는 마귀와 귀신들의 영적인 힘이 있습니다. 그러한 힘은 하늘의 하나님 앞에까지 닿아 있습니다. 욥기를 보면 사탄이 하나님의 아들처럼 하나님 앞에 나와 욥을 참소하지 않습니까? 마귀는 지금도 우리를 대적하고, 우리를 하나님께 참소하는 중입니다.

"하나님, 저 김 집사가 얼마나 위선자인지 좀 보십시오!"

마귀가 하나님께 우리를 자꾸 비판해도 하나님이 듣지 않으시니까, 이 집사에게 가서 "김 집사가 나쁜 사람이니까 싸워야 합니다"

라고 꼬드깁니다. 그러면 이 집사와 김 집사가 싸우기 시작합니다. 알고 보면 서로 관계없는 싸움이고, 마귀와의 싸움일 뿐입니다. 마귀가 그 사람들 속에서 싸우도록 시킨 것입니다. 그런 문제는 다만 기도로써 해결될 수 있습니다.

주의 말씀 '레마'는 특별한 말씀입니다. 어떤 때는 말씀이 성경에서 튀어나오기라도 한 듯 내 마음에 박힙니다. 어떤 때는 뚜렷하게 귀에 들리는 경우도 있습니다. 물론 귀에 들릴 때는 성경과 일치되는 말씀이어야 합니다. 성경과 모순 되는 말이라면 하나님의 말씀이 아닌 줄 알아야 합니다. 주님의 인도하심을 받기 위해서는 그리스도 안에 있어야 합니다. 나 스스로만 옳다고 하면 안 됩니다. 다른 신자의 말을 듣고 비교할 수도 있어야 합니다.

여자를 위하여 특별히 성경에서 권면하는 말씀은, 여자는 남편과 의논해야 하고 질문이 있으면 집에 가서 남편에게 물어보아야 한다는 것입니다. 목사님은 사모님의 남편이지 모든 자매들의 남편이 아닙니다. 베드로전서 3장 말씀을 보면, 남편이 믿지 않아도 대적하지 말고 잔소리하지도 말고 아름다운 행동을 통하여 그를 믿게 하라고 하십니다. 이 말씀은 성경을 읽을 때마다 확인할 수 있는 권면입니다. 여자가 남편의 명령으로 제사를 지내면 죄가 아닙니다. 내가 예수를 믿기에 제사지내는 것을 인정하지 않지만 당신의 명령이기 때문에 따르겠다고 하면 그 여자에게는 더 이상 책임이 없습니다. 그러나 가장인 남편은 그럴 수 없습니다. 남자는 자기의 행동에 책임을 져야 하기 때문에 "아버지, 죄송하지만 예수 믿는 사람으로서 제사를 지낼 수가 없습니다. 다른 방법으로 문제를 해결하도록 해 보겠습니다"라고 말해야 합니다. 여자의 경우는 "조상에게 드리는 제사는 예수님께 바치는 것이 아니기 때문에 못합니다. 예수님께 우리 조상의 이름으로 제사를 바치겠습니다. 그러나 조상에게 절할 수는 없습니다"라면서 다툴 필요가 없습니다. 다만 남편에게 자신의 의사를 분명하게 밝힌 후 남편의 뜻대로 하면 하나님 보시기에 아름다운 일입니다.

우리가 주 안에 같이 있으면서 서로 지도하는 법이 있음을 알아야 합니다. 제가 예수원에 살고 있는 이유 가운데 한 가지는 공동체에 속하여 그리스도의 몸에 속한 사람으로 예수 안에 있기 위해서입니다. 그런데 다른 형제·자매들이 저를 너무 어려워하고 지나치게 존경해서인지 지도를 해 주지 않습니다. 제가 없을 때도 대신부가 어떻게 원하는지만 자꾸 생각하고 하나님이 무엇을 원하는지는 물어보지도 않습니다. 물론 일반 사회에서는 그럴 수 있지만 우리는 하나님께서 성령을 통하여 인도하시는 대로 따라가야 합니다. 고집하는 것은 죄입니다. 겸손한 마음을 가져야 합니다.

바울은 훌륭한 지도자였지만 교회가 하는 말을 딱 한 번 듣지 않은 적이 있습니다. 사도행전 21장에서 그가 예루살렘으로 올라갈 때 아가보라는 예언자가 바울의 띠를 가져다가 자기의 수족을 묶고 이 띠의 임자가 예루살렘에 올라가면 결박되어 이방인의 손에 넘기울 것이라고 예언했습니다. 교인들이 만장일치로 울고불고 가지 못하도록 붙잡고 말렸습니다. 그런데 바울은 따로 하나님의 말씀을 듣고 올라가는 것이 주의 뜻인 줄 알아 "왜 이리 울면서 내 마음을 상하게 하느냐? 내가 예루살렘에 올라가서 결박당하는 것뿐 아니라 죽는 것도 상관이 없으니 가겠다"라고 합니다. 그러자 교인들이 그의 마음을 바꿀 수 없는 것을 알고 뭐라고 했습니까? "꼭 그렇다면 네 고집대로 하라"라고 했습니까? 아닙니다. "주의 뜻대로 될지어다"라고 했습니다. 바울의 마음이 변하지 않는 것을 본 뒤 주의 뜻인 줄 인정하고 마침내 만장일치로 올라가라고 했던 것입니다. 그가 일시적으로나마 교회를 대적하지 않았다면 하나님의 뜻은 이루어지지 않았을 것입니다.

그러므로 우리는 교회를 존중하면서도 때때로 선지자와 같이 스스로 나아가야 할 때도 있습니다. 그러나 그런 경우가 그리 많지는 않습니다. 때로 고집하는 마음, 우리 개인의 영광을 위해서 교회로부터 갈라져 나오기가 쉽습니다. 그러나 신자라면 복종하는 사람이 되어야 합니다. 무조건 주의 법을 따르면 성령께서 지혜를 주시고 주의 뜻을 분별할 수 있도록 인도해 주셔서 바르고 효과 있는 길로 나아갈 수 있을 것입니다.

5
성숙한 신자

신약성경은 성숙한 교인에 대해서 주로 말하고 있는데, 이 주제를 두 가지로 나누어 보면 하나는 어떻게 성숙한 교인이 될 수 있느냐 하는 '방법'에 대한 것이고, 다른 하나는 어떤 사람이 성숙한 교인이냐 하는 '내용'에 대한 것입니다. 먼저 성숙한 교인이 되기 위하여 어떻게 해야 하는지 알아봅시다.

첫째, 생활규칙이 있어야 합니다. 각 사람에게 자기를 위한 생활규칙이 있어야 한다는 것은 교회의 교리도 아니고 구약 시대의 율법도 아닙니다. 또 사람 앞에 이야기할 것도 아닙니다. 다만 하나님 앞에 제가 이렇게 하기로 했다고 말씀드리고, 하다가 잘 안 되면 고쳐야 합니다. 너무 쉬우면 좀 엄하게 하고 어려우면 쉽게 고치면서 자기를 위한 생활규칙을 세워야 하는 것입니다.

이것은 참으로 중요한 일입니다. 하나님께서 원하시는 이러한 일은 오래 믿은 신자라면 거의 똑같이 경험하고 있는 바입니다. 신앙생활 가운데 풀이 무성하고 물이 충분한 곳을 지날 때는 재미있을 뿐 아니라 낙심할 것이 하나도 없습니다. 아무 규칙이 없어도 기도도 많이 하고 성경도 많이 읽고 봉사도 열심히 합니다. 그러다가 광야생활이 시작되는데 광야에 들어갈 때는 규칙이 없으면 쓰러지고 맙니다. 감화·감동을 받을 때도 신앙생활을 잘하고 어려움을 만날 때도 흔들리지 않고 계속 성장하여 성숙한 교인이 되어야 하는데 그렇게 되지 못하는 이유는 낙심하고 그만두기 때문입니다(성공회의 1년 행사는 신자의 신앙 성장 단계와 관계가 깊은데 6장 '신앙 성장의 아홉 단계'에서 자세히 설명하겠습니다.)

어떤 신자라도 주를 위하여 사는 사람이라면 십자가를 통과해서 부활을 맛보아야 합니다. 자기가 죽어야 부활을 맛보는데 그러기 위해서는 반드시 광야를 통과하는 어려움을 겪어야만 합니다. 광야는 물도 부족하고, 돌도 많고 노정도 험하지만 성숙한 교인이 되기 위해 통과하지 않을 수 없는 길입니다. 그러기 위해서는 준비가 필요합니다. 물과 나침반과 식량과 여러 가지 준비물을 갖추지 않으면 광야에 들어가서 죽게 됩니다. 광야를 통과하기 위해서, 낙심하지 않기 위해서는 어떤 준비가 필요할까요? 건강을 위해서는 밥도 먹어야 하고, 운동도 해야 하고, 숨도 쉬어야 하고, 잠도 자야 하고, 배설도 해야 합니다. 이를 영적인 의미로 비유하여 설명해 보겠습니다.

밥-성경

성경은 밥에 비유할 수 있습니다. 매일 규칙적으로 밥을 먹듯이 성경 역시 매일 규칙적으로 읽어야 합니다. 그런데 어떤 사람은 하루에 한 장만 읽어도 되고 어떤 사람은 두서너 구절만 읽어도 되지만, 어떤 사람은 넉 장이나 그 이상을 읽어야 합니다(우리 예수원에서는 수도원의 규칙에 따라 매일 신약 한 장과 구약 한 장, 시편 몇 편씩을 읽습니다). 각 사람은 자기를 위하여 성경 읽는 규칙을 만들어야 합니다. 자기 개인생활에 맞게 시간을 내고 올바로 소화시킬 수 있는 양을 읽되 신약만 봐서도 안 되고 구약만 봐서도 안 되고 신·구약 두 가지를 읽는 것이 필요합니다. 1년 동안 한 번 다 읽지 못해도 상관없고 2-3년이 걸려 읽어도 상관없지만, 빠진 부분 없이 성경 전체를 읽어야 합니다. 창세기부터 계시록까지 반드시 순서대로 읽지 않아도 됩니다. 특별한 취미가 있다면 취미대로 해도 좋은데 대체로 소화하기 쉬운 부분부터 읽고 그 다음에 어려운 부분을 읽되, 어떤 부분은 두서너 번 읽을 수 있고 어떤 부분은 한 번만 읽어도 됩니다. 성경 읽는 법을 정해서 시험해 보고 살펴보아 규칙을 고쳐 가면서 계속 읽어야 합니다.

운동-교회일 · 전도 · 섬기는 일

대개 목사나 신부들은 성도들이 자기 밑에서 교회일을 하면 주의 일을 한다고 기뻐하고 다른 일을 하면 기분 나빠합니다. 하지만 하나님의 일에는 여러 가지가 있습니다. 내가 무슨 일을 하든지 예수님의 이름으로 하는 것이 원칙인데, 그것이 주의 일입니다.

저는 선원생활을 할 때 예수님의 이름으로 일했습니다. 하나님이 제게 시키신 일인 줄 알고 매일 오늘은 내가 무엇을 해야 할지 생각했습니다. 다른 사람 밑에서 명령대로 일해야 했기 때문에 나 스스로 계획을 짤 수는 없었지만 커피 마시는 시간·점심시간·휴식시간 등 제가 활용할 수 있는 시간은 항상 기도 중에 주의 명령을 받아 사용했습니다. 다른 선원과 관계를 가져야 하는지, 무슨 말을 하고 어떻게 사귀어야 하는지, 그들을 예수께로 인도할 수 있는지……. 제가 선장 밑에서 명령을 받아 생활하기는 했지만 저의 선장은 그 선장보다 높은 하나님이셨기 때문에 태풍 때만 아니면 8시간만 선장의 명령에 관심을 갖고 나머지 16시간은 하늘에 계신 선장님의 명령대로 살도록 노력했습니다. 마찬가지로 건축일을 할 때도 하나님께서 시키신 일인 줄 알고 "주님, 내가 무슨 일을 해야 됩니까?"라고 묻고 난 후 일을 시작했습니다.

공부·전도·봉사 등 여러 가지 일 중에서 어느 것을 하든지 주의 이름으로 하는 것이 원칙입니다. 그래서 성숙한 신자가 되기를 원하면 아침마다 그날을 위한 계획을 짜야 합니다. 물론 신자로서 가장 중요하고 궁극적인 하나님의 일은 전도나 선교 사역입니다. 그런데 왜 전도해야 하는지 그 목적과 방법을 깊이 이해하지 않으면 곤란합니다. 요한일서 1장 1-3절에 전도해야 하는 이유가 잘 나타나 있습니다.

태초부터 있는 생명의 말씀에 관하여는 우리가 들은 바요
눈으로 본 바요 주목하고 우리 손으로 만진 바라 이 생명

이 나타내신 바 된지라 이 영원한 생명을 우리가 보았고 증거하여 너희에게 전하노니 이는 아버지와 함께 계시다가 우리에게 나타내신 바 된 자니라 우리가 보고 들은 바를 너희에게도 전함은 너희로 우리와 사귐이 있게 하려 함이니 우리의 사귐은 아버지와 그 아들 예수 그리스도와 함께함이라.

사귐이 전도의 목적입니다. 사귐은 헬라어로 '코이노니아'라고 하는데 한국어 성경은 사귐·교제·성도의 상통 등 16가지로 다르게 번역하고 있습니다. 그런데 선교사들이 크게 잘못한 점이 있습니다. 외국에서 선교사들이 한국에 올 때 제국주의 정신을 가지고 왔습니다. 영국 선교사들은 자기들이 제국주의자인 줄 알고 회개했지만 미국 선교사들은 아직까지 회개하지 않았습니다. 제국주의 정신이란 자신들은 일등국민이기 때문에 아무것도 모르는 선교지의 사람들을 부족한 이등국민처럼 가르쳐야 한다는 태도입니다. 그러나 성경에는 그렇게 해야 한다는 말이 아무 데도 없습니다. 물론 일등민족은 유대인이라고 볼 수도 있겠지만 밖에 나가서 그런 태도를 가지면 안 됩니다. 바울은 항상 그런 유대인들과 싸웠습니다. 요한도 유대인이었지만 불쌍한 전도대상자들을 단순히 도와주기 위해 전도하지 않았습니다. 그리스도 안의 한 형제로서 빛 가운데 사귀기 원하는 마음으로 전도했습니다. 당신과 내가 동등한 입장으로 사귈 수는 없고 내가 비천한 당신들에게 내려가서 좀 도와주겠다는 생각으로 한 것이 아니었습니다.

옛날 영국에 아름다운 귀부인 한 분이 있었습니다. 때때로 마차를 타고 빈민굴에 찾아가 하인을 시켜 옷도 나누어 주고 음식도 나누어 주었지만 정작 자신은 옷이 더러워질까 봐 마차에서 내리지 못하였습니다. 그런 다음 다시 호화로운 자기 집에 돌아가서 깨끗하고 풍성하게 잘 살았습니다. 그런데 예수님은 하늘에서 내려오실 때 인간으로 오셨고 빈민굴에, 진흙구덩이에 같이 들어가셨습니다. 자기를 비웠습니다. 죄인 가운데, 더러운 가운데, 형편없는 사람들 가운데 들어가서서 형편없는 사람으로 사셨습니다. 그것이 성육신(incarnation)입니다. 하나님의 아들 예수께서 우리와 똑같은 육체를 입고 우리와 하나가 되신 것입니다. 나는 높은 사람이고, 너는 낮은 사람이라고 한다면 서로 하나가 될 수 없습니다.

대단히 유감스럽게도 우리 외국인 선교사들이 한국에 올 때, 앞에서 예로 들은 영국 귀부인과 같은 정신을 갖고 왔습니다. 낮에는 나가서 복음을 전하고 저녁에는 집에 가서 서양 음식을 먹고 서양 사람과 사귀는 생활을 했습니다. 가난한 사람도 많이 도와주고 농촌에 가서 열심히 전도도 하였지만 피곤하여 쉴 때는 대천해수욕장의 큰 땅을 사서 미국인끼리 모여 재미있게 지냈습니다. 대단히 부끄럽고 미안하게도 그것은 성육신을 믿지 않는 제국주의적인 태도입니다. 물론 모든 선교사가 다 그렇게 한 것은 아닙니다.

그런데 이상한 것은, 한국 사람들이 말씀을 깨닫게 되었다면 선교사들의 태도를 보고 이상히 여겼어야 했는데, 비판하지도 용서하지도 않고 오히려 자기들도 그렇게 되었다는 것입니다. 똑같은 제국주의자가 되어서 "으흠……!"하고 큰소리를 칩니다. 목사와 신부들도 안수받기까지는 조용히 있다가 안수받자마자 완전히 똑같은 제국주의자가 되어 버리고 말았습니다.

그러나 중국 사람들은 그렇지 않았습니다. 남을 부끄럽게 하지 않기 위해서 겉으로 말은 하지 않았지만 자기들이 세상에서 일등 국민인 줄 알았습니다. 미국 또는 영국 선교사가 제국주의 정신을 가지고 전도를 해도 화내지 않고 웃고는, 그들이 떠나면 우리끼리 하자고 하면서 선교사들이 가기까지 기다렸습니다. 성경을 읽으면서 선교사들의 태도와 성경의 내용에 차이가 있음을 알았습니다. 그래서 선교사를 따르지 말고 성경대로 살자고 하는 움직임이 조용하게 오래 전부터 있어 왔습니다. 1920년경에는 성경에 나오는 교회와 선교사들이 조직하는 교회의 차이점을 보고 모든 교인이 조용하게 중국 맛이 나는 예수가정을 만들어서 살기 시작했습니다. 개인재산을 팔고 땅을 사서 공동생활을 하기 시작했는데 대부분의 선교사들은 그런 것이 있는 줄도 몰랐습니다. 제일 가까운 데 사는 선교사도 몰랐습니다. 알았다고 해도 특별한 관심이 없었기 때문에 말하지 않았습니다.

그러던 중 공산당이 정권을 잡게 되었습니다. 어떤 영국인 의사가 공산당에 체포될 위기에 놓였는데, 예수가정의 신자들이 보호해 주겠다고 해서 1-2년 같이 살다가 영국으로 돌아갔습니다. 그리고 《중국의 예수가정》(*Jesus Family in Communist China*)을 썼습니다. 그제야 비로소 다른 사람들이 그런 교회가 있는 줄 알게 되었습니다. 예수가정은 공산당이 아무리 핍박해도 없어지지 않고 더욱 믿음이 견고해져 계속 퍼지고 있는 중입니다. 단지 공산당이 세력을 잡고 있기 때문에 외부에 알려지지 않고 있을 뿐입니다.

중국 신자들이 전도를 하는 이유는 우리와 온전한 사귐을 나누자는, 하나가 되자는 사상입니다. 그러나 우리 미국인 선교사들은 그렇게 하지 못했습니다. 불쌍한 사람들을 도와주기는 했지만 사귀기는 원치 않았습니다. 사귈 마음이 없었던 것입니다. 그러나 영국에 갔던 첫 선교사들은 영국에 도착했을 때 그곳이 자기 집인 줄로 알고 희년도 생각지 않고 고국으로 돌아간다는 생각 없이 죽을 때까지 일하고 일하던 그곳에 묻혔습니다. 그러한 선교사들 때문에 영국 교회가 강하게 되었습니다. 그러나 현대의 선교사들은 마치 방문객과 같습니다.

한국 사람들이 지나치게 외국문물을 선호하고 사대주의적 경향이 강하게 된 것은 오랫동안 외세의 지배를 받아 오면서 자존심을 상실했기 때문입니다. 하나님이 한국 사람을 만드실 때 분명 고유한 정신을 주셨고 창조하신 목적이 있습니다. 그러기 때문에 우리는 하나님이 우리에게 어떠한 사명을 주셨는지 알아야 합니다. 또 사명을 받은 자처럼 거룩한 자존심을 가져야만 합니다. 내가 사명자라면 다른 사명자를 찾아 서로 손잡고 하나가 되어 우리의 사명을 이루어야 합니다.

요한일서 1장 1-3절 말씀처럼 먼저 사귀기 원하는 정신으로 전도해야 합니다. "우리가 저에게서 듣고 너희에게 전하는 소식이 이것이니 곧 하나님은 빛이시라 그에게는 어두움이 조금도 없으시니라 만일 우리가 하나님과 사귐이 있다 하고 어두운 가운데 행하면 거짓말을 하고 진리를 행치 아니함이거니와 저가 빛 가운데 계신 것같이 우리도 빛 가운데 행하면 우리가 서로 사귐이 있고 그 아들 예수의 피가 우리를 모든 죄에서 깨끗하게 하실 것이요"(요일 1:5-7)라는 말씀처럼 빛 가운데서 행하면서 모든 것이 밝히 나타나도록 깨끗하고 뜻있는 생활을 해야 할 것입니다.

호흡-기도

기도는 호흡입니다. 기도는 몇 가지로 나누어 볼 수 있는데 첫째는 아침에 계획을 짜기 위한 기도가 있습니다. 계획을 세우기 전에 성경을 읽고 혹시 그날 성경에 나오는 지시가 있는지 확인해야 합니다(하나님께서 성경말씀을 통해 지시하는 때가 많기 때문입니다). 어떤 사람들은 그날의 말씀이 모두 오늘에만 해당되는 명령인 줄 아는데 좀 지나치지 않나 싶습니다. 규칙적으로 성경을 보면서 성경말씀 가운데 오늘을 위한 지시가 있는지 생각해야 합니다.

저는 서울 갈 때 기차를 타고 가면서 성경을 봅니다. 그날 아침에 해당되는 성경말씀을 읽는데, 흔히 그날의 하나님의 명령이 나와서 서울에서 누구누구를 만나고 무슨 이야기를 할지 결정하게 됩니다. 어떤 때는 이것은 하지 말라고 구체적으로 보여 주셔서 결정하기도 합니다.

계획을 세우는 것은 상당히 중요합니다. 우리에게는 일생을 위한 계획도 있어야 하지만 그날 하루를 위한 계획도 짜야 합니다. 하루 종일 하나님의 뜻대로 살도록 아침에 계획을 짜야 합니다. 성공회의 아침기도문대로 "하루 종일 주를 기쁘시게 하도록" 기도해야 합니다. 일반적으로 신자들은 이것저것을 내 마음대로 하고는 나쁜 일이 아니면 하나님을 기쁘시게 할 수 있다고 생각합니다. 영어 기도문에는 이런 것도 있습니다.

"하나님의 다스림을 받은 순서(order)대로 행케 하소서."

'순서'(order)라는 말에는 두 가지 뜻이 있는데, 곧 '순서대로 한다'와 '명령받았다'입니다. 또 성공회 공도문의 어떤 기도문에는 "우리를 죄악에 빠지지 말게 하시며 모든 위태한 것을 면케 하시고 우리를 항상 인도하사 주님의 시키시는 일을 행케 하소서"라고 나옵니다. 아침마다 주의 명령을 받아 그날을 위한 일이 무엇인지 확인하는 것은 상당히 중요합니다.

또 다른 기도로서 '대도'(代禱: 남을 위해 하는 기도)가 있는데 그것은 아침에 하지 않아도 됩니다. 주로 낮이나 오후, 시간 여유가 있을 때 하며, 기도표를 만들어 실행해야 합니다. 누구누구를 위해 기도하는 것이 나의 책임인지 아닌지 기도하는 가운데 주의 인도하심을 받고 그분의 음성에 귀를 기울여야 합니다.

많은 사람들이 기도하는 것을 말하는 것인 줄로만 압니다. 그래서 예배당에 들어가자마자 "주여! 주여!" 하고 기도하기 시작해서 한 시간 동안 내 목소리만 하나님께 들려 드리고, 내가 하나님의 말씀을 듣는 시간은 하나도 없습니다. 그것은 기도가 아닙니다. 기도는 대화입니다. 친구에게 찾아가서 한 시간 동안 계속 내 이야기만 한 뒤 "잘 있어" 하고 나와 버리면 친구의 기분이 어떻겠습니까? 그것은 교제가 아닙니다. 내가 반쯤 말하고 반쯤 듣고 해야 진정한 교제가 될 수 있습니다. 하나님은 우리의 친구일 뿐 아니라 주인이십니다. 주인 앞에 나가서 마구 말하는 법은 없습니다. 먼저 인사하고 듣기부터 해야 합니다. 들으면 말을 많이 할 필요가 없게 됩니다. "잘 알았습니다. 실행하도록 도와주십시오" 하면 그것으로 끝납니다. 기도가 호흡이라면, 호흡에 들숨 날숨이 있듯이 말하는 것과 듣는 것이 병행되어야 합니다.

그 외에도 듣는 기도·찬미기도·감사기도 등 몇 가지가 있는데 보통은 주기도문을 토대로 일곱 가지로 구분할 수 있습니다. 어떤 사람들은 "주여, 우리를 흉악에서 면케 하시고 죄를 사하여 주시고 우리에게 일용할 양식을 주시고…… 주시고…… 주시고" 하는 부탁기도만 하는데 부탁기도 하기 전에 다른 기도를 먼저 해야 합니다.

쉬는 시간-영적 휴식

각 사람은 자기의 성질에 맞추어 쉬는 것이 무엇인지도 알아야 합니다. 피로할 때 몸이 쉬어야 하는 것과 같이 우리 영혼에도 휴식이 필요합니다. 열심이 지나치면 교만하게 되거나 피로하게 되어 낙심하기 쉽습니다. 마귀는 무엇이든지 지나치도록 유도하는데, 처음에는 못 믿게 하다가 안 되면 지나치게 믿도록 합니다. 씨름할 때 힘을 다해 밀다가 갑자기 당기면 쓰러지는 것처럼 신앙생활에서도 그렇게 되기가 아주 쉽습니다. 마귀가 술 먹어라, 담배 피워라, 나쁜 짓 하라고 하다가 갑자기 그만두면 자신이 이긴 줄로 알고 나는 의로운 사람이라며 교만하게 됩니다. 쉬는 것도 지나치게 하지 말고 적당히 해야 합니다. 창조적인 휴식은 건강을 유지하는 데 필수입니다.

배설-회개와 죄의 고백

만일 내게 잘못이 있으면 그것은 형제·자매에게 잘못한 것일 뿐만 아니라 하나님 아버지께도 잘못한 것입니다. 그래서 '죄' 란 말이 나옵니다.

> 만일 우리가 죄 없다 하면 스스로 속이고 또 진리가 우리 속에 있지 아니할 것이요 만일 우리가 우리 죄를 자백하면 저는 미쁘시고 의로우사 우리 죄를 사하시며 모든 불의에서 우리를 깨끗케 하실 것이요(요일 1:8-9).

만일 내게 빛 가운데 행하지 않은 것이 있다고 합시다. 숨은 것이 너무 많고, 거짓말은 하지 않았더라도 거짓 행동을 많이 했고, 솔직하거나 투명하지 못하고 잘못이 많아서 형제·자매의 마음을 상하게 했다면 하나님의 마음이 얼마나 아프시겠습니까? 그러나 죄를 자백하면 형제·자매들이 나를 용서하고 하나님도 내게 깨끗함을 주시겠다는 말씀입니다. 형제·자매들이 나를 용서해 줄 수는 있지만 나를 깨끗하게 할 수는 없습니다. 오직 하나님만 나의 영(靈)을 깨끗하게 닦으실 수 있습니다. 그런데 그 조건은 먼저 형제·자매에게 가서 정직하게 고백하고 진심으로 사과하는 것입니다. 그 다음에 하나님의 용서를 받고 깨끗함을 얻는 것입니다. 왜냐하면 예수님이 우리를 위하여 자신의 피를 흘리셨기 때문입니다. 이 속죄함의 은혜에 참여하기 위해서는 교회의 교제 안에 서로 정직한 고백이 있어야 합니다. (자백이란 말 안에 정직해야 할 것이 전제되어 있습니다.)

사도신경 후반부에 보면 "성신(성령)을 믿사오며, 거룩한 공회와, 성도가 서로 교통하는 것과, 죄를 사하여 주시는 것과, 몸이 다시 사는 것과, 영원히 사는 것을 믿사옵나이다. 아멘"이라고 나오는데, 그 순서를 잘 살펴보기 바랍니다. 먼저 성령을 믿는다는 고백 뒤에 성령의 역사가 나옵니다. 성령의 역사가 무엇입니까? 거룩한 교회(공회)란 성령의 교제(코이노니아)를 통해 나타나는 것입니다. 교회가 무엇입니까? 성령을 받은 사람들이 서로 하나가 된 모임입니다. 성령을 통해서 거룩하게 되고 성령의 코이노니아를 통해 서로 하나가 된 것입니다. '성도가 서로 교통하는 것'에서 '교통'이란 '함께 서로 나누어 준다'는 뜻입니다. 말을 나누고 진리와 사랑, 그리고 물질 등 모든 것을 함께 통용한다는 의미입니다. 그 다음에 '죄 사함을 믿는다'는 말이 나옵니다. 우리가 피차 올바른 관계를 가지고 진정한 사귐을 갖는다면, 서로 마음을 아프게 한 것을 깨닫고 고백하고 용서할 수 있습니다. 그때 비로소 하나님으로부터 죄 사함도 있게 될 것입니다. 성령께서는 예수의 흘리신 피로 말미암아 우리에게 죄 사함의 은혜를 주십니다.

죄와 허물을 고백하는 것은 배설하는 것과 같습니다. 회개가 내 마음속에서 결정하는 것이라면 자백이나 고백은 남 앞에서 하는 것입니다. 죄 사함을 받기 위해서는 두 가지가 다 필요합니다. 마음에 회개가 없으면 자백해도 거짓말에 불과합니다. 오히려 그 사람의 마음을 미안하게 만들 뿐입니다. 예배시간 중에 '죄의 고백' 시간이 따로 있지만 가능하면 그 전에, 문제가 생긴 즉시 당사자에게 가서 고백하고 화목을 이루는 것이 중요합니다. 회개치 않는 것은 우리 생활 중에 빛 없이 살아가는 것과 같은 의미입니다. 때로는 잘못한 줄 알면서도 체면 때문에 회개하지 않습니다. 혹은 마음속으로 회개했지만 그 사람에게 가서 말을 하려고 기회를 기다리는데 좋은 기회가 오지 않습니다. 1주일 2주일이 지나고, 1개월 2개월이 지나고, 그래서 때로는 1년이 지나도록 사과하지 않게 되는 경우가 있습니다. 견딜 수 없어서 마침내 죄 사함을 얻기 위해서 기도하자고 하지만(물론 회개하는 기도도 하고), 주로 구체적으로 하지 않고 대강 이야기합니다. 마음속으로 회개했던 분명한 이야기도 하지 않습니다.

우리 예수원에서도 실제로 그런 일이 있습니다. 어떤 사람이 회중 가운데 일어나서 사과말씀을 다 드리고 고백을 하는데 우리의 마음을 오히려 더 아프게 했을 뿐입니다. 왜냐하면 회개하는 뜻으로 한 것이 아니라 자기가 옳다는 것을 나타내기 위해서 했기 때문입니다. 이렇듯 회개 없이 고백하면 아무런 의미가 없고 형식에 불과해서 다시 다른 사람의 마음을 아프게 만드는 결과만 낳습니다. 또 마음속으로 회개하여도 고백이 없으면 둘 사이에 담이 그대로 남아 있습니다. 건강한 신자가 되기 위해서는 이 두 가지가 다 필요하기 때문에 회개와 고백이 없는 신앙생활은 마치 변을 보지 않는 것과 같게 됩니다. 그래서 건강을 유지할 수 없게 됩니다.

위에서 살펴본 내용들을 지켜 나간다면 아무리 큰 어려움이나 낙심되는 일을 만나더라도 능히 극복할 수 있고, 광야생활을 충분히 통과할 수 있습니다. 억지로라도 성경을 보고 기도하고 전도와 봉사를 하고 회개와 고백을 하면 다시 한 번 새 힘을, 기쁨을 회복할 수 있을 것입니다. 자신에 대하여 완전히 죽고 부활을 맛보는 경험은 얼마나 기쁜 일인지 모릅니다. 성숙한 신자가 되기 위하여 이와 같은 규칙이 있으면 우리 모두에게 큰 도움이 될 것입니다.

6
신앙 성장의 아홉 단계

   신앙 성장의 아홉 단계는 성공회의 1년 절기(church year)와 관계가 있습니다. 이 절기는 성공회뿐만 아니라 천주교·동방교회·루터교 등 많은 교회가 지키고 있습니다. 이 아홉 가지를 다 지키지는 않는다 하더라도 그 중에 몇 가지는 지키고 있습니다. 성공회의 1년 절기는 성경에 있는 예수님의 생애에서 비롯되었습니다. 그러므로 비성경적이라고 비난한다든지 혹은 교회 전통에 불과하다고 무시해서는 안 될 것입니다. 재미있는 것은 우리 신자의 성장 과정이 이 절기와 관련 있다는 사실입니다.

   교회의 1년 행사를 생각해 봅시다. 첫째로 '장림절'은 '대림절'(대강절)이라고도 하는데, 크리스마스 전의 4주간으로 예수의 재림과 마지막 심판·말세 문제를 취급하는 기간입니다. 그 다음에 '성탄절'이 나오고 성탄절 후에 '공현절'이 나옵니다. 성경말씀을 자세히 읽어 보면 동방박사들이 방문했을 때 요셉과 마리아는 마구간에 있지 않고 집에 있었습니다. 대부분의 크리스마스카드에는 동방박사들이 마구간에서 아기 예수께 경배하는 것으로 묘사되어 있지만, 사실 이 일은 아기 예수님이 탄생하신 지 1년이나 2년 뒤에 생긴 일이었습니다. 그때까지 요셉과 마리아는 베들레헴에서 은밀하게 살고 있었습니다. 그래서 성공회에서는 성탄절과 공현절을 따로 지킵니다. 동방박사의 방문으로 하나님께서 이 땅에 강림하신 것이 알려지게 되었기 때문입니다. ('이방내조절'〈異邦來朝節〉이라고 불리던 '공현절'이 무슨 뜻인지는 조금 후에 설명해 드리겠습니다.)

그 다음에 '사순대재 전 3주간' (칠순주일 · 육순주일 · 오순주일)이 있습니다. 이때 강조하는 것은 신자가 하나님의 군사로서 싸움에 임해야 한다는 사실입니다. 그 다음이 '사순대재'인데 이 기간은 부활을 위해 준비하는 기간으로 회개하고 금식하며 40일을 지킵니다. 그 다음은 '수난절'로서 예수님의 고난과 죽음을 기념하는 기간입니다. 그리고 '부활절'입니다. 부활절 40일 후는 '승천절'로서 예수님의 승천을 기념하고, 승천절 10일 후에는 '오순절'이 오게 됩니다.

그런데 이상하게도 이와 같은 교회력은 한국의 음력과 매우 비슷한 점이 많습니다. 유대교에서 지키는 명절 중의 하나인 '부림절'은 성공회나 다른 교회에서는 지키지 않고 있는데, 에스더 9장을 보면 모든 유대인들에게 부림절을 꼭 지키라고 한 말이 나옵니다. 부림절이란 '제비 뽑는다'는 뜻의 히브리어 '푸르' (פּוּר)에서 나온 말로 유대 민족의 원수였던 하만이 제비를 뽑아 그 날짜를 정한 다음 유대인들을 전멸시키려는 음모를 꾸몄지만 왕후 에스더로 인하여 오히려 유대인들이 큰 승리를 얻은 사건에서 유래된 축일입니다. 그래서 해마다 그 사건을 기억하기 위하여 '부림절'을 지켰습니다.

재미있게도 부림절로 지키는 날이 우리 한국의 정월대보름과 똑같습니다. 또 오순절은 석가탄일(음력 4월 8일)과 일치합니다. 그다음, 가을에 있는 초막절이 추석과 거의 같은 날입니다. 하루밖에 차이가 없습니다. 성경에 있는 모든 명절이 음력으로 지켜진 것이기 때문에 우리 한국의 음력과 관계가 있습니다. 다만 유대교의 음력과 한국 음력 사이에는 한 달 하루의 차이가 납니다. 우리는 달이 없는 날을 초하루로 계산하는데 비해 유대교는 우리 음력의 초이튿날을 유대교 음력의 초하룻날로 계산하니까 우리는 15일이 보름일 때 유대교는 14일이 보름에 해당합니다. 이렇게 볼 때 그들의 12월이 한국의 1월이므로 유대력으로 12월 15일은 우리나라의 정월대보름과 같은 날이 되는 셈입니다. 그들과 우리 음력 사이에 한 달 차이가 있기 때문에 대개 정월대보름이나 설날이 사순대재 동안 있게 됩니다.

장림절(대림절, 대강절)

장림절을 지키는 데는 심리적인 의미도 내포되어 있습니다. '장림절' 혹은 '대림절'(대강절)은 예수께서 왕으로 오시고 심판하실 것을 기념하여 지키는 절기인 동시에 '사람이 어떻게 해서 예수를 믿게 되느냐'라는 문제와 관련이 있습니다. 대개 예수를 믿게 되는 것은 문제가 있거나 두려움이 있거나 걱정이 있기 때문입니다. 그러므로 아무런 문제가 없는 사람은 예수를 믿을 이유가 없는 셈이지요. 문제가 없으면 구해 줄 사람이 필요없겠지만 문제가 있는 사람은 '구원자'를 찾아야 합니다. 구원을 필요로 한다는 것은, 다시 말해 문제를 자각하기 시작했음을 의미합니다. 지금 심판을 받는 중이거나 나중에라도 심판받을 것을 두려워하게 될 때, 왕 대신 '메시아'를 기다리게 되는데, 장림절은 이처럼 문제를 자각한 사람과 관련된 절기입니다.

우리가 안고 있는 문제는 대개 세 가지 정도로 나누어 볼 수 있습니다. 유교 정신을 가진 사람들은 대부분 자기 나라의 문제로부터 시작해서 사회문제를 자신들의 최우선 과제로 생각합니다. 불교 정신을 가진 사람들의 경우는 대개 철학적인 문제나 세속의 문제, 그리고 인간과 대자연의 관계에 대한 의문에서부터 출발합니다. 샤머니즘의 경향을 가진 사람들은 대개 자기의 병이나 불행 등 아주 사소한 문제에 관심을 두는 경향이 있습니다.

이 세 가지 정신에 따라 각각 다른 각도에서 문제를 보게 되는데, 중요한 것은 이 문제를 해결하기 위한 구원자가 누구냐는 것입니다. 병을 고치시는 분으로서의 예수님, 죄를 해결하실 수 있는 분으로서의 예수님, 사회문제를 해결하실 수 있는 분으로서의 예수님, 철학적인 문제를 해결하실 수 있는 길이요 진리요 생명이신 예수님! 각 사람이 예수님을 구주로 영접할 때는 각기 그 입장이 다릅니다. 어떤 사람은 죄 문제를 해결하신 예수님·병 고치는 예수님과 같이 내 개인의 문제를 해결할 수 있는 예수님을 믿고, 어떤 사람은 진리 되신 예수님·생명이신 예수님·길 되신 예수님을 믿고, 어떤 사람은 사회문제를 해결하시는 왕 되신 예수님을 믿습니다. 각 사람에게 복음이 전해지지만 좋은 소식이 의미하는 바는 모두에게 각기 다릅니다. 처해진 상황이 다른 것처럼 복음이 주는 의미도 다릅니다. 그래서 우리가 복음을 전할 때는 각 사람의 입장에 따라서 그에 알맞은 복음을 전해야 합니다. 복음의 내용은 궁극적으로 '예수님을 통해서 구원을 받는다'는 것이지만, 구원이란 말이 '어떤 문제에 대한 해결'을 의미하므로 경우에 따라서는 복음이 담고 있는 구체적인 내용도 달라지게 되는 것입니다. 이와 같이 장림절은 자신의 문제를 자각하고 주님을 찾기 시작하면서 왕 되신 예수님을 기대하는 절기, 온 세상을 다스릴 왕으로 다시 오실 예수님을 기다리는 절기라고 볼 수 있습니다.

성탄절

사람들은 보통 자신의 문제로 인해 방황하다가 전도를 받고 예수를 믿게 되면 기뻐서 어쩔 줄 몰라 합니다. 바로 그것이 '성탄절'의 분위기입니다. (구주 되신 예수님이 탄생하신 기쁜 소식을 접하게 된 것입니다.) 신앙의 처음 단계는 실패하는 단계, 두려움의 단계, 낙심하는 단계로부터 시작합니다. 거기서부터 한 계단 올라가면 기쁨이 옵니다. 예수님을 알게 되어 기쁨이 넘치도록 충만하게 된 것입니다. 또 기쁨이 있고 즐거워지면 나눠 주고 싶은 마음이 간절해집니다. 남에게 꼭 알리고 싶어지는 것입니다. "보십시오, 내가 이제 길을 찾았습니다. 나의 문제가 해결되었어요!"라고 모든 친구에게 알리기 원하는 단계입니다.

공현절(주현절)

이것은 구세주의 나심을 이방인에게 알리는 것입니다. 목동들이 천사의 말을 듣고 마을에 있는 사람들에게 알리기도 했지만, 1-2년 후에 동방박사들이 예수께 경배하고 자기 나라로 돌아갔을 때 주님의 탄생하심이 먼 이방나라에까지 전파되었습니다. 전도 효과가 있었는지 없었는지는 잘 모르겠지만 우리 동방의 전통 중 반 정도는 그 영향을 받지 않았나 싶습니다.

분명히 믿은 다음에는 자연히 우리 속에 전도하고 싶은 마음이 생깁니다. '세상에 나타나는 것' 그것이 바로 '공현절'의 의미입니다. (원래는 동방박사에게 별을 통해 나타나신 사건과 요단강에서 세례를 받으실 때 하나님의 아들로 인정받으신 사건, 그리고 가나의 혼인잔치에서 첫 기적을 베푸심으로 주님께서 자신을 나타내신 사건을 기념하는 절기로 지킵니다.)

우리 목장에서 생활한 적이 있는 한 청년은 감옥에서 예수를 믿게 되었습니다. 출옥하자마자 예수원으로 와서 함께 생활하는데, 일만 계속하면 재미가 없다고 하면서 여기저기 전도하러 다니느라 목장일을 제대로 하지 못했습니다. 그때 마침 어떤 친구가 서울로 와서 전도하라고 권유하자 곧 서울로 도망가 버렸습니다. 하나님께서 가라고 명령하신 것도, 허락하신 것도 아니었습니다. 그런데도 목장일을 견딜 수 없어 하면서 스스로 전도하러 나가야 한다고 생각한 것입니다. 그 당시 목장의 책임자로 일하던 한 형제가 근처 마을에 예수 믿는 사람이 별로 없으니 여기서 전도하면 얼마나 좋겠느냐고 여러 번 권유했지만 참지 못하고 서울까지 갔다가 결국은 되돌아왔습니다. 그렇게 되니까 하나님의 음성을 듣지 못하고 하나님의 명령도 받지 못합니다. 예수원 목장에 있으라고 하셨지만 있기 싫으니까 하나님이 다른 말씀을 해 주시기를 기다렸는데 하나님은 기분이 나빠서 아무 말씀도 하지 않으셨습니다.

처음 믿을 때 온 세상 사람들에게 복음 전하기 원하는 것은 자연스러운 현상입니다. 그러나 그런 사람을 신학교에 보내면 큰일 납니다. 그런 사람을 신학교에 보내는 것은 마치 타는 불에 찬물을 끼얹은 것과 같습니다. 신학교에 가면 9년 동안 공부만 하고(물론 거룩한 이야기를 많이 들을 수 있지만) 전도훈련을 받지 못합니다. 그런 사람은 신학교 대신 먼저 열심히 전도하게 함으로써 불붙은 것을 활활 태워 버리게 한 다음 공부시켜도 늦지 않습니다. 왜냐하면 그 불을 사용해야 하기 때문입니다. 그 불붙은 열심을 활용하지 않는 것은 연료를 내버리는 것과 다름없는 낭비입니다. 그렇게 열심 있는 청년이 교회 안에 생긴다면 반드시 전도자로서 사용하십시오. 신학공부부터 하라고 하지 말고 전도자로서 1년이나 2년 봉사하게 한 다음에 공부시켜도 됩니다.

제가 예전에 목회할 때 우리 교회에는 전도하고 싶어 하는 사람이 너무 없었습니다. 그래서 하나님께 원망했습니다. 우리 교회에는 '죽은 나무'가 너무 많다고 불평을 했더니 하나님은 그것은 '죽은 나무'(dead wood)가 아니고 '딱딱한 나무'(hard wood)라고 말씀하셨습니다. 사실 나무를 보면 재미있는 것이 있습니다. 나무를 잘라서 그 단면을 몇 가지로 구분해 보면 먼저 바깥에 껍질이 있고, 껍질 안에는 백목질(sapwood: 나무의 껍질과 중심 사이의 연한 부분)이 계속 자라고 있습니다. 이것이 1년 내지 2년 정도 자라다가 안으로 들어가서 적목질(heartwood: 나무의 중심 부분)이 되는데, 적목질이 되면 단단해집니다.

마찬가지로 교회가 건강하게 되려면 항상 새로 전도하는 사람이 있어야 합니다. 올해 전도한 사람은 내년에는 속으로 들어가서 튼튼한 기둥이 되어야 합니다. 그러면 새로 들어온 사람들이 대신 전도할 것입니다. 해마다 전도하는 사람이 바뀌어야 합니다. 옛날에 전도한 사람들은 안으로 들어가서 튼튼한 기둥이 되는 것이 원칙입니다. 그렇다고 그 사람이 죽은 것은 아닙니다. 역할이 변했을 뿐입니다.

그리고 나무의 껍질 같은 역할을 하는 사람도 있습니다. 목사님 입장에서는 아주 흉한 사람으로 보일 수 있지만 그 사람은 사회로부터 교회가 침범당하지 않도록 껍질 역할을 하는 신자들입니다. 하나님께서 그러한 신자도 멸시하지 말라고 말씀하셨습니다. 그런 신자도 교회에서 필요합니다.

칠순주일 · 육순주일 · 오순주일

일반적으로 사람들은 처음에는 전도를 열심히 하다가 차츰 군인처럼 됩니다. 군인이 되면서 아주 싸우기로 결심을 합니다. 이 기간은 절기로는 칠순주일 · 육순주일 · 오순주일 이 3주간에 해당하는데, 이때는 영적 전투를 하는 시기입니다. 그런데 이 시기는 참 어렵습니다. 점점 피곤하게 되고 옛날에 알던 재미가 어디로 갔는지 모를 지경에 이릅니다. 그래서 부흥회에 가야겠다고 생각합니다. 부흥회에 참석해서 은혜를 받은 적이 있기 때문에 다시 부흥회를 찾아갑니다. 이로써 잠시 은혜의 불이 붙지만 나가서 같은 길을 가다가 또 낙심하고, 그러면 또다시 부흥회에 가야 합니다. 마치 다람쥐 쳇바퀴 도는 것과 같아집니다. 돌고 돌지만 앞으로 나아가는 것이 하나도 없습니다. 활발하게 움직이긴 하지만 앞으로 가지 못합니다.

그러한 신자들이 많이 있습니다. 군대생활이 재미가 없어 탈영하는 사람들이 있지 않습니까? 교회 안에서도 '탈영'하는 일이 얼마나 많은지 모릅니다. 재미가 없으면 도망가 버리는 것입니다. 미국 말로는 '산 넘어 가 버렸다'고 합니다.

사순대재

그런데 충실한 신자들은 도망가지도, 뒤로 물러서지도 않고 앞으로 계속 나아갑니다. 앞으로 계속 나아갈 때 어떤 일이 생깁니까? '사순대재', 즉 '회개하는 기간'으로 들어서게 됩니다.

"주여, 제가 처음 믿었을 때는 얼마나 재미가 있고 기쁨이 가득했었는지요? 그런데 지금은 너무 재미 없고 어렵고, 문제도 제대로 해결하지 못하고 있습니다. 주님, 모든 문제를 다 해결해 주신 줄 알았는데 지금 왜 이렇게 되어 가고 있습니까?"

"소자야, 너는 왜 네 문제에만 빠져 있고 나의 문제는 생각도 하지 않느냐?"

"주님, 주님도 문제가 있습니까?"

"그래 온 세계가 나의 문제다. 그런데 너는 왜 너 자신만 생각하고 다른 사람들을 위해서는 관심이 없느냐? 세상에 관심이 없는 그런 너를 어떻게 그리스도의 군사라고 할 수 있느냐?"

이러다 보면 결국 주님께 책망을 듣습니다.

사순대재의 분위기가 이와 같습니다. 하나님께서 "너 자신을 살펴보아라. 너무 이기적이고 너무 개인주의적인 태도를 취하고 있지는 않느냐? 왜 다른 사람들에게는 관심이 없느냐?"라고 책망하실 때 우리는 히브리서 12장 말씀을 기억할 수 있습니다. 참된 아들이라면 책망을 받아야 하고, 책망을 받지 않는다면 참된 아들이 아니라는 말씀입니다. 주의 책망을 받고 회개하면서 자신을 다시 한 번 살펴보아 자신의 부족한 점이 무엇인지, 자기 안에 버려야 할 점이 무엇인지, 참으로 기도해야 할 제목이 무엇인지 깨닫고 계속해서 앞으로 가야 하지만, 그것은 결코 쉬운 과정이 아닙니다. 결국은 십자가 앞에 나와서 "주님, 이것에 대해 죽고 저것에 대해 죽고, 이것도 버리고 저것도 버리고, 너무 재미가 없습니다. 주님, 다시 한 번 부흥회에 가서 재미를 얻으면 안 됩니까?" 하고 물으니, 주님이 말씀하시기를 "아니다. 죽어라!" 하십니다. "주여, 축복받기 위해 예수님을 믿는데 죽으라니 무슨 말씀을 그렇게 하십니까?"라고 하자 "내 제자로서 내가 주는 십자가를 질 줄 모르면 참으로 나의 제자가 될 수 없다"라고 하십니다.

우리는 십자가 앞에 나와 죽을 것인지 안 죽을 것인지 결정해야 합니다. 개인문제에 따라서 죽어야 할 것도 다를 것입니다. 집착하고 있던 자신의 개인문제를 버릴 수 있겠습니까? 이 세상의 온갖 문제를 다 해결해 주시면서도 정작 나를 위한 문제를 해결해 주시지 않는다면 어떻게 하시겠습니까? 또 사회문제를 해결하기 위해서 싸워야 된다고 생각하는데 하나님께서 "그만두어라. 정의를 위하여 그런 방법으로 싸울 수는 없다"라고 하신다면 어떻게 하시겠습니까? 하나님은 여러 가지 방법으로 각 사람의 관심을 다루시면서 우리 각 사람이 자신에 대하여 죽기를 요구하십니다.

수난절

많은 신자들이 십자가 앞, 사순대재까지는 가는데 더 이상은 나아가지 못합니다. 몇 년 전 조병호 목사님이 갈전(교회)에 계실 때 제가 목회자 모임에서 이와 같은 내용으로 강의를 한 적이 있습니다. 사순대재와 고난을 설명하고 그 다음에 부활과 승천과 오순절 이야기를 다 하고 났더니 처음부터 다시 한 번 복습해 달라고 요청했습니다. 그래서 다시 한 번 강의를 되풀이하자 "신부님, 우리 중에 단 한 사람도 십자가를 통과한 사람이 없습니다. 한 사람도 자기 자신에 대하여 완전히 죽은 사람이 없습니다. 어떻게 죽어야 합니까?"라고 물었습니다. 그래서 "네 원수를 사랑하라. 미워하는 것을 버리고 원수를 용서하라"라고 대답했습니다. 그러자 "참으로 그럴 수 있느냐?" 하고 물었습니다. 또 며칠 전에 개인면담을 위해 찾아온 손님 한 분과 이런저런 이야기를 하다가 '원수를 사랑하라'는 말이 나오자 그분도 "그럴 수 있느냐?" 하고 반문했습니다.

그러나 우리가 거듭난 사람이라면 그렇게 할 수밖에 없습니다.

거듭난 사람이라면 '나는 그저 인간일 뿐'이라는 말은 할 수 없습니다. 그렇게 말한다는 것은 아직도 죽지 않았음을 의미합니다. 이론적으로는 예수의 십자가를 믿지만 실제로는 인정하지 않는 사람입니다.

예수께서 십자가에 못박히실 동안에 하신 말씀은 "아버지여 저희를 사하여 주옵소서 자기의 하는 것을 알지 못함이니이다"(눅 23:34)라는 말씀이었습니다. 또 스데반은 유대인들이 돌로 쳐서 죽임을 당할 때 "주여 이 죄를 저들에게 돌리지 마옵소서"(행 7:60)라고 기도했습니다. 성경은 예수님이 하나님 우편에 앉으셨다고 기록하고 있는데, 기도하던 스데반은 하늘을 우러러 주목하면서 예수님의(하나님 우편에) '서 계신' 모습을 보았습니다. 왜 예수님이 서 계셨느냐면 원수까지 다 용서한 그 사람을 보고 싶었기 때문입니다. 일어서서 스데반을 보실 정도로 관심이 많으셨던 것입니다. 결국 그 일로 인해 바울은 양심의 가책을 받고 회개하여 스데반 대신 주님을 위해 얼마나 많은 일을 했는지 모릅니다. 내가 회개하고 나의 원수라도 용서할 때 비록 내가 희생된다고 할지라도 그 사람이 나보다 더 훌륭한 주의 종이 되면 얼마나 좋습니까?

십자가 앞에 나와서 회개하는데 "죽어라" 하고 말씀하시는 때가 우리에게는 제일 어려운 시기입니다.

한 청년에게 결혼문제가 있었습니다. 어떤 자매와 결혼하고 싶은 마음이 있었는데 만일 하나님께서 그 여자와는 안 된다고 하시면 어떻게 할까 염려가 되었습니다. 그래서 스스로 결정하려고 생각하는데 주님이 이렇게 말씀하셨습니다.

"내가 주인이 아니냐? 그런데 어떻게 너 혼자 결정할 수 있느냐?"

그러자 그 청년이 말했습니다.

"주님, 그럼 포기하란 말씀입니까?"

아마 세상에서 이성문제만큼 포기하기 어려운 일도 없을 것입니다. 여자에게도 마찬가지입니다. 자기가 결혼하고 싶은 남자를 포기한다는 것은 아주 어려운 일입니다.

또 어떤 목사는 좋은 교회로 옮기고 싶어 하는데 주님은 그냥 있으라고 하셨습니다. 저에게도 몇 번 그런 경험이 있는데 사실 저는 목회하는 것을 싫어했고 교사나 선교사가 되기를 원했습니다. 미국에 있을 때 목회자로서 일할 마음이 전혀 없었지만 제가 회개하기까지 12년 동안 하나님은 저에게 목회를 시키셨습니다. 재미가 없었지만 계속 목회하라고 하셨고, 다른 데로 갈 기회가 생길 때마다 가르치는 기회나 선교사가 되는 기회가 아닌 목회해야 하는 경우뿐이었습니다. 월급도 많고 조건도 더 좋았지만 하나님은 가지 말라고 하셨습니다.

어느 주일에 설교를 하는데 낯선 방문객이 뒷좌석에 앉아 있었습니다. 남자 두 사람, 여자 두 사람이었는데, 분명히 부부는 아니었습니다. '아하! 교회일로 온 사람들이구나' 하고 짐작했습니다. 친척 아닌 사람으로서 네 명이 같이 앉아 있는 모습을 보니 어느 교회 대표들이 청빙건으로 의논하기 위해 온 줄 알 수 있었습니다. 그런데 설교하는 도중에 하나님께서 제게 그 사람에게 '아니요' 라고 대답하라고 명령하셨습니다. 어떤 조건을 제시하든지 주님의 뜻이 아니라고 대답하라는 것이었습니다.

제가 약 6년 동안 일한 그 교회는 아주 빈약한 교회였습니다. 마침내 제 안에서 "주님! 제가 좋아하고 원하는 일을 허락지 않으신다면 주께서 허락하신 이 일을 좋아하게 해 주십시오"라는 기도가 나왔습니다. 하나님께서 그 기도를 들으시고 얼마나 웃으셨는지 모릅니다.

"참으로 너는 바보로구나! 6년 동안이나 그냥 있다가 이제야 그렇게 기도하다니 왜 6년 전에 그 기도를 하지 않았느냐, 이 바보야!"

"예, 주님, 저는 진짜 바보였습니다. 그런데 이제 제 마음을 고쳐 주시겠습니까?"

"물론 고쳐 주고말고!"

사흘도 안 되어서 제 마음이 완전히 바뀌었습니다. 하나님께서 친히 역사하셔서 마음을 고쳐 주셨고, 그때부터 비로소 재미있게 목회하기 시작했습니다. 얼마나 재미있었는지, 얼마나 열심히 일했는지 모릅니다. 진작 그렇게 했더라면 고생을 하지 않았을 것입니다. 그 해에는 모든 일이 잘되었습니다. 교육관도 짓고 사택도 수리하고 월급도 껑충 올랐습니다. 12년 만에 비로소 충분한 월급을 받게 되었습니다. 그때까지 한 번도 월급만으로 충분히 살지 못하고 늘 하나님께서 기적적으로 보태 주셔서 살았습니다. 그런데 그 해에는 모든 일이 순조롭게 잘되어서 죽을 때까지 여기서 일해야겠다는 마음조차 들 정도였습니다. 이 마을의 장로가 되어서 모든 젊은 목사들을 지도하리라는 비전도 있었습니다.

그런데 딱 1년이 지나자 "한국에 오셔서 무너진 우리 성공회신학원을 다시 설립해 주셨으면 합니다. 돈도 충분하지 않고 건물도 좋지 못합니다. 거기다가 2년 동안은 월급을 드리겠지만 그 후에는 어떻게 될지 모릅니다"라는 편지가 왔습니다.

"주여, 교사나 선교사가 되고자 했던 것은 11년 동안의 제 기도 제목이었지만 이제 포기하지 않았습니까? 그런데 왜 지금 다시 가라고 하십니까?"

그러자 하나님이 단호히 말씀하셨습니다.

"그래, 지금 가라!"

선교사나 신학 교수가 되기를 포기하고 나니 하나님께서 그 길로 '가라'고 하셨습니다. 그래서 두 번 죽었습니다. 처음에는 목회 문제에 대해서 죽었고, 그 다음에는 목회를 좋아할 때 그만두라고 해서 (목회에 대해서) 죽었습니다. 한국에 가면 보나마나 고생이 기다리고 있을 것이 분명했습니다.

부활절

그런데 우리는 죽을 때마다 부활을 맛보게 됩니다. 사흘이 못 되어서 부활을 맛보게 되는 것입니다. 이때의 기쁨은 문제가 해결된 체험의 기쁨이므로 성탄절의 기쁨과는 비교할 수 없을 정도로 큰 기쁨입니다. 성탄절의 기쁨은 좋은 소식을 듣고 이론적으로 믿고 기뻐하는 것이지만 부활의 기쁨은 '체험의 기쁨'인 것입니다. 하나님께서 역사하심을 실제로 보고 "애굽에서 해방을 얻었다"라고 고백할 수 있는 것입니다. 이보다 높은 차원의 기쁨은 별로 없습니다.

에베소서 3장 20-21절을 보면, 우리의 온갖 구하는 것이나 생각하는 것에 더 넘치도록 능히 하실 이가 계시다고 했습니다. '하겠다'는 이야기가 아니라 우리가 참으로 죽기만 하면 구하는 이상으로 넘치도록 능히 '하실' 것입니다. 그러나 우리가 죽지 않는다면 가능성은 있지만 받지 못하고 체험하지도 못할 것입니다. 많은 사람들이 에베소서에 나오는 말씀을 한 번도 맛보지 못했습니다. 왜 그렇습니까? 아무것도 포기하지 않았기 때문입니다. 욕심밖에 없기 때문입니다. 구하고 또 구하지만 구한 것을 받지 못합니다. 야고보서에 '구해도 받지 못하는 이유는 욕심대로 구했기 때문'(약 4:3)이라는 말씀이 있지 않습니까? 욕심대로 구하다가 자신의 뜻에 대해 죽고 주님이 원하지 않으시면 나도 원하지 않을 때, 구한 것보다 더 넘치도록 찾을 수 있습니다. 그것이 바로 '부활의 법'입니다.

승천일

부활의 체험을 한 번 하고 나면 하나님의 법을 다 알았다고 생각해서, 다음번에 다시 무슨 문제가 생길 때 또 죽으면 다시 부활할 줄로 압니다. 무슨 일이 생기든지 죽기만 하면 부활을 맛볼 수 있다고 생각하는 것입니다. 한 40일 동안 예수님을 직접 알고 예수님과 함께 체험하고 예수님이 살아 계신 것을 확실히 알고 나면 예수님의 손을 잡고 놓고 싶지 않습니다. 그런데 40일 후에는 이런 고백을 합니다.

"목사님, 제가 큰 죄를 지은 것 같습니다."

"왜 그러십니까, 무슨 죄를 지었습니까?"

"사실 저도 잘 모르겠습니다."

"그렇다면 왜 죄를 지었다고 생각하십니까?"

"예수님과 맺어진 관계가 사라져 버렸습니다. 여태까지 예수님과 아름다운 교제를 나누고 예수님이 친히 함께 계신 줄 느끼고 얼마나 감화·감동을 받았는지 모릅니다. 그런데 갑자기 그런 것들이 다 없어져 버렸습니다. 아무것도 없어서 마치 고아가 된 것 같은 느낌입니다. 제가 무슨 죄를 지었습니까? 무엇이 잘못된 것입니까?"

"죄를 지은 것이 아니라 그것이 바로 '승천의 체험'입니다. 승천하신 예수께서 너희를 고아와 같이 버려두지 않고 보혜사를 보내겠다고 약속하지 않으셨습니까? 염려하실 것 없습니다."

만일 목사님이 지혜가 있고 그와 같은 상태를 이해한다면 "당신은 지금 죄를 지어 그런 것이 아니라 하나님께서 더 훌륭한 것을 주시기 위해, 다시 말해 보혜사 성령을 보내 주시기 위해 마음을 준비시키는 것이니까 기대를 가지면서 조금 기다리면 성령세례를 주실 것입니다. 염려 마십시오"라고 격려할 수 있을 것입니다. 재미있는 것은 성경 시대의 제자들은 열흘 동안 기다리다가 성령세례를 받았지만 오늘날은 반드시 열흘을 기다려야 한다는 법은 없는 것 같습니다. 많은 사람들이 그런 사실을 깨닫자마자 그냥 성령세례를 받기도 합니다.

오순절

승천 상태에서 오순절 상태로 들어가면 그때부터는 '공군'이 됩니다. 여태까지는 '윤군 보병'이었습니다. 우리가 어려움을 겪으며 주의 일을 하는데, 성령세례를 받은 다음에는 공군이 되어서 독수리와 같이 날아다닐 뿐만 아니라 달음박질을 해도 피곤치 않고 걸어가도 쓰러지지 않게 됩니다. 걷는다는 것은 인내를 이야기하는 것인데, 많은 사람들이 독수리처럼 나는 일은 잘하지만 걸을 줄은 모릅니다. 그러나 성령의 열매 맺는 내적 역사를 받게 되면 인내를 얻게 될 것입니다. 오랫동안 주의 일을 계속하려고 할 때는 걷고 또 걷는 인내심이 필요합니다. 그것은 성령의 외적인 역사가 아니라 내적인 역사입니다. 그래서 성령을 뜻있게 받기 위하여 모든 것을 통과하면 깊이 깨달을 수 있게 됩니다.

그러나 그래도 십자가 앞에 나아와야 합니다. 회개도 해야 합니다. 많은 사람들이 성령세례를 받으면 다 왔다고 생각해서 회개하지 않아도 된다고 믿습니다. 사순대재도 필요 없고, 수난절·부활절을 알지 못해도 상관없다고, 다시 말해서 오순절의 체험만 있으면 다 된다고 생각하기 쉬운데 그럴 수 없습니다. 영적 전투와 회개, 십자가에서의 죽음, 부활 및 승천의 체험, 그리고 성령세례를 받는 과정은 신자의 생활 속에서 계속 반복되는 것이며, 이런 경험을 통해 성장이 이루어지는 것입니다.

성령을 받을 때 가벼운 마음으로 받아서는 안 될 것입니다. 주의 길을 가기 위하여, 주의 사업을 이루기 위하여, 우리의 죽을 지점이 어디인지 알고 죽을 수 있는 용기를 얻기 위하여, 그리고 충성하는 마음을 얻기 위하여 성령세례를 받아야 할 것입니다. 그러기 위해서는 성령의 도우심이 지속적으로 있어야 합니다. 계속 성장하는 것! 그것이 우리를 향한 주님의 뜻입니다.

3부

신자의 생활

1
성육설(成肉說)의 실행

요한복음 1장 5, 9-14절 말씀은 예수 탄생의 중심 구절입니다. 세상을 창조하시고 말씀으로 영원 전부터 계셨던 바로 그분이 세상에 오셔서 친히 사람이 되셨다는 것이 곧 성경의 중심된 가르침입니다. 따라서 우리가 이 사실을 믿을 수 없다면 다른 것은 전혀 의미가 없게 됩니다.

그렇다면 말씀이 육신이 되신 것을 확인할 수 있는 길은 무엇입니까? 물론 예수의 부활을 통해서도 그것을 알 수 있지만 사실은 예수께서 탄생하실 때부터 이미 그 확인은 시작되었습니다.

그런데 여기에 철학적으로 중요한 점이 있습니다. 소승불교에는 물질이 악하다는 사상이 있는데, 이것은 원래 유럽인들이 인도에 전한 유럽의 옛 신앙입니다. 교회도 이러한 사상의 영향을 받아서 종종 육신은 부정한 것이니 육신을 위해 살면 안 된다고 생각하는 경향이 있습니다. 그러나 우리는 우리의 몸이 하나님께서 주신 귀한 도구임을 알고 성실하게 사용해야 합니다.

창세기 1장을 보면, 하나님께서 모든 물질을 친히 창조하셨으며 지으신 만물을 보시고 좋아하셨다는 표현이 일곱 번이나 나옵니다. 따라서 성경말씀을 믿는 사람들은 유대교인이든 기독교인이든 물질을 부정한 것이라고 보아서는 안 됩니다. 오히려 하나님께서 친히 자기가 만드신 물질 안에 들어오셔서 피조물 중 하나가 되셨다는 놀라운 사실을 깊이 깨달아야 할 것입니다.

그러나 만물이 처음 창조되었을 때에는 깨끗하고 문제가 없었지만 인류가 죄에 빠진 이후로 사회도 부패하고 사람도 부패하여 깨끗한 사람이 아무도 없게 되었습니다. 물론 마리아가 깨끗하지 않았다면 어떻게 깨끗하신 예수님이 그를 통하여 태어날 수 있었겠느냐고 질문할 수 있겠지만, 마리아가 태어날 때부터 하나님의 은혜로 세례를 받고 깨끗하게 된 것을 보여 주는 말씀이 있습니다. 누가복음 1장 28절을 보면, 마리아를 가리켜 '은혜를 받은 자'라고 하는데 이는 교회가 세워지기 전의 조상 때부터 내려오는 '원죄'(原罪)와 자신이 지은 죄인 '자범죄'(自犯罪)를 사함 받고 깨끗한 마음으로 예수를 잉태할 수 있는 상태에 있었음을 암시해 줍니다.

그리고 거기서 탄생하신 착하신 예수님은 분명히 하나님이시면서도 사람이 되셔서 몸소 고생하셨습니다. 그는 육신을 입고 오셨을 뿐만 아니라 멸시받고 가난하고 고생할 수밖에 없는 제일 낮은 위치에서 태어나셔서 아주 천한 생활부터 시작하셨습니다. 왕으로 오셨더라면, 부자로 오셨더라면 위에서 다스리면서 모든 사람에게 좋은 영향을 줄 수 있었으리라 생각할 수도 있지만 하나님의 방법은 사람의 방법과는 전혀 다른 것이었습니다. 인간은 항상 위에서부터 내려가기를 원하지만 하나님은 밑에서부터 올라가기를 원하셨기에 자기보다 더 낮은 사람이 없는 위치에 임하신 것입니다. 빌립보서 2장에 나오는 예수 그리스도의 마음이 바로 그것입니다.

제가 한국에 선교사로 처음 왔을 때 만난 한국어학당의 교사 한 분은, 불교도 믿고 유교도 믿고 마르크스 이론도 믿었지만 예수는 믿지 않았습니다. 도리어 선교사들이 한국에 나쁜 영향을 주기 때문에 다 쫓아내야 한다고 주장하였습니다. 그는 단지 돈을 벌고 생계를 꾸리기 위하여 선교사들에게 한국말을 가르치는 사람이었습니다. 그런데 어느 날, 그가 빌립보서 2장의 '비운다'는 말씀을 듣고는 저에게 그 뜻을 물었습니다. 그래서 제가 그것은 빈 그릇, 즉 '空'과 같은 의미라고 설명했더니 그렇다면 이것은 불교사상과 같은 것이 아니냐며 아주 놀라워했습니다.

사실 불교의 실패는 교리가 옳지 않아서라기보다는 그것을 실행할 방법이 없기 때문에 생긴 것입니다. 진리를 이루기 위해 사람이 자기를 비워야 한다는 것이 불교사상의 핵심입니다. 그러나 그것을 이루기 위해서는 깊은 산속에 들어가 가혹한 자기 수련을 해야 합니다. 가만히 앉아 기도와 묵상을 하고 거룩한 책만 읽어야 합니다. 혹 죽기 직전에라도 깨끗함을 얻고 자기를 비울 수 있지 않을까 기대해서 하는 것이기에 보통 사람으로서는 따라갈 방도가 없습니다.

그러나 성경은 보통 사람, 즉 노동자나 아무리 바쁜 사람이라도 하나님의 뜻대로 살 수 있도록 가르치는 책입니다. 그리고 성경이 가르치는 하나님의 뜻대로 사는 첫째 길은 예수께서 본을 보여 주신 것처럼 자기를 비우는 것입니다. 빌립보서 2장 5-11절의 말씀에 나오는 '그리스도 예수의 마음'을 품게 되면 우리는 말로써만이 아니라 행동으로도 예수를 주인으로 섬기게 되고 우리의 마음대로 살지 않고 종과 같이 주인의 뜻대로만 살 수 있게 됩니다.

어떤 전도지를 보면, 사람의 마음속에 보좌가 있는데 본래 자기 자신이 그 보좌의 주인이었지만 예수를 마음속에 모시면 예수께서 그 보좌의 주인이 되시고 우리 자신은 그 보좌 앞에 앉아 우리의 모든 생활에서 무슨 일을 하든지 주님의 뜻을 물어보고 행하게 된다고 나와 있습니다. 그뿐만 아니라 주인의 뜻을 행하면서 자기의 영광을 위하여 살지 않고 주인 되신 하나님의 영광만을 위하여 살게 되는 것이라고 했습니다.

자기의 영광만을 위하여 사는 사람이 많은데, 예수께서 자기를 낮추시고 육신을 입고 사람이 되신 것을 생각하여 그분을 본받기 원한다면 나도 다른 사람과 하나가 될 수 있어야 합니다. 만약 미국 사람이 선교사로 한국에 오게 되면 교만한 태도를 드러내지 말고 한국 사람과 하나가 되어야 그를 통하여 예수의 모습이 나타날 수 있습니다. 공부를 많이 한 사람이 많이 배우지 못한 사람과 사귈 때도 자기를 낮추고 비워서 공부 못 한 사람의 입장에 들어가야 합니다. 성령의 열매 중에도 자비가 있는데 이 단어의 헬라어 본뜻은 '남의 입장을 깨닫고자 하는 마음'입니다. 바로 이러한 자세로 우리 인간의 입장을 알기 위하여 하나님은 친히 육신이 되신 것입니다. 따라서 우리도 공동체생활을 하든지 일반 교회생활을 하든지 자비의 열매를 맺음으로써 상대방의 입장에 들어가고자 하는 마음이 되어야 합니다.

물론 실제로는 내가 이해받기를 원하고 내 입장에 대한 이해를 요구하기가 더 쉽습니다. 하지만 상대방의 입장을 듣고 이해하기를 원하는 성육(成肉)의 가르침을 따르고자 한다면 아름다운 교회생활, 아름다운 하나님 나라를 이 땅에서 이룰 수 있게 될 것입니다. 그렇게 될 때 주의 뜻이 무엇인지 알고 행할 수 있는 것입니다.

그런데 우리에게 염려되는 것이 한 가지 있습니다. 그것은 '어떻게 주의 뜻을 알 수 있으며, 어떻게 주의 뜻을 확인할 수 있는가' 하는 것입니다. 무척 중요한 문제인데 우선 조지 뮬러의 경우를 살펴봅시다.

조지 뮬러는 1800년대 영국에 살았던 고아원 원장입니다. 조그만 교회를 맡은 적도 있었는데 정선(精選)된 목사는 아니었지만 항상 하나님의 뜻을 철저히 실행하는 사람이었습니다. 그는 누가 시켜서 고아원을 한 것이 아닙니다. 집도 없이 굶주리고 있는 고아들의 모습을 보고 민망히 여겨 자기 집에서 돌보던 중 점점 고아들이 많아져 집을 마련하고 계속 확장하다 보니 고아원이 되었습니다. 이러다 보니 물질적으로도 어려움이 많았습니다. 하지만 모금운동은 전혀 하지 않고 오직 기도만 하면서 기적으로 몇 백 명의 아이들을 키울 수 있었습니다. 매일 어디서 일용할 양식이 들어오는지 알 수 없었지만 아무튼 기도의 응답으로 모든 것이 채워졌습니다.

어느 날 아침 식사 시간, 고아원에 먹을 것이 다 떨어지고 아무것도 없었습니다. 그래서 빈 식탁 앞에 앉아 "주여! 아직까지 보내주시지 않았지만 주실 줄 알고 감사함으로 기도드립니다"라고 기도했습니다. 바로 그때, 밖에서 큰 화재가 발생했는데 불이 난 곳은 빵 만드는 공장이었습니다. 다행히 불은 쉽게 껐지만 빵은 팔수 없게 되었습니다. 공장 주인이 그 빵을 전부 고아들에게 나눠주어 충분히 먹을 수 있었습니다. 이렇듯 하나님의 능력은 한이 없으십니다. 그러므로 하나님이 이 문제는 해결할 수 없으리라, 저 문제는 해결하지 못하리라는 어리석은 생각은 하지 말고 모든 문제를 하나님께 맡기고 하나님의 해결을 기대해야 합니다.

그렇다면 조지 뮬러가 하나님의 뜻을 알 수 있었던 방법은 무엇이었습니까? 첫째는 나의 뜻, 나의 마음이 전혀 없는 상태가 되어야 합니다. 대개 나의 뜻이 어떠하든지 주의 뜻대로 살기로 결정만 하면 열 문제 중 아홉 문제는 해결할 수 있습니다. 예수께서 자기를 비우신 것처럼 우리도 자기를 비운 후 주께서 무엇을 원하시든지 무엇을 하게 하시든지 기다리는 상태가 되도록 기도로 준비해야 합니다.

둘째는 기도할 때 느낀 바나 받은 인상에만 의지하지 말고 성경을 읽으면서 성령의 뜻을 분별하여야 합니다. 만약 우리가 느낀 바에만 의지하게 되면 마귀의 미혹을 받기가 쉽습니다. 그리고 성경 없이 성령께서 인도하시거나 성령 없이 성경을 이해할 수도 없으므로 성경을 통하여 성령께서 우리를 인도하시도록 기도해야합니다.

셋째는 주어진 환경을 통한 하나님의 섭리를 발견하도록 하는 것입니다. 하나님께서 우리에게 허락하신 환경에는 반드시 어떤 이유가 있을 것으로 믿을 때, 주어진 환경을 고려하여 하나님의 뜻을 깨닫고 이해할 수 있습니다.

이렇게 자기의 뜻과 마음을 비우고 하나님의 말씀을 깊이 연구하고 주어진 환경을 돌아본 다음, 나의 능력과 지식을 모아 조용하고 신중한 판단을 하게 됩니다. 그래서 마음에 평화가 있으면 두서너 번 더 기도하고, 그래도 계속하여 평화가 임하면 주의 뜻인 줄 믿고 그대로 행합니다. 조지 뮬러는 작은 일이건 큰일이건 모든 일에 이 방법대로 기도하며 살았는데, 그는 생애에 잘못 행한 것이 하나도 없었으며 하나님께서 그를 위해 놀라운 일을 많이 행하셨습니다.

후에 조지 뮬러의 영향을 많이 받은 사람이 허드슨 테일러입니다. 그는 '하나님 일을, 하나님의 뜻대로, 하나님의 때에, 하나님의 방법대로 하면 언제든지 하나님의 도우심을 받을 수 있다'고 생각하여 그가 주창한 내지(內地)선교회는 다른 선교회와는 달리 전혀 모금운동을 하지 않았습니다. 선교회가 하는 일이 하나님의 일이고, 하나님이 원하시는 때에 하나님의 방법대로 일한다면 하나님께서 재정문제도 친히 해결해 주신다고 믿고 개인별로 모금 운동 하는 일을 일절 금했던 것입니다. 지금까지 여러 나라에서 그의 선교회가 좋은 활동을 많이 하고 있습니다.

다음에 설명하는 것은 '예수전도단'(Youth with a Mission)의 지도자인 조이 도우슨(Joy Dawson) 여사가 하나님의 뜻을 분별하는 방법입니다. 그는 미국 순복음교회의 신자로서 특히 기도에 대하여 좋은 가르침을 준 귀한 자매입니다. 그의 책《일이 잘 안 될 때》(When Things Go Wrong)에 소개된 열 단계의 기도는 모든 일이 복잡하게 되고 아무것도 나의 뜻대로 되지 않을 때, 때때로 심한 억울함을 당하고 모든 일이 실패할 때 어떻게 해야 하는지에 대하여 좋은 교훈을 줍니다.

그 첫째는 일단 하던 일을 그만두고 "주여! 이 문제를 통하여 나에게 무엇을 가르치려고 하십니까?"라고 주님께 묻는 것입니다. 그 다음에는 "당장 이 환경이 변하여 문제가 해결되는 것보다 이 일을 통하여 주께서 저에게 가르치고자 하시는 일을 배우기 원하오니 제가 가르침을 받을 때까지 이 일을 고치지 마옵소서"라고 고백합니다. 물론 어려움이 있을 때 이러한 기도를 드리기란 쉽지 않고, 환경이 나쁠 때 어서 편해지고 싶은 것이 인간의 당연한 심정입니다. 그러나 이번의 나쁜 환경을 통하여 주께서 가르치고자 하시는 일을 배워서 나중에 더 복잡한 일이 생기지 않도록 하겠다는 자세가 주님의 뜻을 배우기 원하는 자세라고 생각합니다.

셋째는 내가 주님의 뜻 가운데서 주님의 뜻을 알고 실행하는 중인지 살펴보아야 합니다. 우리 마음에 드는 일이 있으면 하나님께서도 좋아하실 줄 알고 하나님께 묻지도 않고 행동으로 옮길 때가 많은데 내 생각이 아무리 좋다고 할지라도 주께서 하라는 말씀이 없으면 그만두어야 합니다. 하나님께서 택하신 사람이 하나님께서 택하신 때에, 하나님께서 택하신 위치에서, 하나님께서 원하시는 마음상태가 되어 있을 때 하나님의 뜻을 이룰 수 있습니다(시 32:8). 그러므로 우리에게 올바른 태도가 있다면 우리는 하나님으로부터 가르침 받을 수 있습니다.

넷째는 아직 고백하지 않은 숨은 죄가 있는지 살펴보아 죄를 회개하여 자복하고 죄를 끊어 버려야 합니다(잠 28:13; 시 19:13). 정직한 사람이 되기를 원하면 숨은 죄가 없어야 합니다.

다섯째는 내가 하나님의 때를 알고 있는지 물어봐야 합니다. 우리의 성급함 때문에 주의 뜻이지만 실패하는 경우가 있는데 주를 바라고 기다려서 하나님의 올바른 때에 행해야 합니다(시 62:5; 사 64:4).

여섯째는 혹시 사탄이 만든 상황이 아닌지 살펴봐야 합니다. 만약 그렇다면 베드로전서 5장 8-9절의 말씀대로 사탄을 책망하고 대적해야 합니다. 주를 믿고 거듭난 사람이라면 누구든지 사탄을 이길 권세가 있으니 예수의 이름으로 사탄과 대적할 수 있습니다.

일곱째로 생각해야 할 것은, 비록 지금은 어렵고 복잡한 상태지만 이것을 통하여 하나님께서 영광을 받으시고 자신도 더 큰 연단을 받아 좀더 훌륭한 상태가 될 것이기에 범사에 감사하며 항상 기뻐해야 합니다(빌 4:4). 이 문제가 어떤 식으로 해결될지도 모르고 모든 것이 내 생각과 어긋나고 고통스럽고 어려움이 많지만 "그래도 할렐루야! 그래도 감사합니다" 하면서 주님을 찬미하는 것입니다. 어떻게 하면 이러한 태도가 나올 수 있겠습니까? 성령의 충분함을 받아서 희락의 열매를 맺으면 어떠한 슬픔도 이길 수 있는 영적인 기쁨과 마음의 기쁨을 누릴 수 있습니다.

여덟째는 현재 내가 하는 일이 누구의 영광을 위한 것인지 물어보는 것입니다. 내가 하는 일이 혹시 남에게 보이기 위한 것은 아닌지, 다른 사람이 나를 인정하지 않아도 지금과 똑같이 행동할 수 있는지, 그리고 오직 하나님의 영광만을 생각하는 것인지 자기 마음을 스스로 살펴보는 것입니다.

아홉째로 기도해야 할 것은, 지금 내가 하는 일이 예수 그리스도를 의지하여 그분의 힘으로 하는지, 아니면 내 힘만으로 하는지 하는 점입니다. 복잡하고 어려운 상태가 나타날 때, 물론 우리 스스로 그렇게 만드는 경우도 있지만, 만약 하나님께서 우리에게 욥과 같이 견고한 믿음으로 키워 주시고자 허락하신 일이라면 분명하고 철저하게 주를 의지하여 아무런 염려도 없는 평화의 상태, 즉 믿음의 안식에 들어가야 합니다. 믿음이란 우리가 튼튼한 의자에 몸을 기대듯이 의지적으로 예수께 의지하여 우리가 스스로 할 수 없는 것을 예수께서 우리를 통하여 친히 이루실 것을 믿고 맡기는 것입니다. 그러므로 로마서 14장 23절의 말씀과 같이 좋은 일이든지 나쁜 일이든지 무슨 일이나 주의 뜻인 줄 알고 주를 의지하여 믿는 마음으로 하지 않으면 죄가 됩니다.

그러나 주의할 것은 마귀가 우리에게 나쁜 일을 하도록 유혹할 뿐만 아니라 하나님을 신실하게 의지하는 사람들을 미혹하기 위해 좋은 일로도 다가온다는 사실입니다. 예를 하나 들어 보겠습니다. 어느 날 어떤 미국 농부가 환상을 보았는데 하늘에 크고 빛나는 글

자로 '피시'(PC)라고 쓰여 있었습니다. 농부는 목사님을 찾아가서 그 사실을 알리고 하나님께서 자기에게 예수를 전하라고 했으니 (Preach Christ) 농사는 그만두고 목사가 되어야겠다고 했습니다. 그러자 목사님이 "형제님, 당신이 환상을 본 것은 사실이지만 그것은 목사가 되라는 뜻이 아니라 'Pop Corn', 즉 계속해서 옥수수농사를 지으라는 뜻입니다"라고 말해 주었습니다. 이 말을 옳게 여긴 농부는 농사짓는 것이 하나님의 뜻인 줄 알고 기쁜 마음으로 돌아가 계속 자기의 사명을 잘 감당하게 되었다고 합니다.

이처럼 마귀는 우리로 하여금 인간적인 입장에서 판단하여 자기에게 더 좋게 생각되는 일을 하게 하지만 그러한 올무에 빠지지 않도록 주의해야 합니다. 주께서 나를 택하신 뜻이 무엇이든지, 비록 다른 사람들보다 못할지라도, 그것이 하나님의 입장에서는 가장 좋은 뜻인 줄 알고 충성하는 것이 중요한 것입니다.

이렇게 여러모로 살펴보아도 문제가 해결되지 않으면, 마지막으로 이것이 혹 다른 사람이 해야 할 일인데 내가 맡고 있는 것은 아닌지 살펴보아야 합니다. 특히 교회 지도자들 가운데 욕심이 많고 다른 사람을 신뢰하지 못하여 남에게 맡기지 않고 자기 혼자서 다 하려고 하다가 실패하는 분들이 많습니다. 다른 사람에게 일을 맡기는 것은 참으로 중요합니다. 그러므로 분명히 하나님의 뜻임을 알고 믿음으로 충성을 다함에도 불구하고 여전히 문제가 풀리지 않으면 내 책임의 한 부분을 다른 사람에게 양보해야 함을 깨달아야 할 것입니다. 중요한 것은 하나님의 선하시고 기뻐하시고 온전하신 뜻이 무엇인지 분별해서 그 일을 이루는 것입니다. 예수 그리스도께서 육신이 되신 것은 자신의 유익을 위해서나 자신의 영광을 구하기 위해서가 아니었습니다. 우리는 한 개인으로뿐만 아니라 그리스도의 한 몸으로서 하나님의 뜻이 이 땅에 이루어질 수 있도록 자신의 몸을 거룩한 산 제사로 드릴 수 있어야겠습니다.

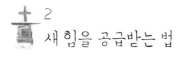

2 새 힘을 공급받는 법

여기서 다루고자 하는 주제는 '태워 버림', 즉 신앙생활 중에 우리의 힘이 소모될 때 어떻게 대처할 수 있는지 하는 문제입니다. 얼마 전에 한 형제로부터 편지를 받았는데 자신이 늘 두려워하는 것은 어떻게 하면 힘을 잃지 않고 예수원에서 계속 일할 수 있는지, 다시 말해서 힘이 빠졌을 때 어떻게 새 힘을 공급받으며 기쁨으로 일할 수 있는지에 대한 질문이었습니다. 그 형제는 아주 활발하고 적극적인 사람이었습니다. 그렇다면 어떻게 하면 흥미로운 상태로 계속 일할 수 있을까요?

일반적으로 사람들은 처음 주의 일을 시작할 때는 흥미롭고 활발하게 일하지만 갈수록 피곤해하며 지루해하다가 마침내 그만둡니다. 또 어떤 사람들은 처음에 너무 빨리 일하다가 피곤하여 쓰러지는 경우도 있습니다.

이사야 40장 31절에 "오직 여호와를 앙망하는 자는 새 힘을 얻으리니 독수리의 날개치며 올라감 같을 것이요 달음박질하여도 곤비치 아니하겠고 걸어가도 피곤치 아니하리로다"라는 말씀이 있습니다. 달음박질이나 독수리의 날개로 날아다니는 것은 비교적 재미가 있고 쉽지만 순간적일 뿐입니다. 걷는 것은 가장 어려운 일이며, 계속해서 걷는 것은 큰 인내를 요구합니다.

가나안을 향해 가는 길은 이스라엘 백성 가운데 스무 살 이상 된 사람들이 시작했지만, 그 가운데 두 사람 즉 갈렙과 여호수아만 약속의 땅에 들어갈 수 있었을 뿐 다른 사람들은 모두 광야에서 죽었습니다. 지도자인 모세와 아론도 약속의 땅에 들어가지 못했습니다. 다만 스무 살 미만인 사람들만 40년 동안의 광야생활을 다 이기고 마침내 성지에 들어갔습니다. 이와 같이 주를 의지하는 사람은 쓰러지지 않고 늘 새로운 힘을 공급받을 수 있습니다.

우리가 지금 다루는 주제인 '어떻게 하면 계속해서 새 힘을 공급받을 수 있는가'라는 문제의 비밀은 '주를 의지함'입니다. 주를 의지하는 것을 스가랴가 본 환상과 연관지어 생각해 봅시다.

사무실에 있는 연탄난로를 꺼뜨리지 않으려면 연탄이 다 타기 전에 새 연탄을 넣어야 하는 것처럼, 등(燈)이 꺼지지 않게 하기 위해서는 살아 있는 나무에서 기름을 들여와야 한다는 비유 말씀입니다(슥 4:2-3, 11-14). 감람나무에서는 제일 좋은 기름이 나옵니다. 이 나무가 살기 위해서는 뿌리가 땅 속에 들어가야 하고, 땅 속에 있는 모든 좋은 것, 그러니까 비타민이나 철분 등 여러 가지 성분을 빨아들여야 합니다. 나무가 양분을 흡수하려면 물이 꼭 필요한데 가뭄이 오든지 물이 부족하면 감람나무는 살지 못할 뿐 아니라 기름 역시 나오지 않게 됩니다. 나무뿌리를 통하여 들어가는 온갖 자양분이 기름으로 변하므로 기름이 뿌리로부터 들어간다고도 할 수 있습니다.

'나의 등불'이 다 타서 꺼지지 않게 하기 위해 필요한 것은 '성령과 성경'입니다. 시편 1편에서 '주의 율법을 항상 묵상하는 자는 물가에 심은 나무처럼 많은 열매를 맺는다'고 했듯이 주의 율법을 항상 묵상해야 합니다. 성령의 열매 중 오래 참음과 희락이 있는데 우리가 구별해야 할 것은 지금은 기쁘고 흥미가 많지만 내일이면 다 없어지는 것은 성령께서 주신 열매가 아니고, 자연적인 감정, 즉 심리적인 것이란 사실입니다. 사람이 예수를 처음 알 때는 자연히 흥미롭게 되지만 그 흥미가 쉽게 없어지기도 합니다. 그런데 성령께서 주신 열매인 기쁨, 희락, 충성, 오래 참음 등은 감람나무에서 기름이 계속 나오는 것처럼 우리 삶에 열매로 나타납니다.

열매 맺는 나무의 비유나 감람나무의 비유는 똑같은 뜻입니다. 계시록에도 한 나무에서 1년에 열두 가지 열매를 맺어 달마다 과일이 맺혔다는 기록이 있습니다.

[1]또 저가 수정같이 맑은 생명수의 강을 내게 보이니 하나님과 및 어린양의 보좌로부터 나서 [2]길 가운데로 흐르더라 강 좌우에 생명나무가 있어 열두 가지 실과를 맺히되 달마다 그 실과를 맺히고 그 나무 잎사귀들은 만국을 소

성하기 위하여 있더라(계 22:1-2).

1절은 성령에 대한 것이고, 2절은 성령의 열매에 대한 것입니다. 열두 가지 열매가 맺히되 달마다 다른 열매가 맺히는 것은 초자연적인 나무를 말합니다. 우리가 성령의 충분함을 받았다면 이처럼 열두 달 동안 계속해서 열매를 맺을 수 있는 상태가 될 것입니다. 새 힘을 끊임없이 공급받기 위해서는 주야로 주의 말씀을 '묵상' 해야 합니다. 성경을 읽지 않으면 묵상할 소재가 없습니다. 하루 종일 성경을 읽으면서 다닐 수는 없으므로 "주님, 제가 관심을 가지고 이 말씀을 이해하고 계속해서 생각할 수 있는 힘을 주소서"라고 기도해야 합니다.

제2차 세계대전 중에 제가 탄 배는 전쟁으로 위험한 상태에 놓여 있었습니다. 배 안에는 화학물이 가득 실려 있어서 폭탄에 맞기만 하면 모두 죽을 수밖에 없는 상황이었습니다. 우리 선원들은 매우 위험한 줄 알았지만 이 일 저 일로 바빠서 그 위험을 깊이 생각할 겨를조차 없었습니다. 그런데 그 배 안에 그냥 목적지까지 같이 가기만 하는 손님 두 사람이 있었는데 이 둘은 할 일이 없었으므로 위험이 닥칠 상황만 생각했습니다. 그들은 불안을 떨쳐 버리기 위해 성경을 편 채로 돌아다니면서 계속 성경만 보았습니다. 아마 성경을 보다가 죽으면 축복이 된다고 생각한 것 같습니다. 다른 선원들이 그들을 보며 "저 겁쟁이 크리스천들!"이라고 조롱하며 얼마나 웃었는지 모릅니다.

우리 신자들이 일생 동안 성경을 편 채로 돌아다닐 수는 없을 것입니다. 그러나 아침에 성경 몇 구절을 보고 하루 종일 그 말씀을 묵상할 수는 있습니다. 그리고 주의 뜻을 깊이 이해하기 위해 항상 연구하는 마음으로 '이렇게 하는 것이 주의 뜻일까' 하며 생각날 때마다 묵상하고, 기회가 있을 때마다 성경의 다른 구절을 찾아 이 구절 저 구절 비교하면서 연구하는 정신이 있으면 계속해서 묵상하는 상태에 들어갈 수 있습니다. 이렇듯 성령께서는 성경을 사용하시므로 우리는 묵상하는 가운데 계속해서 성령의 새로운 힘을 공급받을 수 있습니다.

둘째로 주를 의지하는 것은 무슨 문제가 생기든지 나를 아시는 주께서 이미 섭리로 결정하셔서 내 문제를 해결해 주시리라고 믿는 것입니다. 나의 문제는 다만 주의 뜻이 무엇인지 확인하는 것뿐입니다. 성경을 읽는 목적은 주의 뜻이 무엇인지 알기 위함이고, 주의 뜻이 무엇인지 알게 되면 참으로 주를 의지할 수 있게 됩니다. 새롭게 되기 위하여 주를 의지하는 것입니다. 무엇보다도 주님이 어떤 분인지 확실히 알아야 되는데, 주를 알기 위해서는 성경을 보면서 주의 사상이 무엇인지, 주의 뜻이 무엇인지 항상 더 깊이 깨닫기를 원하는 마음이 있어야 합니다.

많은 신자들이 주를 안다고 고백은 하지만 성경의 사고방식과는 아무 관계가 없는, 세속의 사고방식으로 주를 안다고 합니다. 일반 사회인들의 영향을 받아서 성경이나 성령의 인도하심을 받지 못하는 사람들이 교회 안에 많이 있습니다. 유교적인 전통이 강한 곳에서 특히 그러한 문제를 많이 볼 수 있습니다.

유교에서는 스승은 항상 정확하고 나는 잘 모른다고 생각하니다. 그러므로 내가 생각하는 것은 반드시 틀린 줄 알고 스승의 말을 들어야 한다고 여깁니다. 그래서인지 성경을 읽으면서도 선생의 해석을 받아야만 이해할 수 있다고 생각합니다. 따라서 많은 사람들이 여러 번 성경을 읽기는 하지만 무슨 내용인지 모릅니다. 그러나 성경은 "너희 중에 누구든지 지혜가 부족하거든 모든 사람에게 후히 주시고 꾸짖지 아니하시는 하나님께 구하라 그리하면 주시리라"(약 1:5), "사람이 하나님의 뜻을 행하려 하면 이 교훈이 하나님께로서 왔는지 내가 스스로 말함인지 알리라"(요 7:17)라고 했습니다. 우리는 이 두 구절을 항상 기억하여, 성경을 읽으면서 하나님의 생각이 무엇이며 하나님의 사고방식이 무엇인지 깨달을 수 있어야 합니다. 다른 사람들이 다 그렇지 않다고 해도 하나님께서 나에게 판단력을 주시므로 내가 나를 위하여 결정해야 합니다. 다른 사람들도 한 몸의 지체이므로 그들을 존경하고 인정하며 그 말을 깊이 생각해야 하지만 아무래도 그대로 따를 수 없다고 생각되면 하나님께서 나에게 보여 주신 대로 나아가야 합니다. 무조건 하나님의 뜻에 순종하는 사람이 되어야 합니다.

아름다운 예배를 드리고 십일조를 바치고 열심히 교회일을 하는 신자들 중에도 주님께 순종하고자 하는 마음이 없는 것을 볼 수 있습니다. 주의 뜻이 무엇인지 생각지 않고 복종할 줄도 모릅니다. 그러나 하나님은 제사보다 순종하는 것을 더 원하십니다(삼상 15:22). 그러므로 매일 성경을 읽고, 기도생활을 해야 합니다.

특히 각 사람은 자신을 위하여 어떠한 기도생활을 해야 할지 스스로 결정해야 합니다. 기도에는 '중보기도'와 '찬미기도' '감사기도 '간구기도' 등이 있는데 어떤 기도를 해야 하는지 잘 모를 때는 방언으로 기도할 수도 있습니다. 중요한 것은 시간을 정해서 매일 규칙적으로 드리는 것입니다. 그리고 힘이 닿는 대로 교제시간, 봉사시간, 섬김시간을 가져야 합니다. 매일 예배시간을 갖지 못하더라도 주일예배나 혹은 교회의 정기적인 모임에 참석해야 하는데, 할 수만 있다면 예수원에서처럼 하루에 세 번 예배를 드리는 것이 좋습니다. 먹고, 운동하고, 일하면 배설도 해야 하는 것처럼 고백시간(회개)도 있어야 합니다. 각 사람은 이런 방법을 실험해 보고, 자신에게 해당되는 것이 무엇인지 알아야 합니다.

저도 신부로서 딱딱한 규칙에 얽매이는 것이 때로는 지루해서 어떤 것은 하고 싶은 마음이 전혀 없을 때가 있지만, (오래 전에 내가 들은 음성은) 광야를 통과하기 위해서는 주저앉으면 안 된다는 것이었습니다. 아무리 피곤해도 앞으로 앞으로 계속 나아가야만 광야를 통과할 수 있습니다. 흥미가 있든지 없든지 규칙을 정해서 그대로 무조건 밀고 나가야 합니다. 만약 우리의 신앙생활이 늘 흥미진진하기만 하다면 따로 규칙이 필요 없겠지만, 흥미가 없을 때는 규칙이 없으면 도무지 일이 안 됩니다. 모든 신자들에게는 광야생활과 같을 때가 있습니다. 예로부터 전해 내려온 전례를 보아도 그렇습니다. 모세, 엘리야, 예수님, 바울…… 광야 체험이 없는 사람이 거의 없습니다.

제가 신부로서 행하는 규칙은 매일 조도(朝禱)·대도(代禱)·만도(晚禱)를 드리는 것입니다. 예수원에 있을 때는 조도·대도·만도를 드리고(물론 만도 대신 다른 예배가 있으면 그것을 대신합니다) 여행할 때도 조도 · 만도를 그대로 드립니다. 제 성경에는 조도와 만도를 드리기 위한 준비가 다 되어 있습니다. 날짜대로 시편을 보는 기록과 성모송가(마리아의 찬가, 눅 1:46-56), 성 사가리아송가(사가랴의 예언, 눅 1:68-79)를 표시해 둔 작은 기도문이 성경 안에 있어서 여행할 때도 언제든지 조도와 만도를 드릴 수 있습니다. 조도와 만도를 드릴 때 아침에 성경 두 장과 저녁에 두 장, 그리고 시편 몇 편을 보는데 미국에 있을 때도 그와 똑같이 했습니다. 때때로 한 장을 다 읽으면 소화가 되지 않아 잘 이해하기 위해서 몇 구절만 천천히 읽는 경우도 있습니다. 예수원의 가족들보다 뒤떨어진 적도 있지만 빠짐없이 행했습니다.

대도의 경우, 예수원에 있을 때는 30분간 공동대도에 참여하고 사무실에서 다시 1시간 동안 개인대도를 합니다. 여행할 때도 할 수만 있으면 매일 1시간씩 기도하는데, 바쁠 때는 지하철을 타면서도 여기서 10분, 저기서 10분씩 합니다. 그나마 기차를 탈 때는 조금씩 나눠 하더라도 하루에 다 끝내도록 노력하지만, 개인 차를 타게 되어 사적인 이야기를 주고받느라고 시간을 마련하지 못할 때는 조금 단축해서 빠진 것은 다음 날 하도록 합니다. 만약 다른 시간에도 하지 못하면 취침 전에 단축해서 하기도 합니다. 어떤 때는 꽉 찬 스케줄 때문에 15분 정도밖에 못 하지만 남은 시간을 잘 활용해서 합니다. 40분 정도 대도한 뒤 20분은 노트에 하나님께 편지를 쓰며 생각 중에 떠오른 하나님의 답서도 씁니다. "얘, 바보 같은 소리 하지 말아라" 하는 식으로 하나님께서 나를 책망하시는 말씀도 씁니다.

하나님과 대화하는 것으로만 그치고 성경을 보지 않으면 하나님이 나 스스로 만든 하나님이 되기 쉬우며, 나 자신을 속이는 사람이 될 수도 있습니다. 성경에는 자기 형제를 사랑하지 못하면서 보지 못하는 하나님을 사랑한다고 하면 스스로 속이는 사람이라고 했습니다. 항상 성경을 통하여 하나님에 대한 나의 잘못된 생각을 고쳐야 합니다. 또 형제·자매와 교제하면서 나의 사상이 틀리면 고침을 받고 항상 가르침을 받을 수 있어야 합니다.

예배시간, 교제시간, 섬김시간, 기도시간, 성경 읽기 시간, 고백시간, 남에게 나눠 주는 시간, 전도시간들을 규칙적으로 지키게 되면 영적인 생활을 유지할 수 있습니다. 또 이 시간은 성령께서 항상 사용하시는 것이기도 합니다. 성령의 교제, 성령의 지혜, 성령의 친히 역사하심을 통하여 행해 나가면 나갈수록 더 흥미롭고, 더욱 놀라운 사실들을 깨달으며, 더 기쁜 생활을 할 수 있을 것입니다.

어떤 사람들은 이러한 규칙은 잘 지키는데 성령세례를 받지 못해서 방언기도를 하지 못하고 모든 것을 자기 힘으로만 하기도 합니다. 그 결과 곧 피곤하게 되어 힘이 다 소모되기 쉬운데 자기 힘으로 하면 메마르고 딱딱하게 되기 쉽습니다. 감람나무가 살아 있는 것은 성령께서 활발하게 활동하시는 표시입니다. 누구든지 방언을 하지 못하면 말라 버린 것과 같다고 말하고 싶지는 않습니다. 제가 아는 신자 중에 방언은 하지 못하지만 주 안에서 성장하고 아름다운 열매를 맺는 신자들도 많이 있습니다. 그런데 그들의 생활과 나의 생활을 비교해 볼 때, 그들에게는 조금 무거운 점이 있는 것 같아 제 생활이 더 흥미롭고 재미가 있다고 생각합니다. 이렇게 하면 40년 동안을 신앙생활을 해도 피곤하지 않고 피곤한 문제라도 하나님께서 판단력을 주셔서 "네가 하라!" 하면 그분이 힘을 주실 줄 알고 계속 추진할 수 있습니다. 그런데 "하지 말라"는 일을 자기 고집대로 밀고 나간다면 얼마 안 있어 곧 피곤해지고 결국 힘이 다 빠질 것입니다. 자기를 의지하거나 자기를 안다고 생각해서 게으르게 되든지 혹은 지나치게 열심을 내든지 하면 다 실패합니다. 그러나 주를 의지하여 주의 목소리를 듣고 주께서 명령하신 대로 하면 알맞은 힘을 주셔서 갈수록 새롭게 됩니다.

월드선교회를 설립하신 렌 존스(Len Johnes) 박사의 기도제목 중 한 가지는 "주여, 오늘 기적을 보여 주십시오"라는 것입니다. 그는 아침마다 하루를 시작할 때 이 기도를 해 왔는데, 저도 여러 해 동안 같은 기도를 해 오고 있습니다. 이 기도를 한 다음에 어제 혹 기적이 있었는지 주님께 물어보고 어제 있었던 일을 살펴볼 때, 큰 기적은 아니지만 하나님께서 친히 역사하시지 않았다면 결코 생기지 않았을 이런저런 일이 많이 있었음을 발견합니다. 하나님께서 섭리하지 않았다면 그러한 일은 생기지 않았을 것입니다. 대개 8-10가지 정도 성령을 통하여 예수께서 친히 역사하신 것을 볼 수 있습니다. 예를 들어, 특별한 주의 섭리와 주의 도우심이 없었다면 시간표가 딱 들어맞을 수가 없습니다. 언제든지 낭비하는 시간이 있습니다.

미국에는 '머피의 법칙'(Murphy's Law)이란 말이 있는데, 그것은 어떤 일을 할 때 잘못될 경우를 연상하면 항상 일을 그르치게 된다는 것입니다. 일반생활에서도, 틀린 점이 있겠다고 생각하면 반드시 틀리게 되는 머피의 법칙을 종종 체험하게 됩니다. 시간이 맞지 않아서 만나야 할 사람을 만나지 못하거나 재료가 부족해서 하고 싶은 일을 못 하는 등, 여러모로 억울함을 당하는 것이 다반사입니다. 또 기도하지 않은 날은 몇 가지 잘못된 점이 생기게 됩니다. 그렇지만 하나님께서 다스리실 때는 억울함도 잃어버린 것도 없게 되며, 사람을 만날 때도 시간이 정확히 맞는 것을 볼 수 있습니다.

최근에 서울에서 경험한 일입니다. 은행에서 볼일을 보고 나왔는데 한 가지 잊어버린 일이 있어 다시 은행에 가서 일을 보고 택시로 실로암병원까지 갔습니다. 약속 시간에 늦어 상대방이 많이 기다리면 어쩌나 염려했는데, 그곳에서 만나기로 되어 있던 사람이 제가 도착할 시간에 도착했습니다. 또 한 번은 대전에 가야 하는데 심부름할 일이 있어서 비록 시간은 없지만 하나님께서 시키시는 일인 줄 알고 택시를 타고 일을 보러 갔는데 뜻밖에 5분 만에 일이 끝나 오히려 기차를 2–3분 여유 있게 탈 수 있었습니다.

태백에서 청량리에 갈 때는 30분 일찍 승차하여 취침하는 것을 허락하시지만 다른 기차를 탈 때는 1–2분밖에 여유가 없습니다. (대천덕 신부는 서울 출장 시 태백에서 11시 30분에 출발하는 청량리행 기차를 탔다. 그 기차에는 침대칸이 있어 그곳에서 잠을 자면 서울에 도착하자마자 일을 할 수 있었기 때문이다. "30분 일찍 승차하여 취침하는 것을 허락하셨다"는 말은 대기해 놓은 기차에 밤 11시쯤 탑승하여 조금 일찍부터 잠을 잘 수 있었다는 말이다. – 편집자 주) 하루 종일 복잡한 일이 많지만 아침에 기도할 때 주께서 이렇게 저렇게 하라고 순서를 주시는 대로 일을 하면 일이 끝나자마자 다음 일을 하고, 또 그 다음 일을 해서 시간을 낭비하는 일이 없게 됩니다. 그것이 바로 기적이 아닌가 생각합니다.

지나치게 바쁘거나 기차를 놓칠 경우에는 대개 저에게 잘못이 있음을 발견합니다. 순종하지 않아서 때때로 그러한 일이 생기기도 하지만, 시간을 잊어서 차를 타기 위해 뛰어가야 한다면 분명히 제가 잘못한 줄 압니다. 천천히 걸어 다니면서 주의 일을 충분히 할 수 있는 것이 원칙입니다. 정신이 없거나 심장마비를 일으킬 염려도 없는 그것이 바로 기적이라고 생각합니다. 매일 여러 가지 기적을 보니 얼마나 기분이 좋은지 항상 오늘도 기적이 있으리란 기대를 가지고 그날의 일을 시작합니다.

저는 평범한 일상생활을 보내다가도 여러 사람이 모인 즐거운 자리에 쉽게 잘 적응합니다. 왜냐하면 하나님의 놀라운 일이 너무 많아서 생각만 하면 금방 기쁨이 쏟아지기 때문입니다. 손뼉치고 춤추며 언제든지 흥미롭게 예배를 바칠 수 있습니다. 많은 흥미로운 일로 마음이 항상 준비된 상태입니다. 희락이 나타나지 않을 때도 있지만 대부분은 항상 가득 찬 상태라서 뚜껑을 열기만 하면 희락이 나옵니다. 이것은 자연적인 일도 심리적인 일도 아닌 성령의 초자연적 역사입니다.

모세가 120년을 살면서도 힘이 빠지지 않을 수 있었던 것은 하나님께 순종했기 때문입니다. 모세는 '태워 버림'(영적인 힘이 소모되어 버린 것)은 당하지 않았지만, 한 번 시험에 빠진 적이 있습니다. 이스라엘 백성이 너무나 순종하기 싫어해서 모세도 하나님의 음성을 한순간 잊어버리고 불순종한 적이 있습니다. 모세가 바로 회개하였지만 모든 사람의 모본이 되어야 한다고 하나님은 모세에게 화를 내셨습니다(신 1:37). 모세 역시 피곤할 때도 있었습니다. 모세는 성령의 외적 역사밖에 체험하지 못했지만 하나님의 음성을 항상 듣고 있었습니다. 죽을 때까지 힘 있는 생활을 하던 모세는 때가 되어 하나님께서 "너는 곧 죽게 될 것이다"라고 말씀하신 뒤 곧 부르심을 받았습니다.

제 아버지도 잃어버린 한쪽 팔에 평생 동안 끊임없이 통증이 있었지만 성령의 능력으로 여든네 살까지 힘 있고 즐거운 생활을 하셨습니다. 어느 날, 제 어머니가 오실 때까지 문 옆에서 기다리고 있는데 의사가 와서 "어떻습니까?" 하고 묻자 "아, 오늘만큼 좋은 적이 없습니다"라고 대답하시고는 그냥 그 자리에서 쓰러져 곧 돌아가셨습니다. 그것이 마지막 말씀이었습니다. 의사가 말하기를, 쓰러지기 전에 이미 사망하셨다고 했습니다. 하나님은 끝까지 힘을 주시다가, 갈 때는 그냥 "집으로 오라"라고 하십니다.

때때로 취침할 때 "나는 본향으로 갈 때가 됐어" 하면 "아냐, 그런 말 하지 마. 아직 너는 건강하니까 괜찮아"라고 하지만 아침에 일어나지 못하는 경우가 있습니다. 주의 부르심이 있기까지 물질적으로나 영적으로, 육체적으로 끝까지 건강한 생활을 하며 항상 새롭게 되는 것을 하나님께서 원하시며, 그것이 우리를 향한 주의 뜻인 줄 압니다.

3
헌신하는 생활

'consecrate'라는 영어 단어를 한국말로 간단하게 번역하기는 매우 어렵습니다. '거룩하게 되었다'는 뜻도 있고 '바친다'는 뜻도 있습니다. 하나님께 어떤 것을 바치고 나서 이제부터 이것은 구별된 물건이다, 아무나 함부로 사용할 수 없다고 할 때 보통 이 말을 사용합니다. '축성한다'는 말로 표현하기도 합니다. 이미 축성된 것은 다른 용도로 사용하지 못하며, 거룩하게만 사용되어야 합니다. 헌신하는 생활에 대해 살펴보는 것은 '내 생활이 주께 완전히 바쳐진 것인지 아닌지 살펴보는 것과 관계가 있습니다. 먼저 고린도전서 1장 2절을 봅시다.

고린도에 있는 하나님의 교회 곧 그리스도 예수 안에서
거룩하여지고 성도라 부르심을 입은 자들과 또 각처에서

우리의 주 곧 저희와 우리의 주 되신 예수 그리스도의 이
름을 부르는 모든 자들에게.

예수의 이름을 부르는 자들은 예수의 이름으로 말미암아 거룩하
게 되었다고 했습니다. 누구든지 예수의 이름을 부르기만 하면 그
때부터 그는 거룩한 사람이 되는 것입니다. 또 고린도전서 1장 4절
을 보면, 바울이 항상 고린도 교회를 위하여 감사하는 것은 그 교
회가 은혜를 많이 받았기 때문이라고 했습니다.

고린도 교회는 나쁜 교회가 아니었습니다. 5절을 보면, 이 교회
는 지식으로 충분하게 된 교회인 것을 알 수 있습니다. 간증도 잘
하고 복음도 잘 전하는 교회였습니다. 방언과 예언과 지식의 말씀
과 지혜의 말씀이 있었고, 모든 말하는 것, 즉 구변이 뛰어난 교회
였습니다. 교리적인 것인지 하나님을 아는 생활에 대한 것인지는
잘 나타나지 않지만 지식도 많았습니다.

1장 6절을 보면, "그리스도의 증거가 너희 중에 견고케 되어"라
고 합니다. 그리스도의 증거가 교회 안에서 확실하게 되었다는 확
인을 받았습니다. 고린도 교회를 보면 그리스도에 대해 증거하는
말이 참된 것인 줄을 알 수 있습니다. 증거가 이론으로만 끝난 것
이 아니라 실제로 나타났다는 것입니다.

7절을 볼 때, 성령의 은사에도 부족함이 없었습니다. 고린도전
서 12장에는 9가지 은사에 대한 설명이 나옵니다. 독신의 은사도
나오는데 독신의 은사는 열 번째 은사입니다. 고린도 교회는 어떤
은사도 부족하지 않았습니다. 현대 교회 중에서 이와 같은 교회를

찾기 힘들 정도입니다. 이론이 필요 없고 다툴 필요도 없는 교회입니다. "교회에 와서 보시오. 와서 보면 우리가 하는 말이 모두 진리인 줄 알 수 있습니다"라고 말할 수 있는 교회였습니다. 오늘날 이런 교회를 찾기가 쉬울까요?

그리고 고린도 교회는 예수 그리스도의 재림을 간절히 기다리는 중이었습니다. 그리스도의 계시라는 말이 나오는데, 이 계시라는 말의 또 다른 뜻은 '재림'입니다. 재림 시에 계시가 나온다는 것입니다. 누구나 볼 수 있게 드러난다는 말입니다. 이런 것들을 살펴볼 때 고린도 교회는 아주 훌륭한 교회일 수밖에 없습니다.

그런데 이런 훌륭한 교회 안에 문제가 있었습니다. 고린도전서 2-6장에 걸쳐서 그 문제가 나옵니다. 은사도 많고 지식도 많은 만큼 문제 또한 많았습니다. 바울은 이 문제에 대해서 아주 신랄하게 다루고 있습니다. 교회가 훌륭하고 은혜를 많이 받았는데도 왜 이런 문제들이 생겨났을까요? 그 이유는 '육체로' 살았기 때문입니다. '육체로 살았다'는 것은 세속적이고 이기적인 태도로 살았음을 말합니다.

사실 고린도 교회에는 어느 은사가 더 좋은지를 놓고 다툼이 있었습니다. 방언하는 사람은 방언의 은사가 제일 좋다고 했고, 예언하는 사람은 예언의 은사가 더 좋다고 했고, 병 고치는 사람은 병 고치는 은사가 최고라고 했습니다. 그래서 은사를 가지고 경쟁하는 태도가 있었습니다. 하지만 하나님은 어느 은사는 중요하고 어느 은사는 중요하지 않다고 말씀하지 않으셨습니다.

고린도 교회 안에 자아중심주의(self-centeredness)가 강했기 때문에 이런 문제가 생긴 것입니다. 자아중심주의는 육체주의 혹은 개인주의라고도 볼 수 있습니다. 사람은 다 육체를 가지고 있기 때문에 구별이 생기게 됩니다. 자꾸 나와 너의 구별이 생겨서 다른 사람은 그르고 자기만 옳다고 주장합니다. 이것은 육체주의에서 나온 태도입니다.

성경에서 육체라는 말은 반드시 몸과만 관련한 것이 아니라 정신과도 관련하여 사용됩니다. 성경에서 자아중심주의나 개인주의라는 말을 육체라는 말로 표현하는 이유가 여기에 있습니다. 우리는 성경에 표현된 육체라는 말의 의미를 깊이 깨달아야 합니다.

성령의 능력이 있으면서도 신자의 생활 중에 자아주의나 개인주의가 있을 수 있습니다. 고린도 교회는 성령의 능력을 가지고 있으면서도 육신을 따라갔습니다. 나는 아볼로파다, 나는 바울파다, 나는 베드로파다 하면서 파당을 만들었습니다. 이것을 본 바울은 "나는 그리스도에 속한 자다. 나는 어느 파에도 속하지 않았다"라고 했습니다.

현대 교회에서도 어떤 이들은 그리스도에게 속한 자라고 하면서 '그리스도파'(Christian Church)라는 또 다른 파당을 만들었습니다. 동일한 그리스도를 믿는 다른 교회를 인정하지 않으면서 어떻게 그리스도파라고 할 수 있는지 모르겠습니다. 그들은 교회가 하나 되도록 노력은 했지만 결국 또 하나의 파당으로 남게 되었습니다. 방법이 잘못되었기 때문입니다.

고린도 교회 안에 세상의 지혜를 강조하고 사람을 바라보는 일이 있었습니다. 고린도전서 3장을 보면, 그들에게 아주 좋지 못한 태도와 인간적인 일이 많음을 알 수 있습니다. 5장에는 아주 부정한 행동도 나옵니다. 6장에는 서로 고소하고 신뢰하지 않는 일이 나옵니다. 세속의 재판관 앞에 가서 신자끼리 서로 고소했습니다. 그러나 이런 것에 대해서 교회가 무관심했습니다. 11장을 보면, 주의 만찬에 관한 이야기가 나옵니다. 그들은 만찬을 함께 나누지 않았습니다. 돈이 많고 일이 별로 없는 사람들이 일찍 와서 성찬을 다 먹어 버려서 돈 없고 일 많은 가난한 노동자들이 올 즈음에는 먹을 것이 하나도 없었습니다. 뿐만 아니라 만찬 때에 술 취한 사람까지 있었습니다. 이와 같은 교회가 어떻게 하나님께 영광을 돌릴 수 있겠습니까?

어쩌다가 교회가 이렇게 되었습니까? 그 원인이 무엇입니까? 교인들에게, 자기를 주께 바쳐서 거룩하게 하고자 하는 결심이 없었기 때문입니다. 자기를 부인하고 하나님의 뜻을 위하여 살기로 결정하지 않았기 때문입니다. 각자가 자기 하고 싶은 대로만 했습니다. 생활 속에서 십자가를 지는 정신이 없었습니다.

십자가의 의미가 무엇입니까? '자기가 죽어야 한다'는 것입니다. 현대 교회에 축복이나 은혜라는 말은 많지만 십자가에 대한 말은 의외로 부족함을 느낍니다. 입으로는 십자가를 통하여 구원받았다고 자랑하지만 십자가 지는 생활은 싫어합니다. 빌립보서 3장 8-11절을 보면, 빌립보 교회에도 이런 문제가 있었습니다.

> 또한 모든 것을 해로 여김은 내 주 그리스도 예수를 아는
> 지식이 가장 고상함을 인함이라 내가 그를 위하여 모든

것을 잃어버리고 배설물로 여김은 그리스도를 얻고 그 안
에서 발견되려 함이니 내가 가진 의는 율법에서 난 것이
아니요 오직 그리스도를 믿음으로 말미암은 것이니 곧 믿
음으로 하나님께로서 난 의라 내가 그리스도와 그 부활의
권능과 그 고난에 참예함을 알려 하여 그의 죽으심을 본
받아 어찌하든지 죽은 자 가운데서 부활에 이르려 하노
니.

바울은 모든 것을 버리고, 모든 것을 쓰레기로 여겼습니다. 그
대신 그는 그리스도 안에서 모든 것을 다시 찾기 원했습니다. 그는
그리스도를 알고 그 부활의 능력을 알아 그 고난에 참여하고 싶다
고 했습니다. 그리스도의 죽음에 참여하면 그리스도의 부활에도
참여할 수 있게 됩니다.

그런데 18절을 보면, "내가 여러 번 너희에게 말하였거니와 이
제도 눈물을 흘리며 말하노니 여러 사람들이 그리스도 십자가의
원수로 행하느니라"라고 했습니다. 바울의 고백대로 어떤 사람들
은 그리스도의 십자가의 원수가 되었습니다. 왜 그렇습니까? 자기
의 것만 생각하기 때문입니다. 하나님을 자기 욕심을 이루기 위한
수단으로 생각했기 때문입니다. 하나님을 믿는다고 하면서도 실제
로는 자기의 욕심을 이루기 위해서 살고 있는 것입니다. 하나님 보
시기에 부끄러운 것들을 자랑하며, 세상의 것과 땅에 있는 것만 생
각합니다.

일반 사회에서 사람들이 원하는 것이 무엇입니까? 그들은 돈과

맛있는 음식과 쾌락과 안락을 원합니다. 자기 몸을 위해서만 살기 원하는 것입니다. 운동선수들 중에 어떤 이들은 하나님께 영광 돌리기를 원하지만 대부분의 선수들은 유명해지기를 원합니다. 명성을 위하여 자기의 모든 것을 버리고, 자기를 절제하여 육체를 훈련시킵니다. 어떤 정치인들은 일은 잘하지만 그들의 궁극적인 목표는 세력을 잡기 위한 것입니다. 이와 같은 사람들을 육체에 속한 사람이라고 합니다. 만약 그리스도인들이 이런 태도로 산다면 그는 십자가의 원수처럼 행하는 것입니다. 생활에서 십자가를 지는 체험을 하지 않고는 세상에 대해 말할 자격이 없습니다.

> 그러나 내게는 우리 주 예수 그리스도의 십자가 외에 결코 자랑할 것이 없으니 그리스도로 말미암아 세상이 나를 대하여 십자가에 못박히고 내가 또한 세상을 대하여 그러하니라 할례나 무할례가 아무것도 아니로되 오직 새로 지으심을 받은 자뿐이니라(갈 6:14-15).

바울에게는 다른 자랑거리가 없었습니다. 다만 그는 예수 그리스도의 십자가만 자랑하고 싶었습니다. 세상의 모든 좋은 것을 배설물처럼 여기고, 자신의 욕망을 십자가에 못박았습니다. 아무 십자가에나 못박아서 되는 것이 아니고 '예수의 십자가'라야만 유효합니다. 그는 세상에 대해서도 십자가에 못박았습니다. 세상은 쾌락을 원하고, 권력을 원하고, 십자가와는 반대인 것만 원합니다. 그렇기 때문에 그것을 원치 않으려면 자아를 십자가에 못박아야 합니다.

갈라디아 교회에는 할례를 받아야 하는지, 받지 말아야 하는지에 대한 문제가 있었습니다. 이것은 유대교인의 율법과 관계가 있는 것으로, 유대교인이 되기 위해서는 할례를 받아야 했습니다. 그들에게는 유대교인이 되지 않고 이방인으로서 예수만 믿으면 안 된다는 생각이 있었습니다. 결국 율법을 지켜야 한다는 것이었습니다. 바울 자신은 유대인으로 훈련받는 것이 유익하다고 생각했는데, 사실 그러했습니다(딤전 4:8). 그럼에도 불구하고 바울은 "이 방인이 일부러 유대인이 될 필요는 없습니다. 성령을 받기만 하면 성령께서 그 사람을 새롭게 만들 수 있기 때문입니다. 그렇기 때문에 애써 유대인이 되지 않아도 됩니다"라고 말했습니다.

그런데 후에 바울을 이단자로 생각하는 사람이 교회에 들어와서 바울의 가르침을 고치려고 했습니다. 바울이 갈라디아서를 쓴 목적 가운데 하나는 자신의 가르침이 틀리지 않음을 강조하기 위해서입니다. 할례나 무할례가 중요한 것이 아니라 성령을 받아서 새 피조물, 새 창조물이 되는 것이 중요하다고 했습니다.

전에 우리가 가지고 있던 옛사람은 성령을 통해서 새롭게 변화됩니다. 성령의 법으로 행하는 사람들에게는 화평과 은혜가 있고, 하나님의 영적인 이스라엘이 됩니다. 그러므로 바울은 항상 우리가 성령으로 완전히 새로워진 피조물이 되어야 한다고 강조한 것입니다.

고린도전서에서 제일 중요한 장이 13장입니다. 12장과 14장에는 성령의 은사에 대해서 나오는데 그 중간에 특히 성령의 열매에 대해서 다루고 있습니다. 13장의 주 내용은 성령의 모든 능력과 모든 은사를 받아도 사랑이 없으면 아무것도 아니라는 것입니다.

그러면 사랑이 무엇입니까? 십자가에까지 갈 수 있는 것입니다. 예수님은 우리를 사랑하셔서 우리를 위하여 자기 자신을 십자가에 바치셨습니다. 그리고 무엇을 부탁하셨습니까? 가만히 앉아서 주의 은혜를 받기만 하면서 즐기라고 하셨습니까? 아닙니다. 아버지께서 나를 보내신 것같이 내가 너희를 보낸다(요 17:18)고 하셨습니다. 우리도 예수님과 똑같은 태도와 사명을 가져야 합니다. 이것은 나도 너희들을 위하여 죽었으니 너희들도 남을 위하여 죽어야 한다는 태도입니다.

실제로 예수를 위하여 순교하는 사람이 있기는 하지만, 더 중요한 것은 마음속에 있는 자기의 뜻(own self, own will)을 죽이는 것입니다. 심리적으로 자기 자신을 십자가에 못박는 것입니다. 바울은 갈라디아서 2장 20절에서 이렇게 고백합니다.

내가 그리스도와 함께 십자가에 못박혔나니 그런즉 이제는 내가 산 것이 아니요 오직 내 안에 그리스도께서 사신 것이라 이제 내가 육체 가운데 사는 것은 나를 사랑하사 나를 위하여 자기 몸을 버리신 하나님의 아들을 믿는 믿음 안에서 사는 것이라.

이어서 21절에서는 "내가 하나님의 은혜를 폐하지 아니하노니 만일 의롭게 되는 것이 율법으로 말미암으면 그리스도께서 헛되이 죽으셨느니라"라고 했습니다.

예수님이 자기 몸을 우리를 위해 바치셨다면 우리가 우리 자신을 주를 위해 바치는 것이 당연하지 않습니까? 우리가 율법으로 의인이 된다면 예수님의 죽음이 무슨 의미가 있겠습니까? 의가 그리스도의 죽음을 통하여 왔으므로 나도 죽어야 하는 것입니다. 의인이 되었으면 자기의 뜻에 대하여 죽어야 합니다.

> 내가 이제 너희를 위하여 받는 괴로움을 기뻐하고 그리스도의 남은 고난을 그의 몸 된 교회를 위하여 내 육체에 채우노라(골 1:24).

바울에게는 교회를 위하여 당하는 고난이 많았습니다. 복음을 전하기 위해 돌아다니면서 많은 고생을 했습니다. 하지만 여행 중에 받은 고난보다 더 심한 고생은 사람들에 의한 것이었습니다. 바울을 싫어하는 사람, 바울을 반대하는 사람, 그의 가르침을 거역하는 사람들이 많았던 것입니다. 그러나 그는 이런 고생을 어떤 자세로 받아들였습니까? "주여! 저는 불쌍한 사람입니다. 고생이 너무나 많고 괴롭습니다"라고 했습니까? 아닙니다! 그는 도리어 자기의 고난에 대해서 즐거워했습니다. 그들을 위하여 받는 고생을 기뻐했습니다. 왜 그렇습니까? 자기의 육체의 고생을 통하여 교회를 위한 예수님의 남은 고난을 채울 것이라고 생각했기 때문입니다. 예수께서 생전에 겪으신 고생이 모자랐다는 의미가 아닙니다. 예수께서 받으신 고난은 아주 충분한 고난이었습니다. 더 이상 고생할 필요가 없었습니다. 그러나 모든 세상 사람들로 하여금 예수를 믿게 하기 위해서 감당해야 하는 고생이 있었던 것입니다. 예수님이 이루신 일은 온전케 되었지만 이것을 다른 사람으로 하여금 알게 하기 위하여 누군가가 치러야 할 고난이 있습니다. 예수를 통하여 은혜를 많이 받고 감사하다고만 하고 끝나 버렸다면 오늘날 교회는 하나도 남지 않았을 것입니다. 믿는 이가 한 명도 이어지지 않았을 것입니다.

신자를 얻기 위하여, 교회를 설립하기 위하여, 주님을 위하여 고난을 기꺼이 받을 사람이 필요합니다. 예수님과 똑같은 고생을 당해야 합니다. 우리의 고난은 죄 사함을 위한 고난이 아니라 '예수를 통해서 죄 사함을 얻었다'는 것을 소개하기 위한 고난입니다.

고린도 교회에 문제가 생기게 된 이유는 각자가 받기만 하고 남에게 주지 않았기 때문입니다. 예수님의 사랑을 보여 주지 않았기 때문입니다. 오늘날도 고린도 교회와 똑같은 문제가 생기기 쉽습니다.

주님의 일을 위하여 기꺼이 고난을 당한 바울은 너 자신을 십자가에 못박아라, 쉽게 믿는 종교는 그만두어라, 자기희생의 길을 가라고 합니다. 우리가 그리스도의 남은 고난을 채워야 합니다. 바울뿐만 아니라 모든 신자들이 받아야 할 고난입니다. 우리가 그렇게 하면 많은 사람들이 예수를 찾을 수 있게 됩니다. 그렇게 하기를 거절한다면 예수의 이름을 더럽힐 수밖에 없습니다. 그리스도의 십자가의 원수가 되는 것입니다. 죄에서 해방을 얻고, 귀신으로부터 자유함을 얻었다 해도 자기 자신을 주께 바치지 않으면 그는 다시 죄에 빠지게 될 뿐 아니라 귀신에게 붙잡히게 됩니다. 그렇기 때문에 그리스도를 위하여 헌신하기로 결정해야 합니다.

두 가지 길밖에 없습니다. 자기를 위하여 사는 길과 그리스도를 위하여 사는 길입니다. 그리스도를 위하여 살지 않으면 결국 자기를 섬기는 생활이 되고 맙니다. 죄 사함을 받고 귀신에게서 해방을 얻었는데 자기를 주께 바치지 않으면 어떻게 되겠습니까?

> 사랑하는 자들아 내가 우리의 일반으로 얻은 구원을 들어 너희에게 편지하려는 뜻이 간절하던 차에 성도에게 단번에 주신 믿음의 도를 위하여 힘써 싸우라는 편지로 너희를 권하여야 할 필요를 느꼈노니 이는 가만히 들어온 사람 몇이 있음이라 저희는 옛적부터 이 판결을 받기로 미리 기록된 자니 경건치 아니하여 우리 하나님의 은혜를 도리어 색욕거리로 바꾸고 홀로 하나이신 주재 곧 우리 주 예수 그리스도를 부인하는 자니라(유 1:3-4).

우리는 공동의 믿음을 위하여 싸우면서 확인해야 합니다. 하나님의 은혜를 받았다고 하면서 방종하는 사람들이 종종 자기 멋대로 모든 것을 해석하는 등 교회 안에서 아주 나쁜 짓을 합니다. 하나님께 복종하지 않습니다. 하나님께 복종하지 않는다는 것은 한 분이신 예수 그리스도를 부인하는 것입니다.

주께서 경건한 자는 시험에서 건지시고 불의한 자는 형벌

아래 두어 심판날까지 지키시며 육체를 따라 더러운 정욕 가운데서 행하며 주관하는 이를 멸시하는 자들에게 특별히 형벌하실 줄을 아시느니라 이들은 담대하고 고집하여 떨지 않고 영광 있는 자를 훼방하거니와(벧후 2:9-10).

교회 안에 이와 같은 사람이 있었습니다. 10절 이하를 계속 읽어보면 그 모습이 얼마나 흉한지 알 수 있습니다. 교회 밖에 이런 사람이 있었다는 것이 아니라 '교회 안'에 있었다는 것입니다. 왜 이런 사람이 생기는 것입니까? 자기를 십자가에 못박지 않고 자기를 위하여만 살고 있기 때문입니다. 불의 가운데 있는 사람, 즉 진리를 알고 진리를 가르치면서도 불의한 일을 하는 사람은 하나님으로부터 화를 당한다고 했습니다.

하나님의 말씀을 말씀 그대로 받아들이지 않고, 그 말씀 안에 행하지 않는 사람은 어떻게 되겠습니까? 속임을 받게 됩니다. 세상에 속한 것에게 속임을 받고 완전히 잘못된 것을 믿게 됩니다. 성경을 믿기 싫어하게 됩니다. 성경에 옳은 것도 있지만 틀린 것도 있다고 주장합니다. 세상의 모든 것이 진보하는 중이기 때문에 성경에서도 옛날에 있었던 일은 믿을 수 없다고 주장합니다. 아니, 믿을 필요가 없다고 주장합니다. 성공회 주교들 중에도 그런 말을 하는 사람이 있습니다. 이런 주장과 더불어 세속화된 정신이 나오기 시작합니다. 교회가 세상이 하는 대로, 진보하는 방향으로 나아가야 한다고 주장합니다. 어리석은 신자들이 이런 말에 속고 있습니다.

그러므로 형제들아 내가 하나님의 모든 자비하심으로 너
희를 권하노니 너희 몸을 하나님이 기뻐하시는 거룩한 산
제사로 드리라 이는 너희의 드릴 영적 예배니라 너희는
이 세대를 본받지 말고 오직 마음을 새롭게 함으로 변화
를 받아 하나님의 선하시고 기뻐하시고 온전하신 뜻이 무
엇인지 분별하도록 하라(롬 12:1-2).

주님 앞에 열납되는 제사가 무엇입니까? 자원해서 바치는 제사
가 참된 예배입니다. 찬송과 기도와 예배가 아무리 잘 이루어져도
자기를 하나님 앞에 바치는 마음이 없으면 영적인 예배가 아닙니
다. 이 세상의 모양을 본받지 말고 흉내 내지도 말고 머리의 지식
이 완전히 새롭게 되어서 하나님의 뜻이 무엇인지 분별하여 살아
야 합니다. 하나님의 뜻이 무엇입니까? 선하고 받을 만한 것이고
온전한 것입니다. 주님 뜻대로 살고 있는 사람들은 비록 고난을 많
이 당한다 해도 기쁨으로 생활할 수 있습니다.

바울도 고백하기를, 고생이 많아도 기쁘다고 했습니다. 고생 가
운데서도 평안을 얻고 기쁨을 얻었습니다. 평안과 기쁨을 얻기 위
해 일부러 노력하지 않았어도 주의 뜻을 행하여 살아갈 때 결과적
으로 평안과 기쁨이 따랐습니다. 아무리 비싼 대가를 치를지라도
하나님의 뜻대로만 살겠다고 결심하면 기쁨이 있고 평강이 있을
것입니다. 보람이 가득 찬 생활을 하게 되며 뜻있고 아름다운 생활
을 하게 됩니다. 그리고 승리하는 생활을 하게 됩니다. 인간 세상
에는 흉악한 일도 많고 공포를 느끼게 되는 일도 많지만 대자연을

보면 얼마나 아름다우며 얼마나 질서가 정연합니까? 우리가 하나님의 뜻대로 살면 이 대자연과 더불어 하나가 되어서 영원에 속하여 살 수 있게 되는 것입니다.

4 경건생활의 비결

경건한 자들에 대한 하나님의 약속

경건의 문제에 대해서 제가 연구한 성경구절 몇 가지를 살펴보겠습니다. 우선 하나님께서 경건한 사람에게 하신 약속이 있습니다. 그것은 하나님께서 경건한 사람의 생명을 보호하신다는 것입니다.

> 나는 경건하오니 내 영혼을 보존하소서 내 주 하나님이여
> 주를 의지하는 종을 구원하소서(시 86:2).
> 주께서 경건한 자는 시험에서 건지시고 불의한 자는 형벌
> 아래 두어 심판날까지 지키시며(벤후 2:9).

경건한 자는 재앙에서라도 보호하시겠다는 말씀입니다.

하나님이 죄인을 듣지 아니하시고 경건하여 그의 뜻대로
행하는 자는 들으시는 줄을 우리가 아나이다(요 9:31).

경건한 자의 기도를 들으신다는 말씀입니다.

레위에 대하여는 일렀으되 주의 둠밈과 우림이 주의 경건
한 자에게 있도다 주께서 그를 맛사에서 시험하시고 므리
바 물가에서 그와 다투셨도다(신 33:8).

이것은 경건한 자에게 하나님의 뜻을 알려 주시겠다는 약속입니
다. 이 말씀은 요한복음 7장 17절 말씀과 비교할 수 있습니다.

사람이 하나님의 뜻을 행하려 하면 이 교훈이 하나님께로
서 왔는지 내가 스스로 말함인지 알리라.

누구든지 주의 뜻을 행하려고만 하면 주의 뜻을 알게 될 것이라
는 말씀입니다. 이로 보아 경건한 사람은 주의 뜻을 행하려고 하는
사람임을 알 수 있습니다. 또 경건한 사람은 주의 뜻을 행하려는
마음이 있기에 주의 뜻이 무엇인지 알 수 있습니다. 하나님께서 그
분의 뜻을 알려 주시겠다고 했기 때문입니다.

경건치 않은 것이란?
먼저 경건을 알기 위해서 경건치 않은 것이 무엇인지 알아보도

록 합시다.

> 시온의 죄인들이 두려워하며 경건치 아니한 자들이 떨며 이르기를 우리 중에 누가 삼키는 불과 함께 거하겠으며 우리 중에 누가 영영히 타는 것과 함께 거하리요 하도다 (사 33:14).
>
> 여호와여 도우소서 경건한 자가 끊어지며 충실한 자가 인생 중에 없어지도소이다 저희가 이웃에게 각기 거짓을 말함이여 아첨하는 입술과 두 마음으로 말하는도다(시 12:1-2).
>
> 이는 뭇사람을 심판하사 모든 경건치 않은 자의 경건치 않게 행한 모든 경건치 않은 일과 또 경건치 않은 죄인의 주께 거스려 한 모든 강팍한 말을 인하여 저희를 정죄하려 하심이라 하였느니라 이 사람들은 원망하는 자며 불만을 토하는 자며 그 정욕대로 행하는 자라 그 입으로 자랑하는 말을 내며 이를 위하여 아첨하느니라(유 1:15-16).
>
> 누구든지 스스로 경건하다 생각하며 자기 혀를 재갈 먹이지 아니하고 자기 마음을 속이면 이 사람의 경건은 헛것이라(약 1:26).

위의 모든 말씀에서 볼 때 경건치 않은 것이 무엇입니까? 그것은 즉 모순 된 생활, 거짓말하는 생활, 아부하는 생활, 그리고 일하지 않으면서 하는 척만 하는 위선자의 생활입니다. 또 하나님은 베드로후서 2장 1-3절("그러나 민간에 또한 거짓 선지자들이 일어났었나니 이와 같이 너희 중에도 거짓 선생들이 있으리라 저희는 멸망케 할 이단을 가만히 끌어들여 자기들을 사신 주를 부인하고 임박한 멸망을 스스로 취하는 자들이라 여럿이 저희 호색하는 것을 좇으리니 이로 인하여 진리의 도가 훼방을 받을 것이요 저희가 탐심을 인하여 지은 말을 가지고 너희로 이를 삼으니 저희 심판은 옛적부터 지체하지 아니하며 저희 멸망은 자지 아니하느니라")에 나오는 사람들을 매우 싫어하신다고 하셨습니다. 경건한 사람은 하나님의 뜻을 알고 싶어 하고 잘 들으려고 해서 그분의 뜻을 잘 알 수 있는데, 경건치 않은 사람은 하나님의 말씀을 잘 듣지 못합니다. 그 이유는 듣기를 싫어하기 때문입니다.

유다서 1장 16절을 보면, 경건치 않은 사람은 원망을 잘하고 불만이 가득하여 자기의 뜻만 좇아간다고 했습니다. 하나님의 뜻을 따르지 않는다고 했습니다. 또한 말라기 2장 15절에서 볼 수 있듯이, 어려서 취한 아내와 약속을 지키지 않는 사람입니다.

경건한 것이란?

> 레위에 대하여는 일렀으되 주의 둠밈과 우림이 주의 경건한 자에게 있도다 주께서 그를 맛사에서 시험하시고 므리바 물 가에서 그와 다투셨도다(신 33:8).

경건한 사람은 하나님의 말씀을 지키고, 하나님의 언약을 보존

하며, 하나님의 율법과 가르침을 남에게 전하는 사람이라고 했습니다.

> 그가 경건하여 온 집으로 더불어 하나님을 경외하며 백성을 많이 구제하고 하나님께 항상 기도하더니(행 10:2).

이 말씀은 고넬료에 대한 말인데, 성경은 그가 경건한 사람이었다고 했습니다. 사도행전 말씀에 나오듯이, 그는 예배를 드리면서 마음도 같이 드렸습니다. 많은 사람들이 공식적인 예배를 아름답게 드리지만 온 마음을 다해서 드리는 것 같지는 않습니다. 그러나 경건한 사람은 예배를 드릴 때 마음까지 드립니다. 그리고 나눠 주는 생활도 잘합니다.

> 그러므로 우리가 진동치 못할 나라를 받았은즉 은혜를 받자 이로 말미암아 경건함과 두려움으로 하나님을 기쁘시게 섬길지니(히 12:28).
>
> 하나님 아버지 앞에서 정결하고 더러움이 없는 경건은 곧 고아와 과부를 그 환난 중에 돌아보고 또 자기를 지켜 세속에 물들지 아니하는 이것이니라(약 1:27).

특히 야고보서 말씀에서는 과부와 고아를 돌보는 것을 참된 경건이라고 했습니다.

만일 어떤 과부에게 자녀나 손자들이 있거든 저희로 먼저
자기 집에서 효를 행하여 부모에게 보답하기를 배우게 하
라 이것이 하나님 앞에 받으실 만한 것이니라(딤전 5:4).

위의 말씀대로 부모에게 효를 행하는 것이 경건입니다.

이 말이 미쁘도다 원컨대 네가 이 여러 것에 대하여 굳세
게 말하라 이는 하나님을 믿는 자들로 하여금 조심하여
선한 일을 힘쓰게 하려 함이라 이것은 아름다우며 사람들
에게 유익하니라(딛 3:8).

이 말씀에서는 착한 일을 하고 선한 일을 유지하는 것을 경건이
라고 했습니다.

사도행전 22장에는 율법을 행하는 경건한 아나니아의 이야기가
나옵니다. 즉, 율법을 행하는 것이 경건이라는 것입니다. 베드로
후서 3장 11절과 야고보서 1장 27절 말씀에 의하면, 경건한 삶을
사는 사람은 세상의 영향을 받지 않고 세상의 모양으로 자기를 더
럽히지도 않는다고 했습니다. 세상에서 살되 깨끗한 생활을 하는
것입니다. 야고보서에서 볼 수 있는 경건은 혀를 지키는 것을 말
합니다. 그러므로 혀를 잘 지키지 못하는 사람은 경건한 사람이
아닙니다.

종말로 형제들아 무엇에든지 참되며 무엇에든지 경건하

며 무엇에든지 옳으며 무엇에든지 정결하며 무엇에든지
사랑할 만하며 무엇에든지 칭찬할 만하며 무슨 덕이 있든
지 무슨 기림이 있든지 이것들을 생각하라(빌 4:8).
늙은 남자로는 절제하며 경건하며 근신하며 믿음과 사랑
과 인내함에 온전케 하고(딛 2:2).

경건한 사람은 남이 보아도 인정할 수 있는 사람입니다. 고넬료
가 그러한 사람이었습니다. 모든 이웃사람들이 그의 생활을 보며
착하고 경건한 사람인 것을 인정할 수 있었습니다. 그러나 어떤 사
람들은 경건한 사람을 싫어하고 그를 핍박합니다. 왜냐하면 경건
한 사람을 볼 때 자기가 부끄럽게 되기 때문입니다.

이 모든 구절을 살펴보면 경건한 것은 남 앞에 나타나는 것임을
알 수 있습니다. 누구든지 볼 수 있는 것입니다. 드러나지 않는 선
행이나 기도가 있을 수 있습니다. 그런데 하나님께서 원하시는 경
건은 겉으로 드러납니다. 일부러 드러내려고 하는 것은 아니지만
하나님 앞에서 경건하게 살다 보면 저절로 드러난다고 했습니다.
누구든지 볼 수 있는 착한 행동이 나오는 것입니다. 그가 있는 곳
이 교회 안이든지 길가이든지 어디에서나 드러나는 것입니다.

경건한 사람이 되려면

그러면 어떻게 경건한 사람이 될 수 있습니까?

하나님의 종이요 예수 그리스도의 사도인 바울 곧 나의

사도 된 것은 하나님의 택하신 자들의 믿음과 경건함에
속한 진리의 지식과(딛 1:1).

진리를 알면 경건한 사람이 될 수 있습니다. 진리를 알면 경건으
로 인도받기가 쉽습니다.

그러하나 진리의 성령이 오시면 그가 너희를 모든 진리
가운데로 인도하시리니 그가 자의로 말하지 않고 오직 듣
는 것을 말하시며 장래 일을 너희에게 알리시리라(요
16:13).

어떻게 진리를 알 수 있습니까? 성령께서 우리를 모든 진리 가
운데로 인도하신다고 하셨습니다. 그러므로 성령의 인도하심을 받
으면 경건한 생활을 할 수 있습니다.

그를 향하여 우리의 가진 바 담대한 것이 이것이니 그의
뜻대로 무엇을 구하면 들으심이라(요일 5:14).

이 말씀은 하나님의 뜻대로 구하면 하나님께서 이루시겠다는 약
속입니다. 우리가 주의 뜻대로 분명하게 기도한다면 주께서 들으
시고 실행하실 수 있습니다. 경건한 사람은 하나님의 뜻대로 기도
하는 방법을 아는 사람입니다. 그는 막히는 기도를 하지 않습니다.
하나님께서 시키시는 기도를 합니다. 하나님께서 원하시는 기도를

합니다. 그래서 효과적인 기도를 할 수 있습니다. 모든 생활의 순간순간마다 하나님의 뜻대로 일이 이루어지기 때문에 어떤 상황이 닥쳐도 하나님의 뜻이 무엇인지 바로 알 수 있습니다. 그렇기 때문에 올바른 기도도 할 수 있게 됩니다.

우리가 한 가지 주의해야 할 점은 마귀도 빛의 천사로 나타난다는 것입니다. 직접 죄를 지으라고 사람에게 명령하면 거부당할 것을 알기 때문에 마귀는 종종 빛의 천사로 가장해서 나타납니다. 그래서 착하게 사는 사람을 교묘한 방법으로 유혹합니다. 마귀가 예수님을 유혹했던 방법을 보면 이 점에 대해서 확실히 알 수 있습니다. 그는 성경말씀을 사용해서 예수님을 유혹합니다.

첫째 유혹은 음식에 대한 것이었습니다. 살기 위해서는 먹어야 하고 먹지 못하면 죽습니다. 그러면 주의 일을 할 수가 없습니다. 기적이 없이는 먹을 수 없는 상태임을 안 마귀는 기적을 행하여 돌로 빵을 만들라고 했습니다. 물론 먹는 일이 나쁜 것은 아닙니다. 예수님도 먹어야 사십니다. 그러나 예수님은 그분의 초자연적인 능력을 자기를 위해서는 한 번도 사용하지 않으셨습니다.

유혹이 끝난 뒤에 고향에 돌아가셨을 때도 고향 사람들이 예수님께 의원아 너를 고쳐라, 너 자신을 고치라고 했지만 예수님은 스스로 자기를 고치지 않으셨습니다. 남을 위해서는 하나님의 능력을 쓰셨지만 자기 자신을 위해서는 하나님의 능력을 쓰지 않으셨습니다.

이사야 53장을 보면, 예수님의 얼굴이 형편없었다고 합니다. 모든 사람이 볼 때 고개를 돌릴 정도로 멸시를 받았습니다. 미술가들이 모두 예수님의 얼굴을 아름답게 그리지만 예수님의 얼굴은 실제로 흉한 얼굴이었습니다. 아마 어릴 때 상처를 입어서 얼굴이 흉하게 되었을지도 모르지요! (내려오는 이야기 가운데 그런 내용이 있습니다.) 그래서 그런지는 몰라도 예수께서 부활한 다음에 제자들은 그분이 누구인지 몰라보았습니다. 부활하셨을 때 얼굴의 상처가 깨끗해졌기 때문입니다. 이것을 볼 때 분명히 예수님께도 자신만의 문제가 있었는데, 그는 스스로 해결하기를 거절하셨습니다. 그래서 마귀의 첫째 유혹은 실패했습니다.

두 번째 유혹은 성전 꼭대기에서 뛰어내리라는 것이었습니다. 많은 사람이 모여 있는 성전의 꼭대기에서 뛰어내리면 그들이 보고 믿게 될 것이라고 했습니다. 어찌 보면 복음 전파의 한 방법이라고 할 수 있는데, 대중 앞에서 큰 이적을 행해서 많은 사람들로 하여금 믿게 하라는 것입니다. 그러나 예수님은 그것이 하나님의 방법이 아닌 것을 알고 거절하셨습니다. 물론 마귀가 성경말씀을 옳게 인용하기는 했지만 그것은 그 당시에 예수님께 해당하는 '레마'가 아니었습니다. 하나님의 모든 말씀을 '로고스'라고 한다면 그 상황에 맞게 주어지는 말씀은 '레마'입니다. 모든 성경이 옳은 말씀이지만 그 상황에 맞게 빛으로 주어지는 하나님의 말씀이 레마입니다. 레마의 말씀을 분별해서 자신에게 적용하면 마귀의 꾀에 속아 넘어가지 않을 수 있습니다.

세 번째 유혹도 그러한 것입니다. 온 세상을 복음화하기 위하여 자기 방법을, 자기 능력을 사용하라는 것입니다. 흔히 마귀는 경건한 사람을 미혹하기 위하여 좋은 일을 하자고 꾑니다.

제가 아는 한 형제는 신학교를 우수한 성적으로 졸업했습니다. 신학 교수들 대부분이 그에게 미국에 가서 공부하라고 권했습니다. 박사과정을 밟고 한국에 와서 신학 교수가 되라고 한 것입니다. 그러나 그 형제는 그것이 좋은 방법이기는 하지만 자기를 위한 하나님의 뜻은 아니라고 생각했습니다. 그는 자신이 고생스런 생활을 해야 한다고 생각했습니다. 그래서 예수원에 갈지 농촌에 가서 개척을 할지 고민했습니다. 둘 중 하나를 선택해야 했는데, 제가 볼 때 그는 예수원 사명을 받은 사람이었습니다. 우리에게 꼭 필요한 사람이었습니다. 여기 와서 살았다면 우리에게 여러모로 좋았을 것입니다. 그런데 마귀는 그것을 원치 않았습니다. 그리고 마귀는 어디어디를 가면 예수원보다 더 고생스럽다고 꾀였습니다. 물론 언제든지 예수원보다 더 고생스런 곳을 찾을 수 있습니다. 그러나 가장 고생스런 곳을 찾아가서 사는 것이 하나님의 뜻입니까? 그것은 교만한 생각입니다. 그것은 마귀가 빛의 천사로 가장하여 하는 말이었습니다.

　결국 그 형제는 아주 고생스러운 곳으로 가서 정말 고생을 많이 했습니다. 그러나 효과도 없이 죽도록 고생만 하다가 2년 후에 결국 포기하고 말았습니다. 그 후 다시 서울로 올라가서 큰 교회의 부목사가 되었습니다. 생활은 호화롭게 되었지만 효과는 없었습니다. 부목사와 담임목사 사이에 마음이 맞지 않았던 것입니다. 영적인 고생은 많았지만 효과가 없었고 유익한 고생도 아니었습니다.

　마침내 그것도 실패하자 미국에 가서 공부하려고 했습니다. 그런데 미국에 갈 도리가 없어 일단 캐나다로 갔습니다. 부인은 생활

문제를 해결하려고 가게에서 고생스럽게 일했습니다. 마침내 캐나다를 떠나서 미국으로 가려고 했지만 미국에서 오지 말라고 했습니다. 그는 지금도 향방 없는 생활을 하고 있습니다.

진작 예수원에 왔다면 얼마나 예수원에 유익이 되었을지 모릅니다. 하나님께서 크게 쓰셨을 것입니다. 방문객에게나 저에게나 큰 도움이 되었을 것입니다. 또 제가 그에게 개인지도법이나 상담법을 가르칠 수도 있었을 것입니다. 그 형제는 마음에 불의가 없었기 때문에 상대방의 입장을 잘 깨달을 수 있는 사람이었습니다. 어머니가 과부로 그 아들을 기르느라고 고생한 것을 알기 때문에 그 형제는 어려운 사람들의 입장을 잘 이해할 수 있었습니다.

제가 이 예를 드는 것은 마귀가 하는 일 가운데 이런 일도 있음을 알려 드리기 위해서입니다. 좋은 일을 하려는 사람에게 더 좋은 일을 보여 주겠다고 꾑니다. 그러나 이런 마귀의 말에 미혹을 받지 말고 "주여! 당신이 제게 원하는 것이 무엇입니까?" 하고 물어야 합니다. 그리고 조용히 기다리면서 하나님의 뜻을 깊이 생각해야 합니다.

매일매일 생활에서 주께 복종하는 습관이 없으면 하나님의 뜻을 분별하기가 매우 어렵습니다. 그러므로 매일매일 생활에서 주의 뜻대로 행하려는 자세가 필요합니다. 평소 습관이 되어 있지 않으면 막상 무슨 일을 결정할 때 하나님의 뜻을 알 수가 없습니다. 아침에 일어나면 날마다 "오늘 나를 향하신 주의 뜻이 무엇입니까?"라고 물어야 합니다. 그런 다음 생각나는 대로 적고 "주님! 이것은 당신께서 주신 생각입니까? 아니면 마귀에게서 나온 생각입니까?" 하고 물어봐야 합니다. 그러면 하나님께서 마귀의 생각을 막아 주십니다.

제 경험을 말씀드리겠습니다. 저는 아침에 일어나서 "주여! 오늘의 계획을 보여 주십시오"라고 기도합니다. 그런 다음 몇 가지 생각나게 하신 것을 노트에 적어 놓고 "더 이상 없습니까?"라고 확인합니다. 머리가 백지상태가 되면 됐다 싶어 일어나는데 일어나자마자 또 여러 가지 생각이 납니다. 이것도 해야 하고 저것도 해야 한다는 생각이 꼬리를 잇습니다. 그러나 생활하면서 시험해 보니 나중에 떠오른 생각은 다 마귀에게서 나온 것이었습니다. 물론 모두 좋은 일들이었지만 좋은 일 하느라고 바빠서 꼭 필요한 일을 못 하게 하는 것들이었습니다. 그 후에는 기도하면서 떠오른 생각을 적은 뒤 그것만 하루의 목표로 삼고 사는 습관이 생겼습니다. 어떤 때는 성경구절을 통해서 보여 주시는 때도 있습니다. 어떤 때는 지체의 목소리를 통해서 하나님의 뜻을 알 수도 있습니다. 때로는 아내와 따로따로 기도했는데 같이 하나님의 뜻을 확인받는 경우도 있습니다. 제가 신학 교수를 그만두기로 결정했을 때 제 아내와 저는 전혀 의논하지 않았는데 하나님께서 친히 똑같은 때에 우리 부부에게 확신을 주셨습니다.

우리가 주의 뜻을 행하려고만 하면 우리는 주의 뜻을 알 수 있습니다. 마귀가 반드시 악한 일만 시키는 것은 아닙니다. 그는 좋은 일도 시켜서 분별하지 못하게 합니다. 미국의 속담에 "좋은 것은 더 좋은 것의 원수다"라는 말이 있습니다. 좋은 것을 하느라고 바빠서 가장 중요한 것을 못 하게 되는 것입니다. 마귀는 하나님의 뜻을 어긋나게 만듭니다. 하나님의 뜻은 따로 있는데 마귀가 계속 좋은 일이라고 부추겨서 결국은 하나님의 뜻을 어긋나게 합니다. 그러므로 우리는 하나님의 뜻을 잘 분별하도록 평소에 경건의 연습을 해 두어야 합니다.

4부

신자의 가정

1 여자의 생활

　요즈음 한국 교회에서는 "성령으로 감화·감동을 받았다"라는 말을 빈번히 사용합니다. 그러나 성령의 감화·감동이란 성경에는 없는 말입니다. 저는 한국어 성경의 번역이 잘못되었다고 생각합니다. '감화·감동'의 원어를 직역하면 '성령의 임재 안에 있다' 혹은 '성령의 권능 안에 있다'라고 할 수 있습니다. 예를 들면, 엘리야가 '성령의 권능 안에 있다'고 했고, 요한이 '성령의 임재 안에 있다'고 했습니다. 이것을 한국어 성경은 '성령으로 감동받았다'고 번역한 것입니다. 사실 감동이란 마음과 관계되는 것이지 몸과는 관계없는 것 아닙니까?

　한국 교회에는 성령에 대한 오해가 많습니다. 성령이 감화·감동, 즉 감정의 갑작스런 변화(ecstasy)와 같은 것으로만 나타나는

줄로 오해하고 있다는 말씀입니다. 물론 성령이 감정적인 흥분을
줄 수는 있습니다. 그러나 그것은 부수적인 것에 불과합니다. 성령
이 주시는 것 중에 가장 중요한 것은 지혜와 사랑입니다.

사랑이란?

성령이 주는 사랑은 흥미일변도의 사랑이 아닌 객관적인 냉담한
사랑입니다. 그저 즐겁고 신나는 사랑이 아니라 싫어하는 사람일
지라도 그 사람이 잘되기를 위해 기도하는 사랑입니다. 좋아하는
사람이 잘되는 것을 바라는 마음을 사랑이라고 할 수도 있지만, 진
정한 의미에서의 사랑은 아닙니다. 흔히 우리는 좋아하는 마음이
사랑이고 싫어하는 마음이 미움인 줄로 알지만 싫어하는 마음이
있다고 해서 그것이 미움은 아닙니다.

원래부터 모든 사람에게는 좋아하기 어려운 부류의 인간이 있는
법입니다. 그러나 하나님께서 사랑하라고 하셨기 때문에, 감정적
으로는 좋아하기 어렵지만 객관적인 사랑으로 그 사람이 잘되기를
바랄 수 있는 것입니다. 이런 사랑을 아가페라고 합니다. 아가페를
통하여서 감정적인 사랑(필레오)까지도 가능하게 되는 것입니다.

한국 여성들의 생활 중에 아주 해결하기 어려운 문제 가운데 하
나가 바로 고부간의 관계입니다. 감정적으로 좋아하지 않는 시어머
니를 위해서 어떻게 기도할 수 있겠습니까? 억울한 일도 많고, 하
는 일마다 짜증이 나는데 어떻게 그분을 위해 기도할 수 있겠습니
까? 그러나 그런 가운데서도 아가페로, 즉 객관적인 사랑으로 시어
머니께 잘해 드려야겠다고 '결정'할 수는 있습니다. 주관적인 사랑

은 하기 어렵지만 객관적인 사랑은 할 수 있습니다. 이렇게 객관적인 아가페 사랑을 하다 보면 마음까지도 자연스럽게 열립니다.

한편 성령의 역사에는 사랑 외에도 지혜가 있고, 여러 가지 은사들이 있습니다. 감정적인 감화·감동을 받는 일도 있지만 그것이 중심은 아닙니다.

저는 여성문제 전문가도 아니고 여성문제에 대해서 아는 바도 없습니다만 하나님의 뜻인 줄 알고 몇 가지 말씀드리겠습니다. 미국에서 잠시 목회할 때 가장 복잡한 문제가 여전도회에서 생겼습니다. 20-30명의 여자 성도들이 무척 열심히 일했고, 남자 성도는 겨우 둘뿐이었습니다. 그래서 저는 기회를 내어 여자 성도들에게 이렇게 말씀드렸습니다.

"지금까지 여러분은 잘해 오셨고 앞으로도 계속 잘해 나가실 줄로 압니다. 저는 특별하게 여러분들을 지도하지 않고 여전도회 일에 일절 간섭하지도 않겠습니다. 지금 하시는 대로 여러분은 계속 일하십시오. 저는 남전도회를 위해서 힘쓰겠습니다."

그 후 저는 약속대로 일했고 그 결과 남자 교인이 아주 많아졌습니다. 그래서 2-3년 후에는 남녀 성도 비율이 반반이 되었습니다. 이로써 교회가 건강하게 되었고, 제가 그 교회를 떠난 후에도 교회는 제가 시행했던 방법을 사용했습니다.

그런데 여자 성도들 중에 저를 용서하지 못하는 분들이 있었습니다. 남자만을 전도하기로 한 저의 결정에 앙심을 품고 저를 미워하기까지 했습니다. 거의 8년 동안 저를 원수처럼 대한 여자 성도들도 있었습니다. 그분들이 일부러 문제를 만들어서 저를 괴롭히려고 애썼지만 하나님은 제게 견딜 만한 힘을 주셨습니다. 저의 후임목사님이 그 교회에서 1년을 일하신 후에 여전도회가 흩어지게 되었습니다. 문제가 너무 많다고 해서 목사님이 모이지 말라고 하신 것입니다.

지금은 잘되고 있는 줄로 알지만, 이런 과거의 문제를 생각할 때 제게는 여성문제를 취급하고 싶은 마음이 별로 없습니다. 여성문제에 대한 성경구절이 많이 있는 것을 알면서도 무시해 버리는 습관이 남게 된 것입니다.

그런데 2년 전에 '어글로 모임'(여성 불꽃모임)에서 제게 고문이 되어 달라는 요청을 해 왔습니다. 거절할 수 없는 상황이라서 허락을 했는데 설교까지 부탁하는 것 아니겠습니까? 큰일 났다고 생각했지만 주님께 기도하고 그 전에는 깊이 연구해 본 적이 없는 창세기 2장을 설교 말씀으로 택했습니다. 저는 아주 흥미로운 대목을 발견했습니다.

······사람의 독처하는 것이 좋지 못하니 내가 그를 위하여
돕는 배필을 지으리라 하시니라(창 2:18).

이미 하나님은 각종 짐승과 새들을 만드셔서 그것들을 아담에게 데려다가 이름을 지어 주도록 명령하셨습니다. 그래서 아담은 각종 짐승들과 새들에게 알맞은 이름을 지어 주었지만 자기 자신에게 가장 합당한 '도움'은 아직 찾지 못했습니다. 하나님은 아담을 깊이 잠들게 하신 후에 남자의 갈빗대 하나를 뽑아서 여자를

만드셨습니다. 아담에게 하와를 데리고 갔을 때 아담은 "이는 내 뼈 중의 뼈요 살 중의 살이라 이것을 남자에게서 취하였은즉 여자라 칭하리라"(창 2:23) 하고 감탄했습니다. 즉, '여자' 라는 이름을 붙인 것입니다. 히브리어로 남자는 '이쉬'(אִישׁ)라고 하고 여자는 '이샤'(אִשָּׁה)라고 합니다. 남자에게서 나왔기 때문에 여자를 '이샤' 라고 한 것입니다. 한국어로는 여자와 남자의 구별이 명확하게 나타나지 않습니다.

남자에게서 여자가 나왔기 때문에 성년 남자가 부모를 떠나서 아내와 합하여 하나가 되어야 하는 것입니다. 남자가 '부모를 떠난다' 는 의미는 매우 중요합니다. 한국 사회에서는 아직도 이 점을 인정하지 않는 것 같습니다. 성경을 완전히 믿는다고 하는 사람들도 이 부분만은 잘못 받아들이고 있습니다. 남자들은 효자가 되는 것이 중요하다고 생각하기 때문에 '부모를 떠난다' 는 것은 상상도 못 합니다. 기독교인이지만 생활은 유교적인 색채를 짙게 나타내고 있는 경우가 허다한 것입니다. 속히 고쳐야 할 점이라고 생각합니다.

돕는 배필이란?

히브리어 '에제르'(עֵזֶר, 돕는 자)는 영어로 '헬퍼'(Helper)입니다. 창세기 2장 18, 20절에 '에제르' 라는 말이 나옵니다. 성경 전체에서 '에제르' 라는 단어가 20여 번 나오지만, 재미있는 것은 그 단어가 거의 하나님과 관련되어 사용되었다는 점입니다. '하나님이 나의 도움이시다' 는 의미로 사용된 것입니다. 아랫사람이 윗사람을 돕는다는 의미로는 한 번도 사용되지 않았습니다.

여호수아 1장 14절을 보면, 동등한 관계에서 돕는 입장이 나옵니다. 요단강 동쪽에서 땅을 얻은 르우벤 지파와 갓 지파와 므낫세 반 지파는 다른 지파들과는 형제 사이로 동등한 관계에 있었습니다. 그러므로 여호수아가 그 세 지파에게 요단강 서쪽 땅을 정복하는 일을 '도우라'고 했을 때 그 '도움'은 동등한 관계에서의 도움을 말하는 것이었습니다. 이 경우 외에는 모두 윗사람이 아랫사람을 돕는 의미로 사용되었습니다.

결론적으로, 여자가 남자의 '돕는 배필'이라고 할 때의 '돕는다'는 의미는 어린아이가 어머니를 돕는 것과 같은 종류의 도움이 아닙니다. 영어로 '키친 헬퍼'(Kitchen Helper)라는 말은 부엌일을 하는 어린아이를 말하는데 이는 낮은 위치에 있습니다. 이렇듯 세상에서는 '돕는 자'라고 할 때 아랫사람이 윗사람을 보조하며 돕는 것으로 이해합니다. 그러나 성경에서 말하는 '돕는 자'의 의미는 중요한 사람, 힘 있는 사람이 약한 자를 돕는다는 뜻입니다. 그러므로 여자가 남자의 돕는 배필이란 말은 여자가 남자보다 더 강하다는 의미입니다. 강한 힘을 가진 여자가 남자를 도와주어야 한다는 것입니다. 마치 하나님께서 인간을 도와주신 것과 같이 여자가 남자를 도와주어야 합니다.

한국에서 흔히 있는 일이지만, 아내가 죽으면 남자들은 금방 재혼을 합니다. 그러나 여자는 남자가 죽었다고 해서 쉽게 재혼하지 않습니다. 남자보다도 여자가 혼자 사는 데 강하기 때문일 것입니다. 그러나 남자는 도무지 혼자서 견딜 수 없습니다. 제 여동생이 일본에서 오랫동안 사역했기 때문에 제가 일본에 대해서 조금은 알고, 제가 중국에서 자랐기 때문에 중국에 대해서도 조금은 알고, 또 외국에서 20년 동안 살았기 때문에 미국 여성에 대해서도 조금은 알지만 여러 가지로 비교해 볼 때 한국 여성보다 강한 여성들을 보지 못했습니다.

제가 알기로 한국 사회는 모계 중심의 사회였습니다. 그런데 중국에서 건너온 '기자'라는 사람의 영향을 받아서 상황이 달라졌습니다. 바야흐로 양반 문화가 형성되기 시작한 것입니다. 남자들은 공부만 하고 글만 쓰고 노동을 하지 않게 되었습니다. 그 후로 모든 실질적인 일은 여자들이 하고 남자들은 방 안에서 책 보는 일만 했기 때문에, 남자들이 실질적인 일을 하나도 배우지 못했습니다. 여자들이 생활 전반에 관한 일을 거의 다 맡아 했기 때문에 남자들은 여자 없이는 하루도 살지 못하게 되었습니다. 보기에는 남성이 우세한 것 같았지만 실제로는 완전히 여자들의 종이 다 되었습니다. 여자들에게 매여 사는 것을 알면서도 겉으로는 큰 기침을 하고 가장 노릇을 했던 것입니다. 근 2,000년 동안 그렇게 살다 보니 모든 실질적인 능력은 여자에게 있고, 남자들은 소위 '명예능력자'가 되어 버렸습니다. 한마디로 껍데기 능력만 갖게 된 것입니다. 그러나 한편으로는 이렇게 해서 음(陰)과 양(陽)의 조화가 제대로 이루어져 왔습니다.

그런데 한국에 온 초기 선교사들이 겉모양만 보고 여자들이 남자들에게 눌려 사는 줄로 착각했습니다. 그래서 여성을 해방시켜야겠다고 생각하고 여자들을 위한 학교를 조직하기 시작했습니다.

하지만 교육과 함께 여성들이 점점 남성화되면서 복잡한 문제들이 생겨났습니다. 교육받은 것들을 올바로 사용할 줄 몰랐기 때문에 남성과 똑같이 되려는 의식만 높아지면서 결혼생활이 어렵게 된 것입니다. 그리고 혼자 사는 여성들이 많아졌습니다. 이로 말미암아 음양의 조화가 깨지게 되었을 뿐 아니라 기쁨이 없는 생활이 되기도 했습니다.

제가 이런 점들을 생각하면서 이 나라의 여성들에게 하고 싶은 말이 있습니다. 그것은 자신의 강한 속성을 스스로 인정하면서도, 남성들로 하여금 부끄럽지 않도록 하기 위하여 '연약한 척' 해 주라는 것입니다. 다시 말하지만 남자들은 실질적인 능력이 더 부족하기 때문에 아내가 죽으면 얼마나 어렵게 되는지 모릅니다. 그러나 여자들의 경우는 남편과 사별해도 혼자 사는 데 별 지장이 없습니다. 그러므로 여자들이 강한 줄을 알고 남성들의 마음을 아프지 않게 하기 위하여 '연약한 척' 해 주라는 것입니다.

얼마 전에, 나이가 지긋하고 지혜로운 한 유대인 출판업자의 책을 읽은 적이 있습니다. 자기 부모님의 경우, 중요한 결정을 해야 할 때는 항상 아버지가 어머니에게 물었다고 합니다. 의견을 물을 때마다 어머니는 "여자인 제가 무엇을 알겠습니까? 잘 아는 바가 없지만 제 생각에는 이렇게 하면 어떨까 합니다"라고 대답했다는 것입니다. 그러면 아버지가 반드시 겸손하고 현명한 어머니의 말씀대로 했기 때문에 사실상의 집주인은 어머니였답니다. 항상 많이 알고 있지 않는 것으로 인정하고 겉으로 나서지 않으며 아버지로 하여금 주인 역할을 할 수 있게 했지만 중요한 결정의 대부분은 어머니의 의견으로 이루어졌다는 것입니다.

미국 남성들은 흔히 가정문제가 거의 없다고 말합니다. 남편과 아내의 역할이 분담되어 있기 때문에 그렇다는 것입니다. 중요한 결정은 남자가 하고 중요하지 않은 것은 여자가 결정합니다. 그들이 말하는 중요한 문제는 흔히 전쟁문제나 대통령선거에 관한 것들이고, 중요하지 않은 것들은 휴가 장소를 정하거나 교육문제에 관한 것입니다. 그러나 사실 전쟁문제니 대통령선거니 하는 것은 이론적인 것에 불과하고 집안의 실질적인 문제는 여자들이 다루고 있는 것이 아닙니까? 그렇지만 어찌되었든 간에 그렇게 함으로써 남자들의 권위가 인정되면서 큰소리가 나지 않고 가정의 평화가 유지되는 것입니다. 한국의 여성 여러분! 힘이 여러분에게 다 있으니 약한 남자들을 부끄럽게 하지 말고 남자들이 강하게 설 수 있도록 자신의 자리를 내어 주십시오.

많은 여성들이 에베소서의 가르침을 싫어합니다. 바울이 여자의 입장을 깨닫지 못했기 때문에 그렇게 말했다고들 합니다. 그렇다면 바울이 여성과 남성들에게 무엇이라고 말했는지 찾아봅시다.

아내들이여 자기 남편에게 복종하기를 주께 하듯 하라(엡 5:22).
그러나 교회가 그리스도에게 하듯 아내들도 범사에 그 남편에게 복종할지니라(엡 5:24).

즉, 교회가 그리스도를 중심으로 질서를 지킨 것과 같이 여자들도 자기 남편에게 모든 면에서 그렇게 하라는 말씀입니다.

에베소서 5장 21절에서는 "그리스도를 경외함으로 피차 복종하라"라고 했습니다. 음과 양의 조화를 유지하도록 피차 복종하라는 말씀입니다. 교회와 그리스도와의 관계, 즉 교회가 그리스도의 신부인 것처럼 아내와 남편의 관계도 그렇게 이루어져야 하는 것입니다. 22, 23, 24절을 보면, 여자가 남자에게 복종해야 하는 이유가 분명히 있습니다. 그러나 복종하는 일은 비교적 쉽습니다. 감정적으로 좋아하지 않아도 할 수 있는 일입니다.

한편, 남편들에게는 "남편들아 아내 사랑하기를 그리스도께서 교회를 사랑하시고 위하여 자신을 주심같이 하라"(25절)라고 했습니다. 여자에게는 복종만 하라고 하셨고, 남자에게는 복종과 아울러 사랑까지 하라고 하셨습니다. 이것을 보면 남자의 역할이 더 어려운 것임을 알 수 있습니다. 그리스도께서 교회를 사랑하시고 교회를 위해서 자기 자신을 바친 것과 같이 남편이 아내를 위해서 희생해야 한다고 하신 것입니다. 이것은 십자가에 못박혀야 한다는 말입니다. 남자 편에서 볼 때 부당한 차별대우처럼 보이기조차 합니다. 한편, 여자들은 이 점을 깨닫지 못하고 자신들이 차별대우를 받고 있다고 생각합니다. 대부분의 여성들이 24절까지만 읽고 기분이 나빠져서 그 다음 말씀은 더 이상 읽지 않는 것 같습니다. 25절 말씀은 남자들도 읽기를 원치 않고, 교회에서도 잘 강조하지 않는 말씀이 아닌가 싶습니다.

사랑은 자기를 없애는 것, 즉 희생하는 것입니다. 자기를 죽일 수 있어야 합니다. 아내가 남편을 존경하는 생활을 하게 되면 남편은 자신감이 생겨서 더 좋은 사람이 될 수 있지만 아내가 남편을 멸시하는 태도를 취하면 원래부터 열등감이 강한 남자는 더 위축되고 그것을 감추려고 더욱 화를 내게 됩니다. 남자는 날 때부터 여자에게서 났고, 자랄 때도 여자인 어머니의 젖을 먹고 자랐습니다. 의지할 데 없는, 가장 약한 상태였을 때 여성의 보호를 받은 것입니다. 남자들은 자신이 약하고 열등감이 있다는 것을 어려서부터 스스로 압니다. 그런데 성인이 되어서 다시 아내에게 멸시를 당하면 열등감이 점점 더 커지고, 이에 비례해서 화도 점점 많이 내게 됩니다. 그러나 여자들이 겸손하고 부드럽게 대하면 남자들은 힘이 생기고 자신감을 갖게 되며, 이것은 결국 여성들에게도 이익이 됩니다. 옛날의 한국 여성들은 이런 근본원리를 다 알았지만, 교육을 받은 현대 여성들은 오히려 이 부분에 더 무지한 것 같습니다. 아마 잘못 전해 준 선교사들의 영향인지 모르겠습니다. 목회자들은 남성들에게 아내를 사랑하는 마음을 가르쳐야 합니다. 그렇게 함으로써 여자들 역시 남편을 존경하는 마음을 배울 수 있을 것입니다.

요즈음 교회가 가진 습관 중에 좋지 않은 것이 한 가지 있습니다. 이에 대해 다르게 생각하는 분도 있겠지만, 그것은 아내가 남편보다 먼저 집사가 되는 것입니다. 남편이 불신자거나 형식적인 신자인 경우에도, 아내가 열심히 교회생활을 하면 교회는 대부분 아내들에게 집사직을 줍니다. 제 생각으로는 남자가 직분자가 되기 전에는 여자가 직분을 가져서는 안 된다고 봅니다. 교회 안에서 아내를 높이면 상대적으로 남편은 눌림을 받는다고 생각하기 때문에 교회 나가기를 더욱 싫어하게 됩니다. 아내는 집사인데 자기는 아무것도 아니라면 그 남편의 마음이 어떻겠습니까? 교회 나가는 것을 부끄럽게 여겨 점점 발길을 멀리하게 하는 결과를 초래할 뿐입니다.

제가 예수원을 개척하고 난 지 얼마 되지 않아 태백에 있는 개척 교회에 부흥회가 있어서 방문한 적이 있습니다. 그때 여집사님 한 분이 제게 상담을 청했습니다. 자기가 부흥회를 돕지 않으면 부흥회가 잘될 수 없는 형편인데 남편이 교회에 가는 것을 극구 반대한다는 것입니다. 만일 그 집사님이 교회에 나가면 남편은 술집에 가겠다고 했답니다. 이 질문에 저는 그 집사님께 그냥 남편과 같이 있고 교회에 나가지 말라고 말씀드렸습니다. 그러자 그분은 자기가 없으면 부흥회가 될 수 없다고 말했습니다. 그때 저는, 그렇다면 부흥회를 그만두어야 할 것이라고 말해 주었습니다.

아내의 가장 중요한 책임은 남편을 돕는 것입니다. 그것은 성경의 가르침입니다. 남편을 대할 때 범사에 그리스도께 하듯 하고 존경하고 경외해야 합니다. 그런데 그 자매에게 먼저 집사 직분이 주어졌기 때문에 남편의 마음이 완악해지고 결국은 교회 나가는 것조차도 힘들게 되어 버린 것입니다. 그런 식으로 하는 교회는 일시적인 부흥이 있을지는 모르지만 건강한 교회가 될 수 없습니다. 남편과 아내가 같이 교회에 나올 수 있도록 권유하고, 남편이 마음 상하지 않도록 노력해야 합니다.

디모데전서 2장 8절을 보면, "각처에서 남자들이 분노와 다툼이 없이 거룩한 손을 들어 기도하기를 원하노라"라고 하십니다. 기도에 대한 책임이 남자에게 있음을 강력히 시사해 주는 말씀입니다. 한국 교회에서는 기도가 여성의 전유물인 것처럼 생각하는 경향이 있습니다. 이것은 무속신앙에서 나온 것입니다. 한국에서는 대개 무당을 여자와 가까운 존재로 생각하는데 이는 일리가 있습니다. 귀신은 논리적으로는 아무것도 못 합니다. 이성적이지 않고 감정적인 것이 귀신입니다.

하나님은 여자를 만드실 때 논리적으로 만드신 것이 아니라 감정이 풍부하게 만드셨습니다. 남자를 돕고 아이를 양육하고 집안일을 하기 위해서는 따뜻한 마음이 필요하기 때문입니다. 감정적으로 처리하면 복잡한 일도 객관적으로 처리하면 잘되지만, 여자가 남성의 논리성을 갖고 산다면 너무 차갑게 되어 가족의 분위기가 좋지 못할 것입니다. 하나님은 따뜻하고 안정된 생활을 하게 하기 위해 여자에게 부드러운 감정과 사랑이 풍부한 정서를 주셨습니다. 귀신이 여성의 이러한 점을 이용합니다. 사탄이 남자가 아닌 여자를 택한 것도 그런 이유에서입니다.

하와는 믿음이 없어서 사탄에게 속은 것이 아닙니다. 사실 하와는 믿음이 너무 좋았습니다. 하나님도 믿고, 아담도 믿고, 사탄까지도 믿어 버렸습니다. 착한 마음을 가지고 있었지만 객관적인 분별력이 없었습니다. 마귀는 우리의 감정이나 느낌 등을 이용합니다. 하와는 자신이 느낀 대로 행동했습니다. 남편에게 먼저 물어보았다면 아무 문제도 없었을 텐데 이미 먹어치운 다음에 남편을 찾았습니다.

하나님의 방법은 남자가 기도하는 책임을 갖는 것입니다. 한국에서는 예부터 여자에게 기도의 능력이 있다고 생각해 왔는데 이런 생각은 귀신이 준 것입니다. 귀신은 남자가 기도하는 것을 싫어합니다. 그러나 남자가 기도하는 것이 하나님의 원칙입니다. 남자들에게 거룩한 손을 들어 기도하라고 하신 다음에 여자에게 하시는 말씀이 나옵니다.

> 또 이와 같이 여자들도 아담한 옷을 입으며 염치와 정절로 자기를 단장하고 땋은 머리와 금이나 진주나 값진 옷으로 하지 말고 오직 선행으로 하기를 원하라 이것이 하나님을 공경한다 하는 자들에게 마땅한 것이니라(딤전 2:9-10).

또 11절에 "여자는 일절 순종함으로 종용히 배우라"라고 했는데, 이 말씀의 요지는 행동을 잘하고 가르침을 잘 받으라는 것입니다. 12절에서는 "여자의 가르치는 것과 남자를 주관하는 것을 허락지 아니하노니 오직 종용할지니라"라고 합니다. 이 구절은 그 시대와 그 사회에 해당되는 말씀입니다. 시대가 달라지면 다르게 적용할 수 있는 말씀인 것입니다. 아울러 이것은 하나님이 친히 하신 말씀이 아니고 바울이 한 말씀임을 기억해야 합니다.

역사적인 배경을 살펴보면, 그 당시에는 이 말씀이 아주 중요한 것이었습니다. 그때에는 가르치는 위치에 여자를 세우는 것을 금했습니다. 가르치는 위치뿐 아니라 밖에 나가서 남자를 사귀는 여자들은 창기들 외에는 없었습니다. 기생들만 남자를 자유롭게 사귀고 보통 여자들은 집에 가만히 있었습니다. 그래서 교회 안에서도, 함부로 말을 많이 하는 여자들은 기생이라고 생각할 정도였습니다. 혹 믿지 않는 자가 교회에 와서 여자들이 함부로 말하는 것을 보고, 교회에 기생들만 많이 있다는 인상을 가질 수 있으리라고 생각했기 때문에 바울이 이 말씀을 한 것입니다. 바울 사후에 다른 사람이 교회를 다스릴 때는 여자들의 가르치는 것을 완전히 금하지 않았습니다. 디모데도 자기 의견에 좋은 대로 행했습니다.

더구나 현대 사회에서는 여성이 가르치는 문제에 대해서 많이 달라졌습니다. 그러나 사회가 부패했기 때문에 비록 여성이 가르치는 위치에 있다 해도 조심해야 할 점이 많다고 봅니다. 즉, 교회가 부패했다는 인상을 주지 않도록 노력해야 할 것입니다.

남성의 여성 보호에 관하여

남자들은 보통 모든 것을 논리적으로 판단할 수 있기 때문에 냉정한 판단력으로 아내를 도울 수 있습니다. 여자들은 착하고 따뜻한 감정만으로 문제를 결정하기 쉽지만 남자는 객관적인 판단력으로 결정할 수 있습니다. 구약 시대를 보면, 여자가 서원하는 경우 몇 개월 동안은 아무에게도 말하지 않고 가만히 있다가, 일단 어머니에게 말하고, 그 다음에 어머니가 아버지에게 말합니다. 출가한 여자는 남편에게 말합니다. 그때 아버지나 남편은 24시간 이내로 그 서원이 옳은지 그른지를 분별해야 했고 여자는 남자의 결정대로 따라야 했습니다. 일시적인 감정이나 흥분으로 한 서원은 아버지나 남편이 분별해서 막도록 했습니다. 그런 경우의 서원은 지키지 않아도 죄가 아니었습니다. 제가 생각할 때 이것은 매우 적절한 방법이 아닌지 싶습니다. 하나님은 우리를 만드실 때 각 사람의 역할을 다르게 만드셨습니다. 각 사람이 자기 역할만 제대로 한다면 복잡한 문제가 생기지 않을 것입니다.

베드로전서 3장 1절, "아내 된 자들아 이와 같이 자기 남편에게 순복하라 이는 혹 도를 순종치 않는 자라도 말로 말미암지 않고 그 아내의 행위로 말미암아 구원을 얻게 하려 함이니"라는 말씀은 믿지 않는 남편을 둔 여자들에게 아주 중요한 구절입니다. 남편에게 전도할 때 말로 하지 말고 행동으로 전도하라는 것입니다. 그래서 남편이 아내를 인정하고 아내가 예수 믿는 사람이기 때문에 자기는 행복하다고 말할 정도가 되어야 합니다. 남편이 교회에 가지 않는다고 주일마다 남편을 귀찮게 하지 말고 조용하고 아름다운 행실로 남편이 변화되도록 노력해야 합니다. 남편을 주께로 인도하기 위해서 가장 필요한 것은 아름다운 행실입니다.

그리고 여자가 아름답게 가꾸어야 할 것은 속사람입니다. 외면보다 속사람이 중요합니다. 아무리 좋은 옷을 입고, 향수를 뿌리고, 장식을 해도 남편을 자꾸 귀찮게 하면 아무 효과가 없습니다. 아름다운 웃음이 있어야 합니다. 죽고 싶은 기분일지라도 자기를 다스리고 밝은 표정을 지을 수 있어야 합니다. 마음의 숨은 사랑으로 부드럽고 온유한 심령으로 남편을 대해야 합니다. 또 남편이 믿을 때까지 아내가 교회에서 다른 직분을 갖지 않는다면 늦게 교회에 나온 남편도 부끄러움을 느끼지 않을 것입니다. 늦게 믿었어도 남편은 지금까지 가장으로서의 지도력을 가지고 있었기 때문에 쉽게 성장할 수 있습니다.

베드로전서 3장 7절에서는 "남편 된 자들아 이와 같이 지식을 따라 너희 아내와 동거하고 저는 더 연약한 그릇이요 또 생명의 은혜를 유업으로 함께 받을 자로 알아 귀히 여기라 이는 너희 기도가 막히지 아니하게 하려 함이라"라고 말씀합니다. 이는 남편이 아내의 입장을 충분히 이해하도록 노력해 보라는 말씀입니다. 남편은 항상 자기 아내를 이해하고 생명의 유업을 함께 받을 자인 줄로 알아 차별하지 말아야 합니다. 그러면 기도가 막히지 않을 것입니다. 아내와 올바른 관계에 있지 않으면 남편들은 기도가 막힙니다. 남자가 바르게 기도하기 위해서는 아내와 바른 관계에 있어야 합니다. 이것은 매우 중요합니다. 남자에게 기도할 책임이 있기 때문에 그 책임을 완수하기 위해서라도 아내를 무시하지 말아야 합니다. 8절에서는 이렇게 말합니다.

마지막으로 말하노니 너희가 다 마음을 같이하여 체휼하며 형제를 사랑하며 불쌍히 여기며 겸손하며.

또한 9절에 보면 "악을 악으로, 욕을 욕으로 갚지 말고 도리어 복을 빌라 이를 위하여 너희가 부르심을 입었으니 이는 복을 유업으로 받게 하려 하심이라"라고 했습니다. 부부에게 모두 해당되는 구절로 피차에 겸손하게 살면 아름다운 가족이 된다는 말씀입니다. 아내가 남편을 욕해도 욕으로 갚지 말고 축복하며, 남편이 아내를 욕해도 똑같이 욕하지 말고 축복하라는 말씀입니다. 우리는 남을 욕하기 위해 부름 받은 것이 아니라 축복하기 위해 부름 받았습니다. 여러분이 남을 축복하면 여러분 자신은 축복을 유업으로 받게 될 것입니다. 지금 당장 받지 않는다 해도 천국이 이루어질 때 반드시 받을 것입니다. 인내하면서 기다려야 합니다. 남편과 아내의 역할이 다르긴 하지만 천국의 유업을 받는 데는 구별이 없습니다. 남녀 구별 없이 모두가 하나님의 한 자녀로서 하나님의 유업을 받게 될 것입니다.

16-17절은 믿지 않는 악한 남편을 가진 여자에게 해당되는 말씀입니다.

> 선한 양심을 가지라 이는 그리스도 안에 있는 너희의 선행을 욕하는 자들로 그 비방하는 일에 부끄러움을 당하게 하려 함이라 선을 행함으로 고난 받는 것이 하나님의 뜻일진대 악을 행함으로 고난 받는 것보다 나으니라.

이 말씀을 볼 때, 계속해서 아름다운 행동을 한다면 욕하는 자들이 스스로 부끄럽게 될 것입니다. 핍박을 당해도 하나님께서 허락하신 일인 줄 알고 오히려 감사하고, 예수님이 핍박을 받으신 것처럼 나도 핍박을 당한다고 생각합시다. 예수님은 핍박을 받으실 때 핍박하는 자들을 위해서 "아버지! 저들을 용서하여 주소서. 저들은 자기가 하는 일을 알지 못하기 때문입니다"라고 기도하셨습니다. 이와 마찬가지로 핍박하는 남편을 위해서도 "주여! 저(남편이) 이해하지 못함을 용서하여 주소서"라고 기도해야 합니다. 그런 기도가 쉬운 것은 아니지만 의인인 예수 그리스도께서 불의한 자들을 위해서 죽으심을 생각하고 그렇게 해야 합니다. 믿는 아내가 의인으로서 핍박을 받되 부드럽게 받고 사랑스럽게 받으면 악한 남편도 예수님을 사랑하는 의인이 될 것입니다.

고린도전서 7장 10-12절에 보면, 실제적인 결혼문제가 나옵니다.

> 혼인한 자들에게 내가 명하노니 (명하는 자는 내가 아니요 주시라) 여자는 남편에게서 갈리지 말고 (만일 갈릴지라도 그냥 지내든지 다시 그 남편과 화합하든지 하라) 남편도 아내를 버리지 말라 그 남은 사람들에게 내가 말하노니 (이는 주의 명령이 아니라) 만일 어떤 형제에게 믿지 아니하는 아내가 있어 남편과 함께 살기를 좋아하거든 저를 버리지 말며.

이 말씀에서 바울이 이것은 주의 말씀이 아니라고 구별하는 부분이 있는데 그것은 강요하지 않기 위해서입니다. 이렇게 한 것은 자신의 말에 대해서는 판단할 자유가 있되 주님의 말씀에는 무조건 복종해야 한다는 의미입니다.

"어떤 여자에게 믿지 아니하는 남편이 있어 아내와 함께 살기를 좋아하거든 그 남편을 버리지 말라"(13절)라고 했고, "혹 믿지 아니하는 자가 갈리거든 갈리게 하라 형제나 자매나 이런 일에 구속받을 것이 없느니라 그러나 하나님은 화평 중에서 너희를 부르셨느니라"(15절)라고 말씀합니다. 아내가 남편과 살기를 원하지만 남편이 싫다고 하면 붙잡지 말라는 것입니다. 붙잡으면 싸움이 생깁니다. 자녀문제나 경제문제 때문에 앞으로 살 일이 걱정되어서 헤어지지 말자고 하지 말라는 것입니다. 그런 이유로 같이 산들 남편이 구타하거나 다른 여자와 만나게 되면 생활은 더욱 형편없이 되고 더 복잡한 문제가 생길 뿐입니다. 그제야 다시 헤어지려고 해도 그때는 이미 늦은 상태입니다. 그로 인해 죽지 못해서 살아야 하는 비참한 상태에까지 도달하게 되는 것입니다.

이런 경우를 볼 때 얼마나 안타까운지 알 수 없습니다. 그래서 저는 바울의 말씀이 옳은 줄로 압니다. 믿지 않는 남편이 이혼을 요구하면 일단 헤어지고 그가 회개해서 돌아올 때까지 기다려 줄 수 있어야 합니다. 그런데 자녀문제나 경제문제 때문에 하나님을 의지하지 못하고 남편만 의지해서 헤어지지 못하면 나중에 더 복잡한 문제가 생깁니다. 하나님께서 보호해 주실 줄 알고 단호히 떠나야 합니다. 믿지 않는 아내를 가진 남편의 경우도 마찬가지입니다.

이런 경우에 재혼문제에 대해서는 특별한 말씀이 없지만, 앞에서 살펴본 말씀을 볼 때 주 안에서 결혼한 사람들은 다시 결혼하지 말라는 것이 분명합니다. 이혼한 남편이 다른 사람과 결혼하면 사회법으로는 이혼당한 부인도 결혼할 수 있지만 성경법으로는 오히려 혼자 살면서 주를 위하여 힘쓰라고 말합니다. 그러면 마음이 갈라질 필요도 없고 주님만 섬기게 되어 바람직하다는 것입니다.

아이들이 있는 경우에는 문제가 또 다릅니다. 아이 딸린 남자가 부인 없이 자녀를 양육하기란 여간 어려운 일이 아니기 때문입니다. 그러나 계모가 친모처럼 아이들을 기를 수는 없습니다. 자기가 낳은 아이들과 차별하여 전처의 소생들을 고아원에 보내는 경우도 허다합니다. 요즈음 고아원에 있는 아이들은 대부분 아버지가 살아 있는 경우가 많습니다. 또 재혼을 한다고 해서 완전히 문제가 해결되는 것은 아닙니다. 물론 계모가 성령의 충분·충만함을 받는다면 문제가 달라질 것입니다. 성령의 충분·충만함이 있다면 양자와 친자를 똑같이 사랑할 수 있게 되기 때문입니다.

잠시 저희 가정에 대한 얘기를 하고 싶습니다. 사실 자랑하는 듯한 인상을 줄까 봐서 말씀드리기가 겁나지만, 성령의 도우심으로 문제가 해결된 것을 간증하기 위해서 말씀드립니다. 우리는 주의 뜻을 이루기 위해서 고아를 데려다가 키우려고 한 것이 아닙니다. 우리에게 딸이 없었기 때문에 10년 동안을 기다렸습니다. 그래도 하나님이 주시지 않아서 제 아내가 아무도 모르게 기도하기 시작했습니다. 고아원에 가서 아기를 데려올 수 없는 상황이니 주께서 택하신 딸을 친히 집에 보내 주시라고 기도했습니다. 그때 저희 집이 신학원 안에 있었는데 사람들이 저희 집을 방문하려면 대개 자동차는 밖에 두고 안으로 걸어 들어와서 연락하곤 했습니다.

어느 날 한 자동차가 예고도 없이 집에까지 들어왔습니다. 아주 희귀한 일이었습니다. 그때 저희들은 여행을 가기 위해 준비하고 있었습니다. 그런데 어떤 할머니께서 무언가를 안고 차에서 내렸습니다. 제가 먼저 인사를 드렸지만 저는 본 척도 않으시고 제 아내를 찾아 안으로 들어오셨습니다. 그러더니 "부인! 이것을 받아

주시겠습니까?"라고 물었습니다. 제 아내는 영문도 모르고 얼떨결에 "예" 하고 대답했습니다. 그러나 잠시 후에 자기가 받은 것이 하나님이 보내 주신 딸임을 알게 되었습니다. 원래 이 아이는 홀트 아동복지회로 갈 예정이었는데 홀트 사무실이 너무 복잡해서 며칠 후에 다시 오라고 했다는 것입니다. 할머니는 결핵을 앓고 있었기 때문에 아기와 같이 있을 수가 없었습니다. 그런데 어떤 사람이 현재인 사모를 찾아가라고 해서 먼 거리임에도 불구하고 그렇게 찾아왔다는 것입니다. 할머니는 아이를 잠시만 맡아 주면 다시 홀트로 데려갈 수 있다고 했습니다.

나흘쯤 지나서 제 아들이 아기가 언제 고아원으로 가느냐고 물었습니다. 그때 비로소 제 아내가 자기가 기도한 것을 고백하고 우리 딸이라고 했습니다. 그래서 제 아들도 동생이 생긴 것을 기뻐하고 아이를 얼마나 사랑하게 되었는지 모릅니다. 그 아이를 받고 2년이 채 안 되어서 아내가 또 한 딸을 낳게 되었습니다. 그러나 저희는 첫째 딸이나 둘째 딸이나 구별하지 않고 사랑했습니다. 성령께서 저희에게 은혜를 주셔서 차별하지 않을 수 있었습니다. 다시 말씀드리지만 이것은 결코 우리의 자랑이 아니라, 성령께서 힘을 주셔서 친자나 양자나 다 같이 사랑할 수 있었음을 간증하는 것입니다. 그러나 성령의 도우심을 바라지 않고는 절대로 똑같은 사랑을 줄 수 없기 때문에 계모들이 전처의 소생들을 고아원에 보내는 일이 생기게 되는 것입니다. 고아문제에 대하여 조금 더 말씀드린 뒤 이 장을 맺겠습니다.

한국 교회가 세계적으로 부끄러운 점이 한 가지 있습니다. 그것은 현재 이 나라에 신자 250명 중 1명꼴로 고아가 있다는 것입니다. 다섯 사람을 한 가족 단위로 본다면 50가족당 고아가 한 명이라는 계산이 나옵니다. 그러나 그 50가족 중에 한 가족도 고아를 집으로 들여오지 않으므로 결국 아이들이 고아원으로 가는 수밖에 없습니다. 한국 교회가 고아문제를 책임질 수 없다면 어떻게 사랑이 있는 교회라고 말할 수 있겠습니까? 이 나라의 집 없는 노인들, 고아들, 농아자들, 맹아자들, 불구자들, 출옥수들을 다 합해도 50가족당 다섯 사람밖에 되지 않습니다. 10가족당 한 사람만 자기 집에 받아들인다면 특별한 기관이 없어도 모든 문제를 해결할 수 있습니다.

성경에는 양로원이나 고아원과 같은 기관에 대한 이야기가 나오지 않습니다. 그것이 하나님의 방법이 아니기 때문입니다. 하나님의 방법은 이사야 58장 6절에 나옵니다. 한국 신자들이 금식에 대해서 관심이 많고 40일 동안 금식하는 사람도 더러 있지만 하나님이 좋아하시는 금식은 밥만 굶는 것이 아닙니다. 참된 금식은 "흉악의 결박을 풀어 주며 멍에의 줄을 끌러 주며 압제당하는 자를 자유케 하며 모든 멍에를 꺾는 것"이라고 했습니다. 이것은 사회문제이며 법적인 문제입니다.

58장 7절은 개인문제로서 "또 주린 자에게 네 식물을 나눠 주며 유리하는 빈민을 네 집에 들이며 벗은 자를 보면 입히며……"라고 했습니다. 참된 금식은 집 없는 자를 자기 집에 들이는 것입니다. 집 없는 자가 자기 집에 들어오면 그 가족은 항상 덜 먹어야 되지 않습니까? 이것이 참된 금식입니다. 며칠 굶고 다시 잘 먹는 것이 금식이 아닙니다. 다섯 가족 중 한 가족만 집 없는 사람을 받아들이면 고아원이나 양로원이 필요 없지만 한국 교회의 신자들이 그렇게 하고 있지 않습니다. 참된 금식을 하고 있지 않기 때문에 전혀 금식을 하지 않는 교인이라고 할 수밖에 없습니다. 외형적으로 거대해진 한국 교회를 보기 위해 외국에서 많은 사람들이 찾아옵니다. 그리고 감탄합니다. 하지만 한국 교회가 고아문제를 해결하지 못한다면 참으로 주의 뜻을 행하는 교회라고 볼 수 없을 것입니다.

2

여자의 역할

잠언 31장 10-31절은 '현숙한 여인'에 대한 내용인데, 이 말씀 가운데 어린아이에 대한 말이 전혀 나오지 않는 것으로 보아 여기에 언급된 '현숙한 여인'은 갓 결혼한 여자는 분명히 아닌 것 같습니다. 이 여인은 벌써 자녀들이 다 성장한, 쉰이나 예순 살쯤 된 사람인 듯합니다. 그렇지만 젊은 여인들은 이 말씀을 앞으로 자신들이 지향해야 할 지침으로 삼을 수 있을 것입니다. 젊은 여자들이 처음 결혼했을 때는 남편밖에 책임질 것이 없지만 아이가 태어나면 아이들을 위해 시간과 힘을 많이 써야 합니다. 그렇게 30년 정도 결혼생활을 하게 되면 마침내 잠언 31장 말씀과 같은 상태에 도달하게 되지요! 이러한 상태에 도달하기까지는 처음부터 올바른 방향으로 꾸준히 나아가야 했을 것입니다. 어떻게 올바른 방향으로 나아갔는지 하는 것은 30절 말씀, "오직 여호와를 경외하는 여자는 칭찬을 받을 것이라"는 말씀에 기록되어 있습니다.

'경외하다'라는 말은 영어로 'fears', 즉 '두려워하다'는 뜻입니다. 두려워한다는 것이 나쁜 일은 아닙니다. 물론 요한일서 4장 18절에 온전한 사랑이 '두려움'을 내어 쫓는다고 했습니다. 그렇지만 우리는 하나님을 사랑하면서도 하나님을 두려워할 수 있습니다. 그것은 무슨 일이 생길까 봐, 혹은 하나님께서 나를 치실까 봐 갖게 되는 두려움이 아닙니다. 나는 사람일 뿐이고 하나님은 창조주로서 온 세계, 온 우주를 다스리는 분입니다. 하나님은 나보다 크고 지혜가 많으신 분이므로 그분을 존경(두려워)해야 하는 것입니다.

'경외'라는 단어는 뜻은 좋지만 보통 말할 때는 잘 사용하지 않습니다. 그것은 존경의 의미로서, 나보다 훨씬 중요하고 훨씬 지혜가 많은 분인 줄 알므로 품게 되는 선한 의미의 두려움인 것입니다. 여자가 하나님으로부터 받은 책임을 감당하기 위해서는 지혜가 필요합니다. 여자에게는 주로 남편과 자식을 위한 책임이 부여됩니다. 그러므로 여자는 본성적으로 '누가 나의 남편이 될까?'를 신중히 생각할 수밖에 없습니다.

주를 경외하는 여자는 하나님께서 나의 남편이 될 사람이 누구인지 나보다 잘 아시기 때문에 그분의 손에 문제를 맡깁니다. 그러나 주를 경외하지 않는 여자는 자기가 남편을 선택해야 하므로 이 사람과도 조금 교제해 보고 저 사람과도 조금 교제하면서 '이 남자가 나보다 저 여자를 더 좋아하는 것은 아닐까?' 하고 의심하곤 합니다. 주를 경외하지 않기 때문에 그러한 문제가 생기는 것입니다.

오늘날 현대 사회에서 자매들에게 한 가지 특별한 문제가 있습니다. 선교사들이 한국에 처음 왔을 때, '여자는 공부할 필요가 없다'는 사상이 널리 퍼져 있는 것을 보고 여자를 가르쳐야 한다는 생각에서 여자들을 위한 학교를 설립했습니다. 나쁜 일은 아니었지만 선교사들이 깊이 생각지 않았던 점이 있습니다. 여자들이 집에서도 어머니와 할머니, 혹은 고모나 이모에게서 배우는 것이 매우 많다는 사실입니다. 그런데 집을 떠나 하루 종일 학교에서 지내게 되면서부터는 그와 같은 지혜와 지식을 배우지 못하고, 학교에서도 그런 내용을 가르치지 않았습니다.

게다가 갈수록 더 복잡하게 된 것은 남자와 여자가 같은 학교에 다니면 좋겠다는 사상이 생겨 남녀공학 제도가 도입되었는데, 교수들이 대부분 남자이므로 여학생들이 주로 그들의 영향을 받아 가정이 나의 사명이라는 생각을 하지 않게 되었다는 점입니다. 대개 자신의 사명을 돈버는 직업으로만 생각해서, 여자들이 결혼하는 것을 직업이라고 말하기도 어렵고 결혼하는 것을 나를 위한 '부르심'이라고 말하지도 못합니다. 교사, 간호원, 회사원 등이 되려면 목표를 삼고 공부하면서 그것만 배웁니다. 자신의 참된 사명을 전혀 배우지 못하는 것입니다.

다시 말하자면 중학교, 고등학교, 대학교에 다니는 10년 동안 남자와 똑같은 교육을 받게 됩니다. 그래서 졸업할 때쯤 되면 여자들의 정신은 남자와 똑같은 사고밖에 남지 않게 됩니다. 참된 여자의 정신이 무엇인지 모르는 것입니다. 여성다운 정신이 있지만 부끄러워서 인정하려 하지 않으며, 여자의 정신이 생길 때마다 어색해져서 오히려 자신을 누르는 상태가 됩니다. 결국은 남자도 못 되고 참된 여자도 될 수 없습니다. 이것도 아니고 저것도 아닌, 항상 분열된 상태로 지내기 때문에 복잡한 문제가 생기기도 합니다.

제 누이동생은 대학에 다닐 때 사람들이 "무슨 직업을 위해 공부하는 중이냐?" 하고 물으면, "저는 결혼하겠습다"라고 대답했습니다. 아마 50여 명의 학생 중에서 그런 대답을 담대하게 할 수 있던 사람은 제 동생 한 명밖에는 없었을 것입니다.

대부분의 여자들은 그런 생각을 품고 있으면서도 부끄러운 일이라고 생각하여 말하지 못합니다. 직업에 대한 관심이 별로 없으면서도 반드시 이 직업이나 저 직업을 가져야 한다고 거짓말을 합니다. 하나님께서 여자에게 주신 관심이 가정이요, 그렇기 때문에 결혼하면 될 것인데, 왜 대학에 가느냐고 물으면 "좋은 남편을 찾기 위해서요!"라고 말하지 못합니다. 물론 대학에 다니지 않은 여자와 대학을 졸업한 남자가 결혼하면 서로 대화하기 힘든 점이 많은 게 사실입니다. 남편의 대화 상대가 되기 위해서 대학에 들어가는 경우도 있습니다. 그러나 대부분 남자와 견줄 만한 지성과 능력을 갖추고 좋은 사람을 만나기 위해 대학에 가지만, 공부하는 동안 남자의 정신마저 배워 결혼한 다음에 자꾸 부딪치게 됩니다. 마치 두 남자가 결혼한 것 같습니다. 있을 수 없는 일입니다.

또 참다운 여자 되기를 원하더라도 아무도 그에게 어떻게 그와 같이 될 수 있는지 가르쳐 주지 않습니다. 대학에 진학하기 위해 어머니 곁을 떠납니다. 이모도 고모도 없습니다. 교수들 대부분이 남자이고, 그들은 결혼문제에 대한 관심이 별로 없기 때문에 자기 전공인 수학이나 과학·사회학 등의 학문만 가르칩니다. 가정생활에 관한 것은 도무지 다루지 않습니다.

처음 선교 사역을 시작할 때 여자가 여자로서 가정을 통하여 어떻게 하나님께 영광을 돌릴 수 있는지에 대해서 가르치도록 노력했습니다. 그런데 그러한 경향이 점차 사라지고 마침내 완전히 남자 위주의 교육을 하여 현대 우리 사회에 있는 여성의 입장이 얼마나 어렵고 복잡하게 되었는지 이루 말할 수 없습니다. 그래서 제가 우선 형제들에게 말하고 싶은 것은 우리 자매들을 비판하지 말고 그들의 입장이 얼마나 곤란한지 이해해야 한다는 점입니다.

창세기 1장 1절 말씀을 보면, 옛날 동양사상이 성경에서 비롯된 사상임을 확인하게 됩니다. 남자는 양(陽), 여자는 음(陰)으로 동양의 음양사상이 창세기에 나오고 있습니다. 제가 흔히 듣는 말은, 동양에서는 지나치게 남성 위주의 전통이 강조되고 있다는 것인데 실제로는 그렇지 않습니다. 동양에서는 '음양'(陰陽)이라고 하기 때문입니다.

> 하나님이 가라사대 우리의 형상을 따라 우리의 모양대로 우리가 사람을 만들고 그로 바다의 고기와 공중의 새와 육축과 온 땅과 땅에 기는 모든 것을 다스리게 하자 하시고 하나님이 자기 형상 곧 하나님의 형상대로 사람을 창조하시되 남자와 여자를 창조하시고(창 1:26-27).

하나님은 서로 다른 것을 가지고 완전히 새로운 것을 창조하셨습니다. 하나님의 형상이 무엇입니까? 남녀입니다! 이것은 놀라운 사실입니다. 음양은 하나님의 형상입니다.

물론 하나님은 삼위일체이십니다. 음양사상에는 삼위(三位)가 나타나지 않지만 한국에서는 삼위를 나타내는 상징(㉡)을 흔히 볼 수 있습니다. 옛날부터 한국 사람들은 삼위일체를 믿었습니다. 그러나 중국 사람들은 음양만 생각하여 완전한 것으로 보고 더 이상 생각지 않았습니다. 그런데 한국 사람들은 실제적인 사람들입니다. 어머니(陰)와 아버지(陽)와 아들, 다시 말하면 성부 · 성자 · 성령으로, 성부와 성신이 함께 성자를 낳게 하셨습니다. 성령이 여자 역할을 한 것입니다.

얼마 전에 하나님이 여자라고 주장하는 글을 읽은 적이 있습니다. 현대 신학자들이 하나님을 'He', 즉 항상 남자로 이야기하는데(한국말로 '그'라는 표현은 별 문제가 없지만) 어떤 미국 사람들이 그 문제를 너무 깊이 생각하여 하나님을 여자의 속성을 가진 존재로 보아 'She'라고 부를 것을 제안했습니다. 물론 이사야서에 하나님께서 어머니같이 자식들을 사랑하신다는 구절이 있기는 합니다(49:15). 어떤 사람들은 성장할 때 아버지와 관계가 좋지 않아서 하나님 아버지를 생각할 때마다 잔인한 아버지로만 상상하는 경우가 있는데 그런 경우에는 하나님을 어머니로 볼 수도 있을 것입니다. 하나님의 성품에는 분명히 어머니와 같은 부드럽고 따뜻한 속성도 있기 때문입니다.

성령님이 여자의 역할을 한다고 말하는 사람은 없지만 성령 안에 그런 면이 있습니다. 창세기에서는 하나님의 신(神)이 수면 위에 운행하신다고 했으며(1:2), 누가복음에서는 성령께서 마리아에게 잉태하는 힘을 주셨다고 했습니다(1:35).

삼위일체도 하나님의 형상이 나타난 표시입니다. 음양(陰陽)이나 삼위일체는 둘 다 진리와 관계가 있으며, 동양의 전통사상 중에는 성경에서 비롯된 것이 분명히 있습니다. 그러므로 남성들이 참다운 남성이 되기 위해서는 양(陽)적인 일을 하고, 여성이 참다운 여성이 되려면 음(陰)적인 일을 해야 하는 것입니다. 그런데 오늘날 대부분의 학교에서 양(陽)적인 일만 가르치고 음(陰)적인 일을 가르치지 않기 때문에 우리 자매들이 여러 가지 곤란한 입장에 처하게 되었습니다.

미국에 다음과 같은 이론이 있습니다. 가령 사람을 백분율로 측정할 수 있다면, 어떤 사람은 100퍼센트 남자이고 어떤 여자는 100퍼센트 여자입니다. 대부분은 남자의 성품이 80퍼센트이고 여자의 성품이 20퍼센트이든지, 여자의 성품이 80퍼센트이고 남자의 성품이 20퍼센트입니다. 반(半)반인 경우도 있습니다. 남자가 지나치게 남성의 성품이 부족하든지 혹 지나치게 강하면 결혼하지 못합니다. 100퍼센트 남자, 100퍼센트 여자일 경우 문제가 많기 때문에 각각 상대방의 부분에 들어가지 않으면 안 됩니다. 보통 심리학에서는 양(陽)이 음(陰)의 부분에 20-30퍼센트 들어가야 하고, 음이 양의 부분에 20-30퍼센트 들어가야 한다고 말하는데 이것은 결코 틀린 이론이 아닙니다. 100퍼센트와 100퍼센트는 연결이 잘 안 되지만, 서로 좀 부족함이 있을 때는 연결이 튼튼하지 않습니까? 그래서 여자에게는 남성다운 부분이 있어야 하고, 남자에게는 여성다운 부분이 있어야 합니다. 너무 딱딱하거나 너무 남자답기만 하면 결혼생활이 곤란해지는 법입니다.

예수원 공동체를 통하여 우리가 지향하는 목적은 (현재 예수원의 일차적인 사명은 나라와 교회를 위하여 중보기도 하는 일이지만) 장차 여러 나라에 선교사들을 파송하는 일입니다. 예수원의 비전은 보통 일곱 가지 정도가 되는데, 남자들은 이곳에 와서 그 비전을 이루는 것을 목표로 생각하기가 비교적 쉽습니다. 더러는 결혼을 원하기도 하지만 잠시 뒤로 미룰 수도 있습니다. 대부분의 남자들은 맨 먼저 예수원의 나아가야 할 방향, 즉 비전을 생각합니다. 예수원이 잘되기를 위해 노력하기가 여자보다 쉽습니다. 물론 여기 찾아오는 모든 형제가 그런 정신을 가진 것은 아니지만 그런 정신이 부족하면 우리가 집으로 가라고 합니다. 여기 찾아오는 형제들이 예수원 사명을 이루기 위해 마음을 모아야 한다고 생각합니다.

그런데 여자에게 같은 이야기를 하면 좀 곤란합니다. 결혼해야 하므로 예수원 사명이 있는지 없는지 확실히 모릅니다. 결혼에 대한 사명이 그녀의 일차적인 관심사입니다(예수원의 형제와 결혼하는 것이 주님의 뜻인지 다른 사람과 결혼해야 하는지 아직 모를 뿐이지요). 예수원에 왔더라도 100퍼센트 예수원 사명만 생각하기 어렵습니다. 한편으로는 나의 개인 사명도 생각해야 합니다. 우리는 자매들에게, 그래도 그 문제를 하나님의 손에 완전히 맡기면(하나님께서 당신보다 지혜가 많고 당신을 충분히 사랑하시기 때문에) 아름답게 해결해 주실 줄 믿고 지금은 하나님께서 당신을 이곳으로 보내신 줄 알아서 공동의 목표를 이루기 위해 힘쓰라고 권면합니다. 그러나 말은 쉽지만 그렇게 실행하기는 얼마나 어려운지요!

남자 한 사람 여자 한 사람이 둘 다 똑같이 예수원 사명을 위해 전심전력으로 나아간다고 하면 여자가 더 큰 희생자가 됨을 알아야 합니다. 여자가 훨씬 더 생활하기 어렵습니다. 해야 하는 줄 잘 알면서도 얼마나 힘이 드는지 모릅니다. 남자의 경우 성령의 도우심이 별로 없더라도 비교적 쉽게 할 수 있지만 여자는 성령의 도우심이 없으면 도무지 할 수 없습니다. 결혼하고 나서도 쉽지 않습니다. 아이들이 있고 보살펴야 할 가족이 있기 때문입니다. 자기의 개인 책임이 따로 있습니다. 그것을 예수원보다 먼저 생각해야 하므로 개인주의자처럼 생각되기 쉽습니다.

남자들은 군대생활을 비롯하여 여러 사람과 뭉쳐서 공동체생활을 할 경우가 많습니다. 수사들이 다 남자고 군인도 다 남자며 회사원 또한 주로 남자입니다. 남자들에게는 자연히 합력하는 정신이 있기 때문에 공동목표를 이루기 위하여 합력하는 것이 비교적 어렵지 않습니다.

그에 반해 여자는 본성적으로 자기 남편, 자기 아이만 생각하는 것이 원칙입니다. 그래서 개인주의자가 되기 쉽고 여러 사람과 합력하여 공동체생활을 하기가 남자에 비해 훨씬 더 어렵습니다. 물론 여자의 경우에도 독신의 사명을 받아 하나님을 위하여 아예 결혼을 안 하기로 결정하면 남자와 똑같이 단체생활을 할 수 있습니다. 자신을 희생하면서 공동의 목표를 능히 이룰 수 있는 것입니다. 그렇지만 그러한 사명을 받은 여자들이 그다지 많지 않습니다. 그렇기 때문에 그런 여자들은 하나님께서 아름답게 보시고 인정하시며 우리 모두 존경합니다. 그러나 이미 결혼한 여자나 혹은 결혼할 여자가 공동체생활을 하기란 얼마나 어려운 일인지 우리가 이해해야 합니다. 성령의 도우심이 없이 자신의 힘만으로는 도무지 감당할 수 없기 때문입니다.

만일 여자가 공동체생활을 능히 감당하는 것을 보면 그가 남자들보다 더 큰 승리를 얻고 더 성장한 것임을 알아야 합니다. 남자들은 흔히 '저 여자는 왜 우리의 공동목표는 생각지 않고 개인문제만 생각할까?'라고 판단하기 쉽습니다. 자연적으로 남자는 공동문제를 생각하고 여자는 개인문제를 생각하는 편입니다. 둘 다 자연적인 사람이면 여자를 비판하기 쉽습니다. 그런데 남녀 둘 다 성령을 받았다고 하면 성령의 코이노니아를 힘입어 둘 다 공동생활을 할 수 있습니다. 그러나 여자가 더 먼 길을 여행해야 하고 더 험한 길을 가는 것인 줄 남자들이 알고 인정해야 합니다. 여자가 공동목표에 대해서 우리 남자들만큼 이르지 못했다면 영적으로 우리와 똑같은 상태인 줄 알고, 여자가 공동목표를 이루기 위해 우리만큼 헌신적으로 일하고 있다면 우리보다 훨씬 앞서 가는 사람인 줄 알아야 합니다.

현대 사회에서 여자다운 생활이 무엇인지 가르쳐 주는 일이 없기 때문에 우리 자매들에게 다른 문제가 있습니다. 여자가 특별한 동기 없이 개인으로서 공동체에 들어가는 일도 없지만, 공동체생활을 하게 된 경우라도 공동체 안에서 자기의 역할이 무엇인지 생각하기 어렵다는 것입니다.

대개 사회에서 남자들이 하는 모든 일은 밖으로 드러나지만 여자들은 주로 집에서 일을 하므로 잘 나타나지 않습니다. 일반적으로 사회에서는 겉으로 드러나는 것은 중히 여기고 드러나지 않으면 가볍게 여기는 경향이 있습니다. 그러므로 못을 박는 일은 중요하다고 생각합니다. 누구든지 볼 수 있고 그 소리를 들을 수 있으며, 그렇게 만든 의자나 책상을 계속 사용할 수 있기 때문입니다.

그러나 여자가 하는 일은 효과가 나타나지 않습니다. 끝을 맺지 못하는 일이 많습니다. 여자들이 하는 일은 소모되어 없어지는 것이 많습니다. 하루 세 번 식사를 준비하여 남자들을 기분 좋게 할 수 있고 기분 나쁘게 할 수도 있는데, 좋게 해도 그다지 두드러진 일이라고 여기지 않습니다. 어떤 형제가 예수원에서 무슨 물건을 만들면 10년이나 20년이 지나도 그것을 볼 때 '아, 그것은 그 형제가 만들었지'라고 기억합니다. 그런데 어떤 자매가 부엌에서 훨씬 더 수고를 많이 하여 음식을 만들었더라도 대부분 대수롭지 않게 생각하고 다 먹어 버린 후 쉽게 잊어버립니다. 우리 눈앞에 항상 드러나지 않기 때문입니다.

물론 털로 짠 조끼를 입고 있을 때는 누군가가 그것을 만들었으리라 생각합니다. 우리 자매들이 밥하는 것보다 옷 만드는 일을 더 좋아하는 이유는 사실 칭찬을 받으려는 욕구 때문이 아닌가 싶습니다. 남자들이 하는 일은 하나님으로부터 인정을 받든지 못 받든지 관계없이 대개 사람들에게 칭찬을 많이 받을 수 있습니다. 그러나 여자들의 일은 그렇지 않습니다. 그러므로 여자들은 아무에게도 칭찬을 받지 못할 때가 많습니다. 그러나 하나님만 자기를 칭찬하는 줄 알고 만족해야 합니다. 그런데 그것만으로는 만족하기가 너무나 힘이 듭니다. 그렇게 되기 위해서는 더욱 내적인 성장이 요구됩니다.

하나님께서 여자들에게 주신 일은 매우 귀한 것이지만 남들 앞에 잘 나타나지 않습니다. 일반 사회에서조차 겉으로 나타나는 것만을 강조해서 여자들이 자기 자신을 귀하게 여기지 못하는 실정입니다. 다시 한 번 깊이 생각하여 하나님께서 나를 부르신 부르심이 무엇인지, 그리고 하나님 보시기에 내가 중요한 사람인지 아닌지, 지금 내가 하는 일이 주께서 원하시는 일인지 아닌지 분별하도록 노력해야 합니다. 하나님께서 원하시는 일이라면 나를 사람이 어떻게 보든 상관 없는 것입니다.

흔히 여자들은 남자들에 비해 아름다운 것을 더 깊이 생각하는 경향이 있습니다. 남자들은 아름답게 된 다음에야 비로소 그것을 보고 좋아합니다. 미리 생각지 않습니다. 제 집사람이 항상 이것을 좀 고치면 더 아름답게 되겠다고 생각해 놓고 이렇게 합시다, 저렇게 해 봅시다 하고 말하는데, 그것들은 보통 제가 좀처럼 생각지 못하는 것들입니다. 집사람 말대로 해 보고 나서 "참, 잘되었구나!"라고 감탄한 적이 많습니다.

예수원에는 우리 집사람의 손길이 닿은 곳이 많습니다. 그런데 그것들은 대부분 저로서는 전혀 생각조차 못 해 본 것들입니다. 저는 이 집을 지을 때도 이 집의 청사진과 외양만 끝냈을 뿐 더 이상 생각지 않았습니다. 그런데 집사람이 안에 있는 모든 것을 생각해서 이것도 해야 하고 저것도 해야 하고 색깔도 잘 맞추어 이 색은 되고 저 색은 안 된다고 강조하였습니다. 모든 것을 자세히 생각해서 했기 때문에 이 집이 아름답게 되었습니다.

집사람은 다른 자매들에게도 같은 정신을 원합니다. "손님들을 위한 방이 준비되었습니까?" 하고 물으면 대부분 "예, 됐습니다" 하고 대답합니다. 그런데 가 보면 이것도 없고 저것도 없습니다. 이러다 보니 나중에 손님에게 너무 미안하게 된 적도 있습니다. 미리 침구·물·의자·거울 등 하나하나 점검해 보고 다 준비해야 하는데 그렇지 못했기 때문입니다. 이것이 바로 '여자의 정신'입니다.

그런데 오늘날 여자들은 10년 동안 학교에 다니면서 남자의 정신밖에 배우지 못해 그런 일을 제대로 감당하지 못합니다. 물론 우리 집사람은 쉰 살이 지났으므로 이렇게 하지 못하면 부끄러운 일이겠지만 스무 살이나 서른이 채 안 된 자매들은 잠언 31장의 말씀대로 실행하기가 힘듭니다. 다만 그것을 목표로 삼고 '내가 그 방향으로 나아가겠다', '하나님을 경외하고 그분께 영광을 돌리는 삶을 살겠다'고 결심하면 얼마나 아름다워질까요.

베드로전서 3장 1절에는 "아내 된 자들아 이와 같이 자기 남편에게 순복하라 이는 혹 도(道)를 순종치 않는 자라도 말로 말미암지 않고 그 아내의 행위로 말미암아 구원을 얻게 하려 함이니"라고 기록되어 있습니다. 말을 많이 하는 것은 자연스러운 일입니다. 하지만 여기 성경말씀처럼 절제를 해야 합니다. 남편이 믿지 않는 사람이라면 말을 절제하라는 하나님의 명령입니다.

믿는 여자들과 개인상담을 하다 보면, 많은 경우에 남편을 권면하고 또 하고 또 해도 효과가 없다는 말을 많이 듣습니다. 그럴 때 저는, 권면을 그만두고 남편에게 아무 말도 하지 말라고 충고합니다. 사실 권면이라고 하지만 야단치는 것뿐이요, '교회 나오시오, 십일조 내시오, 건축비 내시오……'라고 계속 재촉하는 것뿐입니다. 결국 갈수록 남편의 기분은 나빠지고 교회 나가는 것을 더더욱 싫어하게 됩니다. 또 아내가 "저 목사님은 너무나 훌륭해. 목사님, 목사님!……" 하게 되면 결과적으로 남편의 시기를 불러일으키는 법입니다. "이 집에서 도대체 누가 남편이요? 목사가 남편이요, 아니면 내가 남편이요?"라고 반문하면서 목사님의 말씀 듣기를 싫어합니다. 자매들은 자기 남편의 입장을 이해하여(말없이, 사랑스럽고 아름다운 행동으로) 남편이 무슨 별식을 좋아하는지 알고 준비해서, 특히 주일이 되면 그의 기분을 더욱 좋게 하도록 노력해야 합니다. 남편의 입장은 생각지 않고 목사의 입장만 생각하면 남편이 영 믿지 않을 것입니다.

여자가 여자답게 되면 얼마나 아름다운지요! 모든 일이 아름답게 될 것입니다. 손님방 정리, 바느질, 부엌일, 아이들 가르치는 일, 성가대 등 여러 가지 사역들을 아름답게 감당하면 이 집이 얼마나 훌륭한 집이 되겠습니까? 남자들은 밖에서 땅을 파고 물문제(상수도)를 해결하고 제설작업을 하는 등 유익한 일을 하기는 하지만 그 대신 아름다운 효과는 없습니다. 물이 다시 흐르기 시작하면 우리는 형제들에게 감사를 드립니다. 그런데 하루만 감사하고 곧 잊어버립니다. 반면에 물이 나오지 않을 경우에는 '형제들이 잘못했구나'라고 생각하기 쉽습니다. 한편 자매들이 집을 깨끗이 정리하고 그림이나 모든 것을 아름답고 재미있게 꾸며 놓으면 눈으로 보기 때문에 늘 기분이 좋습니다.

저는 여기서 서로 이해하도록 노력하는 것이 얼마나 중요한지 말하고 싶습니다. 이 딱딱한 남자들을 여자들이 이해하고 용서할 때, 내일은 무엇무엇을 하겠다고 하고서는 다른 일을 하는 예측할 수 없는 여자들을 (물론 처음부터 기대할 수 없지만) 남자들이 이해하도록 노력하고 계속 용서할 때, 진정 아름다운 집이 될 것입니다.

흔히 여자들은 남자를 야단치고 남편과 상의 없이 돈을 빼내어 목사를 주거나 가정을 돌보지 않고 봉사하는 일에만 매이는 경향이 있습니다. 그런데 집을 아름답게 꾸미고 분위기를 부드럽고 재미있게 만드는 것이 교회에 나가는 것보다 더 중요한 일임을 알아야 합니다.

성경에는 여자들이 교회에 나와야 한다는 말이 없습니다. 남자들의 경우에는 모세 율법에 1년에 세 번 예루살렘까지 올라와서 큰 명절을 지키는 법이 있었습니다(신 16:16). 물론 남자들이 예루살렘으로 올라갈 때 죄의 유혹에 빠지지 않도록 여자들도 데리고 갔습니다. 남자들만 모이면 재미가 없으므로 흔히 가족도 함께 갔습니다. 성경은 예배를 드리는 것이 남자의 책임이란 점을 강조하고 있습니다. 교회에 나가는 것이나 기도하는 것 역시 남자의 책임입니다. 그러나 집안일은 여자의 책임입니다. 예수원은 한 가족으로서 같이 살면서 함께 예배드리는 것을 원칙으로 합니다. 모든 것을 같이하는 공동체 안에서 자매들의 노력이 없으면 아름다운 가정을 이룰 수 없음을 알아야겠습니다.

남자들은 바깥일은 잘할 수 있지만 내적인 일은 도무지 할 줄 모릅니다. 그러니 여자들이 내적인 일을 잘하면 집이 얼마나 좋아지겠습니까? 남자가 하루 종일 밖에서 일하고 피곤한 몸과 지친 마음으로 집에 올 때 집안 분위기가 잘 정돈되어 있고 따뜻한 환영을 받게 되면 '아, 내 안식처로 잘 돌아왔구나!'라고 생각합니다. 아이들이 밝게 웃음 지으며 '아빠! 아빠!' 하고 안겨 오면 얼마나 기분이 좋겠습니까? 그러나 집에 들어와 보니 너저분하고, 아이들은 서로 싸우기만 하고, 식사준비는 되어 있지 않은데다가 더러운 빨래와 끝내지 못한 일들이 여기저기 흩어져 있으면 '술이나 마시러 가야겠다' 하곤 발길을 돌리기가 쉽습니다. 그렇다고 잘 정리된 집안 분위기를 만드는 일이 그렇게 간단하지는 않습니다. 또 잘 해주어도 남자는 그저 당연하게 여기고 별다른 관심을 보이지 않기가 쉽습니다. 잘했다고 격려해 주지도 않습니다. 그럼에도 계속해서 노력하면 모든 사람 앞에서 칭찬받을 때가 올 것입니다.

예수원에서 손님을 대접하는 일도 마찬가지입니다. 특별히 자매들이 부드럽고 친절하게 준비해 준다면 뜻있는 사역을 감당할 수 있을 것입니다. 대개 남자들은 밖에서 일하고 자매들이 손님들을 대접하게 되어 있습니다. 손님방이나 공동으로 사용하는 모든 방들이 깨끗하고 아름답게 준비되어 있다면 우리 손님들이 많은 기쁨을 얻을 수 있습니다. 형제들도 손님을 위한 책임이 있긴 하지만 자매들처럼 섬세한 관심을 쏟기 힘듭니다. 손님이 실제적인 면에서 불편을 느끼면 영적인 은혜를 받기 힘듭니다. 반면 주위환경이 정갈하고 친절한 태도와 웃음이 있다면 하나님의 은혜도 받기 쉬울 것입니다.

사실 제가 여자의 역할에 대해 다 안다고는 도무지 말하지 못할 것입니다. 다만 하나님께서 제게 모범적인 여자를 선물로 주셔서 여자의 역할이 어떤 것인지 많이 보게 해 주셨습니다. 제가 그녀를 만든 것도, 훈련시킨 것도 아닙니다. 아내는 저를 많이 훈련시켰습니다. 만약 제가 교만하고 딱딱해서 배울 수 없다고 생각했다면 자주 긴장감이 생겼을 것입니다. 그러나 하나님은 성령을 통하여 저에게 배울 수 있는 정신과 아내가 저보다 현명하다고 인정할 줄 아는 마음을 주셨습니다.

저는 사람들 앞에서 강의를 잘하는데 집사람으로서는 하기 힘들어합니다. 집사람이 강의하려면 여러 시간을 준비해야 합니다. 그렇지만 아내가 강의하면 저보다 훨씬 훌륭합니다. 다만 그렇게 할 수 있는 시간이 없으니까 자주 하지 않는 것이지 참으로 저보다 똑똑한 사람이라고 생각합니다. 게다가 저보다 하나님과 더 가깝습니다. 저는 기도를 많이 하고 성경을 많이 보아야만 하나님께 가까이 나아갈 수 있는데 아내는 자연히 하나님과 가까운 것 같습니다. 그것은 하루아침에 생긴 것이 아닙니다. 문제를 깊이 생각하고 어머니와 고모와 할머니로부터 좋은 훈련을 받았기 때문에 생긴 것입니다. 또 그녀가 다녔던 학교도 여자를 위한 학교였으며 여자가 여자답게 되기를 원하는 학교였습니다. 최근 소식에 의하면, 그 학교도 이제는 그러한 분위기가 없어진 것 같습니다. 남학교와 별 차이가 없고 남학생이 많아졌다고 들었습니다. 하나님께서 아내에게 그런 훈련을 시키셔서 얼마나 고마운지 모릅니다.

여자로서 훈련받지 못한 것이나 책을 통해 배울 수 없는 것들은 성경을 읽으면서 "주여! 나의 역할이 무엇인지 깨닫게 해 주십시오"라고 기도해야 합니다. 또 긴장이 생길 때마다 '왜 이러한 긴장이 생기는가? 어떻게 하루 빨리 근본적으로 문제를 해결할 수 있을까? 어떻게 하면 내가 이 집을 아름답게 할 수 있을까'를 생각해야 합니다. 아까 말씀드린 것처럼 남자는 종일 밖에 나가 있고 여자가 아이들과 집에 있으므로 그 집을 아름답게 하기 위해서는 여자의 책임이 큽니다.

마찬가지로 예수원의 분위기를 아름답게 하는 데는 자매들의 책임이 큽니다. 우리 모두 자매들의 수고에 마음속으로 고맙게 생각하지만 잘 드러내지 않습니다. 하지만 칭찬받기를 기대하지 말고 그것이 정상인 줄 알면 지금은 비록 자매들께 감사드리지 못하지만 5년쯤 뒤에 다른 집에 가 보고 나서 '아, 우리 집이 얼마나 좋았는지 이제야 알겠구나!' 하고 뒤늦게 깨달을 것입니다. "밖에 나가 여자가 여자답지 못한 것을 보니 예수원 자매들이 얼마나 감사한지 모릅니다"라고 말할 때가 있을 것입니다.

각 사람은 자기가 해야 할 일이 무엇인지, 자기가 하는 일을 어떻게 하면 더 깨끗하고 아름답고 뜻있게 할 수 있을지 생각하도록 노력해야 합니다. 만약 그 일을 하기 위해 재료가 부족하든지 그 밖에 무엇이 부족하면, 미안하지만 제가 이러저러한 일을 하고 싶은데 도움을 줄 수 있겠느냐고 요청하십시오. 특히 예수원에서는 의회나 정회원모임, 혹은 가정모임에서 우리 자매들이 좀더 쉽게 일할 수 있도록 방안을 마련할 것입니다. 부족함이 많은 줄 알면서도 견디는 것이 아름다운 일일 수도 있지만 때로 어떤 것은 견딜 필요가 없는 것일 수도 있습니다.

예를 들면, 몇 년 전까지만 해도 우리 예수원의 음식을 맛없게 하는 것이 원칙인 줄 알고 자매들이 맛없게 만들려고 노력했습니다. 또 맛없게 만드는 데 성공했습니다. 그런데 누가 그런 생각을 해 냈는지 알 수 없지만 1–2년 전부터 "좀 맛있게 해 볼 수 없을까?"라고 제안하여 조금씩 맛있게 만들도록 노력했습니다. 물론 문제도 생겼습니다. 우리가 전에는 고기를 사기 위해 돈을 사용했는데 이제는 값이 똑같은 합성조미료를 샀습니다. 합성조미료는 독하고 자연적인 식품이 아니며 영양가도 없습니다. 그래서 조미료 사용을 그만두라고 하면 슬그머니 조미료를 쓰고 또 쓰며 머리 쓰기를 싫어했습니다! 머리를 쓰면 조미료 없이도 맛있게 할 수 있고, 건강을 유지하기 위한 유익한 영양식을 만들 수 있습니다. 지금도 그렇게 해 보려고 노력 중입니다.

이것은 비판하려는 의도에서 하는 말이 아닙니다. 물론 남자에게나 여자에게 다 잘못이 있는데 장 제목이 '여자의 역할'이기 때문에 말하는 것입니다. 여자들은 남자의 역할에 대해서는 학교에서 잘 배웠기 때문에 다 잘 압니다. 그러나 학교에서 배우지 못한 것은 남자도 모르고 여자도 제대로 모르는 '여자의 역할'입니다. 제가 그 분야에 대한 전문가가 아닌 점을 이해해 주시기 바랍니다.

다만 하나님께서 성령의 지혜를 주셔서 각 사람이 자기의 역할이 무엇인지 충분히 깨닫고 아름답게 실행할 수 있기를 기도할 뿐입니다.

3 부모와 자녀의 책임

부모의 책임

> 마땅히 행할 길을 아이에게 가르치라 그리하면 늙어도 그
> 것을 떠나지 아니하리라(잠 22:6).

첫째, 아이들을 가르치는 것은 부모의 책임입니다.

현대는 어느 나라를 가든지 학교가 부모 대신 아이들을 가르치
고 있습니다. 그러나 성경은 아이들을 가르치는 것이 부모의 책임
이라고 말합니다. 학교에서 아이들을 가르친다 해도, 학교 교육의
내용이 무엇인지에 대해서 부모들은 꼭 알아야 합니다. 유익한 것
을 가르치는지, 그렇지 않은지를 알아야 한다는 뜻입니다.

미국에서는 이 문제가 아주 복잡합니다. 정부와 부모가 서로를

적대시하고 피차 고발하는 상태입니다. 학교에서 좋지 않은 것을 가르치기 때문에 부모의 입장에서는 아이들을 학교에 보내지 않으려고 합니다. 특별히 그리스도인 부모의 경우에는 이런 태도가 더욱 강경합니다. 그러나 정부 측에서는, 아이들에게도 배울 권리가 있는데 부모들이 아이들의 권리를 뺏는다고 하여 이를 아주 싫어합니다. 집에서 가르치는 것을 정부에서 인정하지 않는 것입니다.

학교에서 가르치는 좋지 않은 것 중에 특별히 주목해야 할 것은, 부모에게 순종할 필요가 없다는 가르침입니다. 미국 고등학교의 경우, 학생들이 난잡한 생활을 해도 그대로 수수방관할 뿐입니다. 그리하여 부모와 정부 간에 심한 긴장이 생겼습니다. 지금 법적으로 이 문제를 해결하기 위해 노력 중입니다.

그렇다면 이 장에서는 성경이 말하는 부모의 책임이 무엇인지 알아봅시다.

> 아이의 마음에는 미련한 것이 얽혔으나 징계하는 채찍이
> 이를 멀리 쫓아내리라(잠 22:15).

미련함이 얽힌 아이에게는 채찍을 사용할 수 있다는 말씀입니다. 이유가 있으면 매를 댈 수 있습니다.

> 채찍과 꾸지람이 지혜를 주거늘 임의로 하게 버려 두면
> 그 자식은 어미를 욕되게 하느니라 (잠 29:15).

징계가 없이 자란 아이는 나중에 그 어미를 욕되게 한다고 했습니다. 잘 가르치기 위해서는 적절한 징계가 필요합니다. 잠언 1장 8절, 4장 1절, 6장 1-5절, 7장 1-4절을 보면, 대개 아버지가 잠언의 내용을 아들에게 가르칩니다.

> 또 네가 어려서부터 성경을 알았나니 성경은 능히 너로
> 하여금 그리스도 예수 안에 있는 믿음으로 말미암아 구원
> 에 이르는 지혜가 있게 하느니라(딤후 3:15).

디모데 또한 어릴 적부터 성경을 알았다고 했습니다.

> 이 약속은 너희와 너희 자녀와 모든 먼 데 사람 곧 주 우
> 리 하나님이 얼마든지 부르시는 자들에게 하신 것이라(행
> 2:39).

아이들을 위해 부모가 해야 할 일 중의 하나가 성령을 받게 하는 것입니다. 부모는 자녀들에게 성령에 대해 가르치고 성령받기를 위해 기도하도록 권면해야 합니다.

> 아이를 훈계하지 아니치 말라 채찍으로 그를 때릴지라도
> 죽지 아니하리라 그를 채찍으로 때리면 그 영혼을 음부에
> 서 구원하리라(잠 23:13-14).

아이를 가르치는 책임이 부모에게 있음이 성경에 분명히 나와 있으며, 훈계하고 권면하고 때리는 책임까지 부모에게 부여되어 있음을 알 수 있습니다.

둘째, 부모는 아이들이 자랑할 만한 사람이 되어야 합니다.

최근에 읽은 크리스천 잡지의 내용 가운데 이런 질문이 있었습니다.

"당신의 아이들이 당신에 대해 자랑할 거리가 있습니까?"

그 기사의 결론은 아이들이 부모를 부끄럽게 여기지 않고 자랑스럽게 대할 수 있어야 한다는 것이었습니다. 자기 부모에 대한 자신과 긍지가 아이들에게 있어야 한다는 것입니다.

> 손자는 노인의 면류관이요 아비는 자식의 영화니라(잠 17:6).

자식의 입장에서 볼 때 부모는 영광스러운 사람이 되어야 합니다. 자녀들이 부모를 볼 때 자신의 영광이라고 생각하는지 하지 않는지는 매우 중요한 문제입니다.

> 그 자식들은 일어나 사례하며 그 남편은 칭찬하기를(잠 31:28).

이것은 모범적인 여성에 대한 말씀인데, 그런 여자의 아이들은 어머니에 대해서 사례(찬양)하고 남편은 그녀를 칭찬한다고 했습니다.

셋째, 부모는 아이들을 위해 저축해야 할 책임이 있습니다.

······어린아이가 부모를 위하여 재물을 저축하는 것이 아니요 이에 부모가 어린아이를 위하여 하느니라(고후 12:14).

이 말씀을 볼 때 부모들에게 어린아이를 위하여 저축하는 책임이 있음을 알 수 있는데, 그에 대한 관계 구절은 디모데전서 5장 4절입니다.

만일 어떤 과부에게 자녀나 손자들이 있거든 저희로 먼저 자기 집에서 효를 행하여 부모에게 보답하기를 배우게 하라 이것이 하나님 앞에 받으실 만한 것이니라.

이미 부모에게서 의식주나 교육이나 훈련 등을 받은 것이 큰 만큼 부모는 자신의 아이들에게 보답할 책임이 있다는 말씀입니다. 그것을 통해서 효를 배우게 된다고 했습니다.

또 성경에는 과부가 교회의 혜택을 받기 전에 우선 자기 친척으로부터 도움을 받아야 한다고 했습니다. 교회가 친척이 있는 과부를 도와주면 친척들이 과부에 대한 책임을 지지 않기 때문에, 고인

물이 썩듯이 부패하게 됩니다.

> 하나님이 이르셨으되 네 부모를 공경하라 하시고 또 아비
> 나 어미를 훼방하는 자는 반드시 죽으리라 하셨거늘 너희
> 는 가로되 누구든지 아비에게나 어미에게 말하기를 내가
> 드려 유익하게 할 것이 하나님께 드림이 되었다고 하기만
> 하면 그 부모를 공경할 것이 없다 하여 너희 유전으로 하
> 나님의 말씀을 폐하는도다(마 15:4-6).

이것은 부모를 무시했던 그 당시 교회 지도자들에게 주시는 예수님의 말씀입니다. 그들은 부모에게 드릴 것을 하나님께 드리면 더 이상 부모를 공경하지 않아도 된다는 허울 좋은 핑계로 하나님의 원뜻을 거역했습니다. 그것에 대해서 예수님이 크게 비판하셨습니다. 자녀가 부모를 위하여 책임지는 것은 당연하다는 말씀입니다. 마가복음 7장 10-13절에도 같은 내용의 말씀이 나옵니다.

넷째, 아이들을 사랑하는 것이 부모의 책임입니다.

> 저들로 젊은 여자들을 교훈하되 그 남편과 자녀를 사랑하
> 며(딛 2:4).

교회 지도자들에게는 젊은 여자들에게 아이를 사랑하도록 가르쳐야 할 책임이 있습니다.

그리고 성경에는 하나님의 사랑을 아버지의 사랑과 비교하는 말씀이 매우 많습니다(시 27:10, 68:5; 잠 3:12; 눅 6:36; 마 6:18).

> 아비가 자식을 불쌍히 여김같이 여호와께서 자기를 경외
> 하는 자를 불쌍히 여기시나니(시 103:13).

아버지가 아이에게 사랑을 보여 주지 않으면 아이들이 하나님의 사랑을 깨닫기가 매우 어렵습니다. 대부분의 복잡한 영적인 문제들은 아버지의 사랑을 받지 못한 데서 나옵니다. 아버지의 사랑을 모르기 때문에 하나님의 사랑을 알 수도 없고 믿지도 못하는 것입니다. 이 또한 예수님의 도우심으로 치료받을 수 있지만 치료받기까지는 어려움을 겪을 수밖에 없습니다.

> 자녀들아 너희 부모를 주 안에서 순종하라 이것이 옳으니
> 라 네 아버지와 어머니를 공경하라 이것이 약속 있는 첫
> 계명이니 이는 네가 잘되고 땅에서 장수하리라 또 아비들
> 아 너희 자녀를 노엽게 하지 말고 오직 주의 교양과 훈계
> 로 양육하라(엡 6:1-4).

부모들은 아이들의 입장을 이해하고 그들을 노엽게 하지 말라고 했습니다. 아울러 아이들에게는 부모를 존경하고 순종해야 할 책임이 있습니다. 부모들은 자기 자식이라고 해서 아이들에게 특별한 대우를 해서는 안 됩니다. 어느 나라든지 정부가 부패하게 되는

큰 이유 가운데 하나는 자기 친척이나 아들에게 특별한 대우를 하는 데 있습니다. 한국에서도 친인척관계로 인한 부정과 부패가 얼마나 많은지 모릅니다. 영어 'nepotism'은 '삼촌주의'라고 번역할 수 있는데, 이는 삼촌이기 때문에 특별대우를 받았다는 데서 유래된 말입니다. 옛날에 결혼하지 않은 신부들이 자기 형이나 동생의 자녀들에게 특별한 지위나 권리를 준 데서 나온 말입니다. 이 문제에 대한 성경의 가르침이 마태복음 20장 20-23절에 나와 있습니다.

> 그때에 세베대의 아들의 어미가 그 아들들을 데리고 예수께 와서 절하며 무엇을 구하니 예수께서 가라사대 무엇을 원하느뇨 가로되 이 나의 두 아들을 주의 나라에서 하나는 주의 우편에, 하나는 주의 좌편에 앉게 명하소서 예수께서 대답하여 가라사대 너희 구하는 것을 너희가 알지 못하는도다 나의 마시려는 잔을 너희가 마실 수 있느냐 저희가 말하되 할 수 있나이다 가라사대 너희가 과연 내 잔을 마시려니와 내 좌우편에 앉는 것은 나의 줄 것이 아니라 내 아버지께서 누구를 위하여 예비하셨든지 그들이 얻을 것이니라.

예수님은 요한과 야고보에게 특별한 지위를 주는 것을 거절하셨습니다. 그들이 예수님과 사촌관계에 있었지만 예수님은 특별한 지위를 갖는 것, 즉 좌우편에 앉는 것은 하나님의 책임이라고 말씀하십니다. 이것이 모범적인 모습입니다. 친척이라고 해서 특별한 대우를 하는 것은 옳지 않습니다. 모든 이를 똑같이 대해야 합니다. 예수님은 혈연관계나 인척관계보다는, 하나님의 말씀을 듣고 실행하는 사람들이 나의 친척이요 혈연이라고 말씀하셨습니다(마 12:49-50).

아버지에게 있는 특별한 책임 중의 하나는 딸의 서원에 대해서 분별해 주는 것입니다. 민수기 30장에 보면 이것에 대해 자세히 나와 있습니다.

결론적으로 말씀드리면, 부모는 아이들에 대해 첫째 가르치고, 둘째 자랑할 만한 부모가 되고, 셋째 아이를 위해 저축하며, 넷째 아이를 사랑해야 합니다.

자녀의 책임

첫째, 부모를 공경해야 합니다.

네 부모를 공경하라 그리하면 너의 하나님 나 여호와가
네게 준 땅에서 네 생명이 길리라(출 20:12).

이 계명은 약속을 동반하고 있는데, 부모를 공경하면 오랫동안 그 땅에서 살게 된다고 하셨습니다. 중국이나 한국이나 일본처럼 역사가 긴 나라가 세계에 없습니다. 저는 그 근본 원인이 부모를 공경하라는 하나님의 말씀을 잘 지켰기 때문인 줄 압니다. 미국의 가장 큰 문제는 출애굽기 20장 12절의 말씀을 버린 것이라고 할 수 있습니다. 정부가 만든 학교에서는 인본주의만 강요하고, 부모는 아무것도 아니라고 가르치고 있습니다. 미국의 윤리가 하수도로 빠져 내려가는 중입니다.

> 자기 아비나 어미를 치는 자는 반드시 죽일지니라……그 아비나 어미를 저주하는 자는 반드시 죽일지니라(출 21:15, 17).

성경에는 이렇게 강경하게 부모 공경에 대해서 말하고 있습니다. 아버지나 어머니를 저주하거나 때리는 사람은 반드시 죽이라고 한 것입니다.

> 사람에게 완악하고 패역한 아들이 있어 그 아비의 말이나 그 어미의 말을 순종치 아니하고 부모가 징책하여도 듣지 아니하거든 그 부모가 그를 잡아 가지고 성문에 이르러 그 성읍 장로들에게 나아가서 그 성읍 장로들에게 말하기를 우리의 이 자식은 완악하고 패역하여 우리 말을 순종치 아니하고 방탕하며 술에 잠긴 자라 하거든 그 성읍의 모든 사람들이 그를 돌로 쳐 죽일지니 이같이 네가 너의 중에 악을 제하라 그리하면 온 이스라엘이 듣고 두려워하리라(신 21:18-21).

패역한 아들은 반드시 죽이는 것이 구약의 법입니다. 부모에게 패역하는 것은 하나님이 그만큼 싫어하시는 죄임을 깨달아야 합니다. 물론 신약에서는 아무리 흉악한 탕자라도 예수님의 피로 용서받고 새 출발 할 수 있습니다. 그러므로 부모는 불효자를 위해 기도하고 올바른 지도를 해야 할 것입니다.

> 자녀들아 너희 부모를 주 안에서 순종하라 이것이 옳으니
> 라(엡 6:1).

'주 안에서'라는 말 때문에 어떤 이들은 이 말씀을 오해하고 있는 것 같습니다. 즉, 믿지 않는 부모에게는 순종할 필요가 없다고 생각합니다. 그러나 이 구절은 주를 믿는 자녀들 모두가 부모에게 순종해야 한다는 말씀입니다. 믿는 부모이든 믿지 않는 부모이든 그리스도인 자녀들은 부모에게 순종해야 합니다.

> 자녀들아 모든 일에 부모에게 순종하라 이는 주 안에서
> 기쁘게 하는 것이니라(골 3:20).
> 자기 집을 잘 다스려 자녀들로 모든 단정함으로 복종케
> 하는 자라야 할지며 (사람이 자기 집을 다스릴 줄 알지 못하
> 면 어찌 하나님의 교회를 돌아보리요)(딤전 3:4-5).

우리는 이 말씀을 통해서 부모와 아이들의 관계를 알 수 있습니다. 골로새서 3장 20절, 디도서 1장 6절, 요한삼서 4절 등은 아이

들이 하나님의 법대로 사는 것을 듣고 기뻐하는 구절입니다. 부모를 존경하라는 말씀은 성경에 아주 많이 나옵니다(레 19:3, 20:9; 신 5:16; 잠 6:20, 10:1, 13:1, 15:5, 15:20, 17:21, 17:25, 19:26, 20:20, 23:22).

어떤 이들은 공자가 잠언의 영향을 받아서 동방 사람들에게 효를 가르쳤다고도 합니다. 그가 직접 잠언을 읽은 것은 아니지만 아마 주모 왕의 영향을 받은 것 같습니다. 주모 왕은 공자보다 500년 전 시대 사람인데, 그가 솔로몬을 방문해서 잠언을 배워서 중국의 전통으로 세운 듯싶습니다. 그런 전통을 공자가 강조해서 체계를 세우고 제자들에게 가르쳐서 지금까지 내려오고 있다는 것입니다.

누가복음 2장 41절 이하를 보면, 예수님의 어린 시절에 대한 이야기가 나옵니다. 예수님은 하나님이 자기 아버지인 것을 알고 성전에서 박사들과 질문도 하고 대답도 했습니다. 예수님의 부모가 아이를 찾다가 성전에서 발견하고는 "이렇게 우리를 걱정케 할 수 있느냐?" 하고 물었습니다. 그때 예수님은 "내 아버지의 집에 있는 것을 모르셨습니까?"라고 대답하셨지만 육신의 부모의 말에 순종하여 그들과 같이 집으로 돌아가셨습니다. 사실 박사들과 같이 있을 때 박사들은 예수님의 총명함에 놀랐습니다. 그 중 가말리엘과 같은 박사는 그 아이를 기르고 싶은 마음이 있었을 것입니다. 예수님도 그의 제자가 되어야겠다고 생각할 수 있었겠지만 부모가 허락지 않아서 좋은 교육의 기회를 다 버리고 목수로서 부모에게 복종하여 서른 살까지 살았습니다.

둘째, 부모를 떠나서 아내와 하나가 되어야 합니다.

　　이러므로 남자가 부모를 떠나 그 아내와 연합하여 둘이
　　한 몸을 이룰지로다(창 2:24).

　구약과 신약에는 남자가 부모를 떠나서 아내와 하나 되어야 한다는 법이 있습니다. 그렇다고 부모를 부양할 책임이 없다고 하는 말이 아닙니다. 결혼을 했든지 하지 않았든지 부모를 책임져야 합니다. 그러나 결혼 후에는 부모에게 복종하기보다 부부 간에 피차 복종해야 합니다(엡 5장). 더 이상 부모에게 복종하지 않아도 되는 것입니다. 이것이 유교 전통과 크게 다른 점입니다. 유교에서는 언제까지나 부모에게 복종하라고 가르치기 때문에 아내는 항상 둘째 위치에 있습니다. 아니, 어쩌면 아버지와 어머니 다음인 셋째 위치에 있는지도 모릅니다. 그래서 동양 여자들이 시부모 문제로 고통을 많이 당하는 것을 볼 수 있습니다. 부모를 떠나서 아내와 하나가 되는 것은 분명한 성경의 법입니다. 이것은 매우 중요한 원리입니다. 언제부터 유교가 성경을 떠났는지 모르겠습니다. 앞에서도 잠깐 언급했지만 공자는 잠언의 영향을 많이 받았습니다. 그러나 현대로 올수록 기독교와는 전혀 다른 종류의 전통으로 굳어졌습니다.

　셋째, 부모를 용서해야 할 책임이 있습니다.
　많은 사람들이 자기의 부모를 부모로 알지 않고 원수로 압니다. 부모에게 충분한 사랑을 받지 못하고 이해도 받지 못하고 자랐기 때문입니다. 그러나 아무리 부모가 잘못했더라도 자녀 된 도리로 용서해야 하는 것이 성경의 원리입니다.

> 나는 너희에게 이르노니 너희 원수를 사랑하며 너희를 핍
> 박하는 자를 위하여 기도하라(마 5:44).

성경은 분명하게 원수를 사랑하고 핍박하는 자를 위해 기도하라고 가르칩니다. 설령 부모가 우리를 사랑하지 않았고, 많은 상처만 주었다 해도 하나님의 명령은 부모를 사랑하고 위해서 기도하라는 것입니다. 이러한 하나님의 명령을 지키지 않는 사람은 심리적으로나 육체적으로나 건강해질 수 없습니다. 마태복음 18장 15절 이하를 계속 읽어 보면, 예수님이 우리를 용서해 주셔서 모범을 보여 주신 것같이 우리도 다른 사람을 용서해야 한다는 내용이 있습니다. 남을 용서하지 않으면 우리가 받은 용서도 무효가 됩니다. 그러므로 무엇보다도 부모를 용서하는 일은 매우 중요합니다.

대개 부모에게서 받은 상처는 일찍 받은 상처기 때문에(내적 치유에서도 언급되었지만 태중에서부터 받은 상처일 수 있습니다), 그 상처를 치료하기 위해서라도 더 빨리 부모를 용서해야 합니다. 또 어려서 받은 상처가 심한 열등감으로 남아 있는 경우도 많이 있습니다. 그런 열등감을 이기기 위해서라도 자녀들은 부모를 용서해야 합니다. 용서 외에 다른 길이 없습니다.

예수께서 십자가에 못박히실 때 어떤 기도를 하셨습니까? "저들은 자신들이 무슨 일을 하고 있는지 모르오니 저들을 용서해 주소

서"라고 기도하셨습니다. 믿지 않는 부모들은 자기들의 잘못이 태아에게 어떤 영향을 주는지 몰라서, 아기의 입장을 이해하지 못해서 자녀에게 그런 상처를 입히기도 했습니다. 이런 점에서 또한 부모를 용서해야 합니다. 이렇게 볼 때 그리스도인 자녀들이 부모에게 가져야 할 제일 중요한 책임은 용서하는 것입니다. 용서하지 못하면 자기가 받은 용서도 무효가 되기 때문입니다.

출애굽기 20장 5절에서는, "그것들에게 절하지 말며 그것들을 섬기지 말라 나 여호와 너의 하나님은 질투하는 하나님인즉 나를 미워하는 자의 죄를 갚되 아비로부터 아들에게로 삼사 대까지 이르게 한다"라고 말씀합니다. 이 문제가 에스겔 시대에까지 내려왔습니다. 에스겔 18장 2절에서는 "아비가 신 포도를 먹었으므로 아들의 이가 시다"라고 합니다. 아버지의 죄 때문에 아이들이 고생한다는 의미입니다. 바벨론에 포로로 잡혀갔던 사람들은 대부분 부모의 죄 때문에 사로잡혀 갔습니다. 그래서 그들은 자신들은 잘못이 없는데 부모의 죄를 놓고 어려움을 당한다고 불평하고 하나님을 원망했습니다. 이 문제를 놓고 에스겔이 하나님 앞에 기도할 때 하나님이 하신 말씀은 각 사람이 자기 죄로 인하여 죽을 것이라는 것이었습니다. 각 사람이 자기 죄로 인한 책임을 지고 회개하면 용서를 받고, 회개하지 않으면 죄에 대한 대가를 치러야 한다는 말씀입니다.

신명기 33장 9절에서는 "그는 그 부모에게 대하여 이르기를 내가 그들을 보지 못하였다 하며 그 형제들을 인정치 아니하며 그 자녀를 알지 아니한 것은 주의 말씀을 준행하고 주의 언약을 지킴을 인함이로다"라고 했습니다. 주의 언약을 지키기로 결정해서 부모나 형제나 자녀를 버렸다는 말씀입니다. 이 일 때문에 레위인들은 하나님으로부터 많은 축복을 받았습니다. 이것은 부모나 형제나 자녀에 대한 책임회피와는 전혀 다른 것입니다. 신약에 와서 예수님도 나를 위하여 부모나 자식을 버리는 사람은 나중에 얻을 것이라고 하셨습니다(마 19:29). 이 말씀의 의미는 어떤 사람이 주를 섬기기로 결정했는데 부모가 내쫓아 버릴 때에라도 예수를 믿겠다는 마음이 변치 않는 것을 말합니다. 반대로 부모가 예수 믿는 것을 아이들이 싫어한다고 해도 결코 타협하지 않는 것을 의미합니다.

디모데후서 3장 2절, "사람들은 자기를 사랑하며 돈을 사랑하며 자긍하며 교만하며 훼방하며 부모를 거역하며 감사치 아니하며 거룩하지 아니하며"라는 말씀은 말세를 당한 신자의 태도에 대해 가르치는 중에 나옵니다. 말세의 징조 가운데 하나가 부모를 거역하는 것입니다. 불신자들뿐만 아니라 신자들도 하나님의 법을 버리고 타락한 생활을 한다고 했는데, 현재 미국에는 그런 일이 많습니다. 최근에 제가 본 미국 장로교 잡지의 내용 가운데 어떤 교인들이 남색을 인정해야 한다고 주장하는 글이 있었습니다. 그만큼 사회가 타락했습니다.

하나님의 뜻대로 사는 자녀들은 부모를 거역하지 않고 순종해야 합니다. 그리고 무엇보다도 부모를 용서하고, 믿지 않는 부모일지라도 늘 부모를 위해서 기도해야 합니다. 여러 가지 복잡한 문제들은 거의 대부분 부모를 용서하지 못하는 데서 나오기 때문에 부모를 용서하면 다른 문제는 거의 다 해결할 수 있습니다. 그렇게 되면 우리 사회가 더욱 안정될 것입니다.

4
가족

하나님이 만드신 첫 기관, 가정

아내들이여 자기 남편에게 복종하기를 주께 하듯 하라 이
는 남편이 아내의 머리 됨이 그리스도께서 교회의 머리
됨과 같음이니 그가 친히 몸의 구주시니라 그러나 교회가
그리스도에게 하듯 아내들도 범사에 그 남편에게 복종할
지니라 남편들아 아내 사랑하기를 그리스도께서 교회를
사랑하시고 위하여 자신을 주심같이 하라 이는 곧 물로
씻어 말씀으로 깨끗하게 하사 거룩하게 하시고 자기 앞에
영광스러운 교회로 세우사 티나 주름 잡힌 것이나 이런
것들이 없이 거룩하고 흠이 없게 하려 하심이니라 이와
같이 남편들도 자기 아내 사랑하기를 제 몸같이 할지니

자기 아내를 사랑하는 자는 자기를 사랑하는 것이라 누구
든지 언제든지 제 육체를 미워하지 않고 오직 양육하여
보호하기를 그리스도께서 교회를 보양함과 같이 하나니
우리는 그 몸의 지체임이니라 이러므로 사람이 부모를 떠
나 그 아내와 합하여 그 둘이 한 육체가 될지니 이 비밀이
크도다 내가 그리스도와 교회에 대하여 말하노라 그러나
너희도 각각 자기의 아내 사랑하기를 자기같이 하고 아내
도 그 남편을 경외하라(엡 5:22-33).

미국에서 여성해방운동(feminism)이 일어난 뒤로 많은 여성들이
이 에베소서 말씀을 별로 좋지 않게 여기고 불공평하다고 생각합
니다.

얼마 전에 어떤 선교사에게서 온 편지 중에 이런 내용이 있었습
니다. 그 교회의 한 장로님과 장로님 부인 사이에 밤새 논쟁이 있
어서 그들이 무슨 문제로 그렇게 다투었는지 알아보니 여자의 복
종에 대한 문제였다는 것입니다. 그 장로님은 아내가 남편에게 복
종해야 된다는 것만 알았을 뿐 자기가 아내를 위하여 죽기까지 희
생해야 한다는 것은 깨닫지 못하고 있었습니다. 그래서 다툼이 생
겼는데, 그 선교사가 남편의 역할에 대하여 잘 이야기해 줌으로써
문제가 해결되었다고 합니다. 예수님이 십자가 위에서 자기 몸을
바쳐서 희생하신 것처럼 남편은 아내를 위해서 희생해야 하는 것
이 성경의 가르침입니다.

그리스도께서는 교회를 물과 말씀으로 씻어서 깨끗게 하셨습니

다. 그리하여 흠이 없는 교회가 되도록 노력하셨습니다. 마찬가지로 남편은 자기 아내로 하여금 티 없고 흠 없는 사람이 되도록 노력해야 합니다. 어떤 가르침을 통해서가 아니라 자기의 생활을 통해서 아내가 깨끗하게 되도록 노력해야 하는 것입니다. 자기의 몸을 미워하는 사람이 어디 있습니까? 남편은 자기 아내를 자기 몸처럼 사랑해야 합니다. 자기의 몸을 괴롭히는 사람이 어디 있습니까? 자기의 몸을 괴롭히는 사람을 정상이라고 할 수 없듯이, 자기의 아내를 괴롭히는 남편도 정상이라고 할 수 없습니다.

31절("이러므로 사람이 부모를 떠나 그 아내와 합하여 그 둘이 한 육체가 될지니")에는 창세기에 나온 말씀이 반복되고 있습니다. 창세기 말씀에서 우리는 음(陰)과 양(陽)의 조화를 볼 수 있습니다. 그러나 한국에서는 '양'(陽)의 입장을 지나치게 중요시합니다. 이 말은 다시 말하면, 부모의 입장을 너무 중요시하고 아내의 입장은 경시한다는 것입니다. 그러나 미국의 경우는 그와 정반대입니다. 그래서 음의 입장만 중요시하는 미국의 경우에는 지나치게 이기적이되어서 가정 파탄율이 50퍼센트로 늘어났습니다. 열 가정 중 다섯 가정은 실패한 가정이라고 보아야겠지요. 그리고 그들은 부모를 무시하는 생활을 하기 때문에 또 다른 죄를 짓습니다.

이와 반대로 한국에서는 부모를 지나치게 존경하는 나머지 아내를 사랑하지 못합니다. 그래서 심한 경우에는 며느리들이 자살까지 합니다. 남편들은 자기 부모를 더 많이 사랑해야만 효자가 되는 줄 알고 있습니다. 그러나 그것은 옳지 않습니다.

결혼을 하게 되면 남편은 아내와 한 몸이 되어야 합니다. 결혼한 남자는 아내를 사랑하는 것 이상으로 부모를 사랑해서는 안 됩니다. 그래서 남편의 태도는 단호해야 할 필요가 있습니다.

"어머님! 저는 어머님을 존경합니다. 그리고 사랑합니다. 그러나 저는 성경에 기록된 대로 제 아내와 하나가 되었습니다. 그렇기 때문에 어머님이 제 아내를 괴롭게 하시면 그것은 저를 괴롭히는 것과 똑같습니다. 부탁드리오니 아내 일에 간섭하지 말아 주세요. 계속해서 제 아내를 괴롭히시면 서로를 위하여 떨어져 사는 것이 좋을 듯합니다."

이런 태도가 좋지 않은 것처럼 보일지 몰라도 이것은 신자로서 필요한 태도입니다. 부모를 존경하고 책임을 져야 하지만 부부 관계를 파괴하면서까지 부모를 사랑해서는 안 됩니다. 만약 시어머니 자신에게 문제가 더 많은데도 불구하고 회개하지 않는다면, 다른 집으로 가시도록 해야 합니다. "부모를 떠나"라는 창세기 2장 24절 말씀을 기억해야 합니다. 만일 어머니가 집을 나갈 마음이 없다고 하면 "그렇다면 어머니는 여기 계십시오. 저희가 다른 곳을 찾아보겠습니다" 하고 말해야 합니다.

부모를 떠나 아내와 하나 되는 것은 아주 중요한 성경의 가르침입니다. 성경에서 여러 번 중요하게 언급되지만 교회에서는 잘 가르치지 않는 것 같습니다. 창세기의 가르침은 아주 기본적인 것입니다. 사람들이 죄에 빠지기 전부터, 십계명이 나오기 전부터 있었던 하나님의 '원법'(原法)입니다. 남자와 여자를 창조하신 이후부터 있었던 하나님의 법입니다. 동양에서는 효를 통해 사랑을 깨닫게 된다고 해서 '효'가 중심사상이 되어 버렸지만 성경에서는 효가 중심이 아니라 사랑이 중심입니다. 남자와 여자의 온전한 사랑이 더 우선적인 것입니다. 하나님께서 인간을 창조하실 때 남자와 여자로 창조하셨기 때문에 음양의 조화를 맞추어서 사는 것이 하나님의 원칙입니다. 신약에서도 예수님은 친히 이에 대한 말씀을 하셨습니다.

그런데 한국에는 유교사상이 뿌리내려 있기 때문에 성경대로 하면 효자가 아니라고 인식되기 쉽고, 그런 말을 듣기 싫어합니다. 그래서 결국은 사랑의 진리에 대해서는 충분히 가르치지 못하는 분위기를 만들고 말았습니다. 신자들의 가정생활도 아름답지 못하게 되어, 남자들의 사랑을 받지 못한 여자들이 위로를 받기 위하여 교회에 나갑니다. 가정에서 받지 못한 위로와 사랑을 목사나 신부로부터 받기 원합니다. 이것은 영적인 간음과 별 다를 바 없습니다. 마음에 정욕이 없을지라도 '목사님! 목사님!' 하고 따르면서 정신적인 위로를 받기 원합니다. 부인들이 그렇게 목사를 떠받들면 떠받들수록 남편들은 교회에 나가기를 더욱 싫어합니다. 목사와 신부들이 이 점을 깨닫고 "남편과 함께 교회에 나오세요"라고 말해야 합니다. 이런 식으로 목회를 하면 한두 달은 교회가 비어 있을지 모르지만 점차로 아주 건강한 교회가 될 것입니다.

> 아내들아 남편에게 복종하라 이는 주 안에서 마땅하니라
> 남편들아 아내를 사랑하며 괴롭게 하지 말라(골 3:18-19).

"괴롭게 하지 말라"라는 구절을 영어성경으로 살펴보면 "Be

not in bitter against them"입니다. 'in bitter'라는 말은 '쓴 것이 머물러 있다'라는 의미입니다. 계속해서 미워하면 마음에 쓴 것이 남아 있게 되기 때문에 오래도록 미워하지 말라는 것입니다.

'쓴 뿌리'라는 말을 알고 있을 것입니다. 쓴 뿌리가 마음에 잔재해 있으면, 날이 갈수록 쓴맛이 나와서 올바르게 행동할 수 없게 됩니다. 그렇기 때문에 남편이나 부인과의 관계에서 서로 마음에 괴로움을 주어서는 안 된다는 것입니다. 괴롭게 하지 말라는 말 속에는 골탕을 먹이지도 말고 골탕 먹지도 말라는 의미가 포함되어 있습니다.

디도서 2장 1-8절은 교회 내에서의 태도와 일반 사회에서의 태도, 가족관계에서의 태도 모두에 대해 이야기하고 있습니다.

오직 너는 바른 교훈에 합한 것을 말하여 늙은 남자로는 절제하며 경건하며 근신하며 믿음과 사랑과 인내함에 온전케 하고(딛 2:1-2).

이것은 늙은 남자가 가정에서뿐 아니라 교회나 사회에서도 이같은 태도를 가져야 한다는 말씀입니다. 늙은 남자들은 경건하고 절제하고 근신하고 믿음이 강해야 하며, 사랑이 많고 온전한 인내를 해야 한다는 것입니다. 3절에는 할머니에 대한 말씀이 나옵니다.

늙은 여자로는 이와 같이 행실이 거룩하며 참소치 말며

많은 술의 종이 되지 말며 선한 것을 가르치는 자들이 되
고(딛 2:3).

"참소치 말며"라는 말은 중요합니다. 남자들이 참소하는 경우도
있긴 하지만 일반적으로 참소는 여자들 사이에서 더 많이 나타납
니다. 거기에는 충분한 이유가 있습니다. 남자는 기분이 나쁘면 다
른 사람을 때릴 수 있고 싸울 수도 있으며 욕할 수도 있습니다. 그
러나 여자들은 싸울 힘도 없고 싸우기도 싫어합니다. 여자들은 싸
우는 것이 기질과 맞지 않기 때문에 대신 뒤에서 수군거립니다. 그
래서 참소하는 습관에 빠지는 일이 너무 많은 것입니다. 또 "술의
종이 되지 말며"라는 구절은 참 재미있는 말씀입니다. 남자에 대해
서 이 말이 나온 것이 아니고 여자에 대해서 나왔습니다. 그런 다
음 "선한 것을 가르치는 자들이 되고"라고 했습니다. 그렇습니다.
나이가 많은 여자들은 가르치는 사람이 되어야 합니다. 누구에게
든지 기회가 있는 대로 가르치는 습관이 있어야 합니다. 나이가 많
고 경험이 많기 때문에 좋은 것을 가르칠 수 있습니다.

그 다음에는 젊은 여자들에 대한 가르침이 나옵니다.

저들로 젊은 여자들을 교훈하되 그 남편과 자녀를 사랑하
며 근신하며 순전하며 집안일을 하며 선하며 자기 남편에
게 복종하게 하라 이는 하나님의 말씀이 훼방을 받지 않
게 하려 함이니라(딛 2:4-5).

젊은 여자들이 집 안에 있지 아니하고 여기저기 돌아다니면서 이 일도 하고 저 일도 한다면 주의 말씀이 아름답게 되지 못합니다. 물론 현대 사회는 하나님의 경제법에 어긋남으로 인해 남자가 자기 가족의 생계를 책임지기가 점점 어렵게 되어 많은 여자들이 부득이 나가서 일을 할 수밖에 없는 형편입니다. 이것은 하나님의 법에서 어긋났기 때문에 일어난 일입니다. 그러나 원칙적으로는 남편은 생계를 책임지고, 부인은 집에서 남편을 위하여 가정을 아름답게 꾸미고 남편을 위로하며 아이들을 가르치는 일을 해야 합니다. 그러나 현대 사회는, 아이들은 학교에 가고 부인은 공장에 가서 일하고 남편 또한 밖에서 일하기 때문에 결국 가족이라는 느낌을 갖기가 힘들게 되었습니다.

그런데 이 시대의 인본주의자들은 그것을 좋아합니다. 그들은 진보하는 데 가장 큰 장애가 '가족관계'라고 생각합니다. 진보가 무엇입니까? 하나님을 떠난 진보는 흔히 타락으로 가는 지름길이 아닙니까?

젊은 남자들에게는 한 가지만 부탁합니다(6절). 즉 '근신' 하라는 것입니다. 근신하면 다른 것은 저절로 다 될 것이라는 의미입니다. 물론 앞에 나온 모든 미덕들도 중요하지만 젊은 남자에게 제일 중요한 것은 근신입니다. 머리를 잘 사용하고, 바보 같은 말을 하지 말고, 생각 없이 행동하지 말고, 서두르지 말라는 의미입니다. 요즘 젊은 남자들은 너무 급해서 생각 없이 일을 합니다. 그러나 성경은 생각 없이 일하거나 행동하지 말고, 서두르지 말고, 근신하라고 합니다.

4부 신자의 가정 ··· 315

범사에 네 자신으로 선한 일의 본을 보여……(딛 2:7).

이것은 디도, 즉 교회의 지도자들에게 해당하는 말이라고 볼 수 있습니다. '모든 사람이 따라올 수 있도록 네가 무엇보다도 먼저 모범이 되라'는 뜻입니다.

베드로전서 3장 1-12절을 보면, 베드로와 바울의 가르침이 매우 비슷함을 알 수 있습니다. 디도서에서 바울은 믿지 않는 남편에 대한 말을 하지 않았지만 베드로전서에서 베드로는 믿지 않는 남편에 대해 분명히 말합니다. 남편이 믿지 않는다면 그 아내는 더욱더 말없이 행동으로 남편의 마음을 끌어서 예수께로 나오게 해야 할 책임이 있습니다.

이와 관련해서 한 유명한 중국 소설을 소개하고 싶습니다. 리슈탕이 지은 《북경의 한순간》입니다. 리슈탕은 외국에서 공부를 많이 해서 중국말보다 영어가 더 익숙한 사람입니다. 이 소설은 원래 영어로 쓰였지만 내용은 중국적입니다. 여러 가지 이야기들이 나오는데 그 중에 재미있는 내용이 있습니다.

세 자매가 살고 있었는데 모두 다 아름다웠습니다. 그 중의 하나는 뛰어난 미인이어서 요즘 말하는 '미스 북경'이 되어 온 나라에서 제일 유명하게 되었습니다. 그런데 결혼하고 남편과 같이 시골에 가서 살면서부터 시골 아낙네 모양을 하고 살았습니다. 그래서 그녀의 남편은 기분이 상했고 결국 바람을 피우게 되었습니다. 아주 순진한 여학생과 사랑에 빠졌는데 처음에 그 여학생은 그 남자가 유부남인 것을 몰랐습니다. 후에 그 남자가 부인이 있는 것을 고백하고 자기 부인이 꾀죄죄한 시골아주머니라서 재미가 없다고 말했습니다. 그러자 그 여학생은 부인에게 연락을 해서 둘이 만나기로 약속했습니다. 부인은 여학생을 만나러 갈 때 시골아주머니 차림이 아니라 그 옛날 '미스 북경' 시절처럼 잘 차리고 나갔습니다. 그 여학생은 부인을 만나는 순간 기절할 뻔했습니다.

"아니, 우리나라에서 제일 유명한 분이 아니세요?"

결국 그 여학생은 떠나갔고, 그 남편은 자기가 바보짓을 한 줄 알고 부끄럽게 여겼습니다. 그리고 그 부인도 자기가 잘못했음을 깨달았습니다.

아내는 남편 앞에서 항상 아름답게 보여야 합니다. 남편이 저절로 자기를 사랑할 것이라고 생각지 말고 항상 아름답게 꾸며서 남편의 사랑을 끌도록 끊임없이 노력해야 합니다.

미국에서 흔히 쓰는 말 중에 'Don't take it relief for granted'라는 말이 있는데, 이것은 지나치게 안심하지 말라는 뜻입니다. 언제든지 상대방의 사랑을 더욱더 끌도록 남편도 노력하고 아내도 노력해야 한다는 뜻입니다. 즉, 방심하지 말라는 것입니다.

에베소서 5장 23절을 보면, 예수 그리스도가 교회의 머리인 것 같이 남편이 부인의 머리라고 하지 않았습니까? 그렇기 때문에 아내가 남편보다 하나님을 더 사랑하면 남편을 넘어가는 것입니다. 남편을 건너서 넘어가지 말고 남편을 통하여 하나님을 사랑해야 합니다. 하나님을 사랑한다면 남편을 그만큼 사랑하고 그만큼 존경해야 합니다. 하나님을 사랑한다고 하면서 남편을 사랑하지 않거나 섬기지 않는 일이 많기 때문에 이런 말씀을 드리는 것입니다.

남편의 입에서 자기 아내가 자기보다 하나님을 더 사랑한다는 소리가 나온다면 이것은 부인의 잘못입니다. 그런 말은 부인이 남편을 인정하지 않는 데서 나오는 것입니다. 몸이 머리를 사랑하는 것이 당연하지 않습니까? 그러므로 머리를 사랑하지 않고 다른 것을 사랑하면 잘못된 것입니다. 여자의 머리는 자기의 남편이므로 남편을 사랑하면서 하나님을 사랑해야 합니다.

로버트 브라우닝(Robert Browning, 1812-1889)이 쓴 글 가운데 아래와 같은 내용이 있습니다.

한 천사가 무엇인가를 기록하는 것을 보고 시의 주인공이 가서 물었습니다.

"천사님! 무엇을 기록하고 계시나요?"

"하나님을 사랑한 사람을 기록합니다."

"제 이름이 거기 있습니까?"

"없습니다."

"그렇다면 천사님, 하나님을 사랑한 사람으로서가 아니라 같은 인간을 형제처럼 사랑한 사람으로서 제 이름을 올려 주세요."

그래서 그 천사는 인간을 지극히 사랑했던 사람으로 그의 이름을 올렸습니다. 다음 날 밤에 천사가 나타나자 다시 한 번 시인이 물었습니다.

"천사님! 제 이름이 하나님을 사랑한 사람들의 명단에 있습니까?"

"예! 맨 뒤에 나옵니다."

이 시의 요점은 이웃을 사랑한 사람은 하나님을 사랑한 사람이라는 것입니다. 이와 마찬가지로 아내가 남편을 극진히 사랑하면 하나님을 사랑한 것으로 기록됩니다.

하나님이 짝 지워 주신 남녀가 이룬 것이 가정입니다. 가정은 하나님의 형상을 보여 주는 곳입니다. 가정이 없어지면 하나님의 형상도 없어집니다. 그래서 인본주의자와 무신론자들은 가정을 싫어합니다. 하나님의 형상이 나타나기 위해서는 부부가 서로 하나 되어야 합니다. 가정은 사회기관이 아니고 하나님께서 시작하신 하나님의 기관입니다. 가정이 최초의 교회입니다.

예수원을 방문한 어떤 자매가 말하기를, 자기는 이제까지 결혼에 대해서 별 관심이 없었답니다. 그런데 예수원에 와서 한 부부를 보고 마음이 완전히 변했답니다. '아하! 결혼생활은 아름다운 것이구나!' 하는 마음이 들었던 것입니다.

사실 예수원의 사명 중의 하나가 그것입니다. 모범적으로 사는 가정의 모습을 통해서 다른 사람들에게 변화된 삶을 살도록 전하는 것이지요. 수도생활도 예수원의 사명 중의 하나지만 가정생활도 예수원의 한 사명입니다. 하나님께서 만드신 첫 기관이 가정인 줄 알고 소중히 여겨야 합니다.

하나님이 우리에게 부탁하신 일

하나님이 가라사대 우리의 형상을 따라 우리의 모양대로
우리가 사람을 만들고 그로 바다의 고기와 공중의 새와
육축과 온 땅과 땅에 기는 모든 것을 다스리게 하자 하시
고 하나님이 자기 형상 곧 하나님의 형상대로 사람을 창
조하시되 남자와 여자를 창조하시고 하나님이 그들에게
복을 주시며 그들에게 이르시되 생육하고 번성하여 땅에
충만하라, 땅을 정복하라, 바다의 고기와 공중의 새와 땅
에 움직이는 모든 생물을 다스리라 하시니라(창 1:26-28).

짐승은 육의 세계에만 속하는 반면에 사람은 영의 세계와 육의
세계에 모두 속합니다. 그러나 하나님은 영의 세계에 속합니다. 귀
신도 영의 세계에 속합니다. 유일하게 인간만이 영의 세계와 육의
세계에 동시에 속합니다. 그래서 인간은 영의 권세를 받아서 육을
다스릴 수 있습니다. 한 여선교사의 간증을 통해서 이것을 구체적
으로 알 수 있습니다.

어느 날 이 여선교사는 산에서 길을 잃고 사흘 밤을 보내야 했습
니다. 그런데 산에서 지내던 중에 커다란 곰을 만났습니다. 그 곰
은 알래스카의 갈색곰이라는, 세상에서 가장 큰 육식동물 중의 하
나입니다. 사람과 비교도 안 되게 덩치가 크고, 호기심이 많습니
다. 무엇을 만나면 굴려 보기도 하고 때려 보기도 하고 자기 나름
대로 시험을 하기도 합니다. 가령 라디오 같은 것이 있으면 자꾸

굴리고 때려서 결국 산산조각을 내고 마는데 사람이 한 번 그 곰에게 맞았다 하면 온몸이 부서지고 맙니다. 사람 몸에 피가 흐르면 곰은 먹기 시작합니다. 아주 무섭고 난폭한 육식동물입니다. 사람을 두려워하지도 않습니다. 이런 무지막지한 곰을 이 여선교사가 산에서 만난 것입니다. 얼마나 무섭고 떨렸겠습니까? 그런데 하나님께서 그 선교사에게 이렇게 말씀하셨습니다.

"너는 육의 세계를 다스리는 영에 속한 사람이니까 그 권세를 이용하면 그 곰이 네게 복종하게 될 것이다. 그러나 네가 두려워하면 그 두려움을 인하여 너는 육의 세계에 복종당할 것이다. 두려움으로 그 육의 세계에 들어가면 너보다 강하고 너보다 큰 곰에게 대항할 도리가 없다."

그래서 그 선교사는 곰 앞에서 손뼉을 치며 크게 찬양했습니다. 찬양하면서 계속 앞으로 나아갔습니다. 그러자 곰이 달아나 버렸습니다. 이것이 바로 하나님의 원래 계획입니다.

사람에게는 온 세계를 다스릴 책임이 있습니다. '다스린다'는 말에는 '정복시키다' '복종시키다'라는 의미가 들어 있습니다. 고전 영어로는 'have dominion'이라고 하는데, '지배를 받는다'라는 의미입니다. 성경에는 잘 나오지 않는 말이지만, 열왕기상 4장 24절에 보면 왕이 온 지방을 다스린다는 의미로 나옵니다("솔로몬이 하수 이편을 딥사에서부터 가사까지 모두 다스리므로").

창세기 2장 15절은 "여호와 하나님이 그 사람을 이끌어 에덴 동산에 두사 그것을 다스리며 지키게 하시고"라고 말씀합니다. 여기서 '다스린다'는 말은 '지배한다'는 의미가 아니라 '섬긴다'는 뜻입니다. 밭농사나 논농사를 짓는다는 것은 땅을 다스리는 의미보다도 땅을 섬기는 의미가 더 큽니다. 섬긴다는 것은 목적을 이루기 위하여 도와주는 것입니다. 하나님께서 인간에게 땅을 주신 이유는 그 땅을 통해서 식물을 생산하도록 하기 위해서입니다. 땅이 식물을 생산하도록 하기 위해서는 사람이 땅을 도와주어야 합니다. '땅을 섬긴다'는 말은 그런 의미에서 나온 것입니다.

말씀들을 살펴볼 때, 다스린다는 말은 자기가 왕이 되어 마음대로 할 수 있다는 것이 아닌, 다만 섬긴다는 뜻으로 사용되어야 합니다. 올바른 왕이라면 백성을 자기 마음대로 취급하는 것이 아니라 백성의 유익을 위하여 질서를 마련할 것입니다. 마찬가지로 우리가 땅의 질서를 잘 지키면 땅은 자기의 할 일을 잘할 수 있게 됩니다. '지킨다'는 말에는 '살펴본다'는 뜻과 '연구한다'는 뜻이 포함되어 있습니다. 배우기 위해서는 잘 살펴보아야 합니다.

하나님은 또한 '생육하고 번성하라'고 하셨습니다. 그런데 우리가 잘 알다시피 인본주의자들은 자꾸 인구가 많다고 주장합니다. 인구는 한자로 '人口'입니다. '人口'(사람의 입)가 하나 있으면 '人手'(사람의 손)는 두 개입니다. 또 머리가 하나 있습니다. 이것을 볼 때 먹는 입은 하나지만 일할 수 있는 기관은 셋입니다. 인본주의자들은 이런 면을 생각지 않고 먹는 문제만 생각하기 때문에 사람의 가치를 모르는 것입니다. 사람의 머리가 얼마나 귀한지, 사람의 손이 얼마나 귀한지 깨닫지 못하고 식량문제만 생각합니다. 이것은 아주 나쁜, 이기적인 태도입니다. 짐승을 셀 때는 머릿수를 세면서 사람을 셀 때는 왜 입의 수를 세는지 모르겠습니다.

하나님의 경제법으로 돌아가기만 한다면 이 세계의 인구는 결코 많은 것이 아닙니다. 하나님께서 창조하신 이 지구는 풍요롭고 아름다운 세계입니다. 모든 사람이 경작하고 사용하기에 충분한 땅입니다. 문제는 탐욕으로 인한 토지의 불균등한 분배에 있지 결코 인구문제에 있지 않습니다. 가난한 자들에게는 아이들이 얼마나 큰 보배입니까? 아이 없는 집은 가장 불쌍한 가정입니다.

요한 웨슬리(John Wesley, 1703-1791)의 어머니에게 자녀가 몇 명 있었는지 아십니까? 열여덟 명이었습니다. 요한 웨슬리의 어머니가 20여 년 동안 아이를 낳느라고 바쁘긴 했겠지만 그 자녀들은 모두 다 하나님 앞에 귀히 사용되었습니다. 음악가, 선교사, 목사 등 각 분야에서 아주 귀하게 사용되었습니다. 그 어머니 수산나 웨슬리가 아이들을 얼마나 잘 가르쳤는지 모릅니다. 그들에게는 집이 바로 학교였습니다. 어머니가 혼자서 가르친 것이 아니고 형제들끼리 서로가 서로를 가르치고 섬기는 공동체였습니다. 그 공동체 안에서 요한 웨슬리, 찰스 웨슬리, 세바스천 웨슬리가 모두 훌륭한 사람으로 자랐습니다.

하나님께서 최초의 가정에게 부탁하신 것은 생육하고 번성하고 땅을 채우라는 것입니다. '채운다'는 말은 땅의 목적을 이루기 위하여 일한다는 의미입니다. 이 땅에는 목적이 있는데 사람이 없으면 목적을 이룰 수 없게 됩니다. 우리에게는 그 목적을 이루기 위하여 하나님의 대표자로서 이 땅에서 할 일이 있는 것입니다.

너희가 이런 일도 행하나니 곧 눈물과 울음과 탄식으로

여호와의 단을 가리우게 하도다 그러므로 여호와께서 다시는 너희의 헌물을 돌아보지도 아니하시며 그것을 너희 손에서 기꺼이 받지도 아니하시거늘 너희는 이르기를 어찜이니이까 하는도다 이는 너와 너의 어려서 취한 아내 사이에 여호와께서 일찍이 증거하셨음을 인함이니라 그는 네 짝이요 너와 맹약한 아내로되 네가 그에게 궤사를 행하도다 여호와는 영이 유여하실지라도 오직 하나를 짓지 아니하셨느냐 어찌하여 하나만 지으셨느냐 이는 경건한 자손을 얻고자 하심이니라 그러므로 네 심령을 삼가 지켜 어려서 취한 아내에게 궤사를 행치 말지니라 이스라엘의 하나님 여호와가 이르노니 나는 이혼하는 것과 학대로 옷을 가리우는 자를 미워하노라 만군의 여호와의 말이니라 그러므로 너희 **심령**을 삼가 지켜 궤사를 행치 말지니라(말 2:13-16).

위의 구절에 나오는 '심령'(spirit)은 원래 '영'이라는 말입니다. 하나님의 영을 가진 사람은 자기의 영을 올바르게 지켜야 한다는 말씀입니다. 결혼생활에서도 하나님의 영이 있어야 하되 잘 지켜져야 합니다. 다시 말하면 이것은 성령과 가족생활에 대한 이야기인데, 성령이 가족 안에 계시다면 서로 배반할 수 없고 서로 괴롭게 할 수 없다는 이야기입니다.

또 여자에게 이르시되 내가 네게 잉태하는 고통을 크게

더하리니 네가 수고하고 자식을 낳을 것이며 너는 남편을
사모하고 남편은 너를 다스릴 것이니라 하시고(창 3:16).

누가 이 말씀을 하셨습니까? 하나님께서 하셨습니다.

그러나 나는 너희가 알기를 원하노니 각 남자의 머리는
그리스도요 여자의 머리는 남자요 그리스도의 머리는 하
나님이시라(고전 11:3).

이 말씀을 통해서 우리는 그 순서를 알 수 있습니다. 하나님 아
버지 밑에 그리스도, 그리스도 밑에 남자, 남자 밑에 여자가 있습
니다. 그러나 이 순서는 일시적인 순서입니다. 때가 오면 모든 것
이 하나님 안에서 하나가 되리라고 하셨기 때문입니다. 다만 이 세
대가 끝날 때까지는 이 순서가 있겠다는 가르침입니다.

이는 남편이 아내의 머리 됨이 그리스도께서 교회의 머리
됨과 같음이니 그가 친히 몸의 구주시니라(엡 5:23).

가족은 하나의 몸입니다. 또 가족의 구주는 그 가족의 가장입니
다. 그러므로 가장은 부인과 자녀들을 위하는 책임이 있습니다. 가
족의 건강을 유지하고, 가족을 보호하고, 가정의 경제문제를 해결
하는 등 이 모든 것이 남자의 책임입니다. 그 다음에 여자는 남편
을 위로하고, 도와주고, 아이들을 가르쳐야 하는 책임이 있습니다.

물론 아이들을 가르치는 것은 어머니 혼자만의 책임이 아닌 부부 공동의 책임입니다.

> 오늘날 내가 네게 명하는 이 말씀을 너는 마음에 새기고 네 자녀에게 부지런히 가르치며 집에 앉았을 때에든지 길에 행할 때에든지 누웠을 때에든지 일어날 때에든지 이 말씀을 강론할 것이며 너는 또 그것을 네 손목에 매어 기호를 삼으며 네 미간에 붙여 표를 삼고 또 네 집 문설주와 바깥문에 기록할지니라(신 6:6-9).

중국에는 문설주 위에 좋은 글을 써 붙여 두는 풍습이 있습니다. 또 한국의 옛 가옥들을 방문하면 지금도 그런 것을 붙여 놓은 것을 볼 수 있습니다.

제가 어느 고아원을 방문했는데 고아원 곳곳에 성경구절이 붙어 있었습니다. 그래서 아이들은 자신이 원하지 않아도 자동으로 성경구절을 볼 수 있었습니다. 그것이 미관상 별로 좋지 않을는지 몰라도 아이들에게 미치는 영향은 상당히 컸습니다. 즉, 아이들이 저절로 하나님의 말씀을 듣고 깨달을 수 있도록 도와주었던 것입니다. 저는 그 고아원에서 아주 좋은 인상을 받았습니다. 신명기에 나오는 것처럼 항상 말씀을 가르칠 뿐만 아니라 항상 눈으로 볼 수 있도록 붙여 두었기 때문입니다.

> 이러므로 너희는 나의 이 말을 너희 마음과 뜻에 두고 또

그것으로 너희 손목에 매어 기호를 삼고 너희 미간에 붙여 표를 삼으며 또 그것을 너희 **자녀**에게 가르치며 집에 앉았을 때에든지, 길에 행할 때에든지, 누웠을 때에든지, 일어날 때에든지 이 말씀을 강론하고 또 네 집 문설주와 바깥문에 기록하라 그리하면 여호와께서 너희 열조에게 주리라고 맹세하신 땅에서 너희의 날과 너희 자녀의 날이 많아서 하늘이 땅을 덮는 날의 장구함 같으리라(신 11:18-21).

'자녀'를 영어성경에서 찾아보면 'children'이라고 되어 있고 히브리어 성경에는 '벤'(בֵּן, 아들)이라고 되어 있습니다. 그러니까 원뜻은 '네 아들에게 가르치라'는 의미입니다. 이것은 아들이 딸보다 귀하다는 뜻이 아니고 남자들이 책임자의 입장에 서야 하기 때문에 책임감을 배워야 한다는 의미에서 나온 것입니다. 남자들에게 책임감이 없게 되면 나라가 부패하게 되기 때문입니다.

누구든지 언제든지 제 육체를 미워하지 않고 오직 **양육**하여 보호하기를 그리스도께서 교회를 보양함과 같이 하나니(엡 5:29).

'양육'이란 말에는 '먹인다'는 뜻이 있지만 '가르친다'는 뜻도 있습니다. 부모는 아이들의 영과 육이 잘 자라도록 양육해야 하는 책임이 있습니다. 아이들이 계속해서 어린아이로 머물지 않고 장성한 어른이 되도록 하기 위해서는 밥을 먹이고 가르치기도 해야 합니다. 머리도 양육하고 몸도 양육할 뿐 아니라 영도 양육해야 할 책임이 부모에게 있습니다. 성경에는 체벌에 대한 내용도 나옵니다. 체벌해야 되는 일이 있으면 사랑의 표시로 해야 합니다.

제 아이들을 기르는 중에 아주 중요하다고 생각되는 일이 두 번 있었습니다. 우리 아들이 태어난 지 얼마 안 된 갓난아이일 때 우리에게는 한 가지 규칙이 있었습니다. 저녁 식사 시간부터 아이를 잠재우고, 울어도 돌아보지 않고 우리의 일만 한다는 것이었습니다. 처음에는 아이 우는 소리 때문에 제 아내는 소화불량에 걸릴 정도였습니다. 그런데 간혹 심하게 울어서 가 보면 아무 일도 없었습니다. 기저귀도 젖지 않았고 아픈 데도 없는데 울고 있었습니다. 우는 이유는 기분이 나빠서였겠지요. 혼자 있기 싫었기 때문입니다. 미국에서는 대부분 아이들의 방을 따로 마련해 주고 아이들로 하여금 자기 방에서 지내도록 합니다. 아이가 울어도 별로 신경 쓰지 않고 무시해 버립니다. 처음에는 몇 번 울다가 시간이 지나면 아이도 습관이 되어서 울지 않고 빨리 잠들게 됩니다.

지금은 잘 기억나지 않지만 한 번은 제가 아이를 속인 일이 있습니다. 그런데 아이의 울음소리가 예전과 달랐습니다. 그래서 제 양심에 가책이 생겼습니다. 아이가 배반당한 듯한 마음 아픈 소리로 울었습니다. 외로워서 우는 소리가 아니고, 자기 아빠에게 배반을 당한 아이가 "아버지가 그럴 수 있느냐?" 하는 듯한 울음소리였습니다. 저는 그때 아주 깜짝 놀랐습니다. 그토록 어린 아이가 어떻게 자기가 배반당한 것을 알 수 있을까 하고요. 그래서 저는 부득불 아이 방에 찾아가서 아이에게 사과했습니다. 아이가 아버지의 하는 말을 이해할 수 없는 나이긴 했지만 저는 직감으로 느꼈습니다. 제가 잘못했다고, 용서해 달라고 했더니 아이가 울음을 그치고 잠을 잤습니다.

그때 제 동생이 우리 집에 살고 있었는데 제가 아이방에 갔다 오자 어떻게 아이가 그렇게 잠잠하게 되었느냐고 물었습니다. 제가 아이에게 사과했다고 말하니까, 동생이 "아버지가 틀림없는 사람이 되어야지 아기 앞에서 사과나 하면 되겠습니까?"라고 했습니다. 그 다음부터 저는 틀림없는 사람이 되도록 노력했고, 제 아들도 저를 믿어 주었습니다. 잘못하면 잘못했다고 말할 수 있는 아버지기 때문에 믿을 수 있다고 생각하고 그 후부터 저를 존경했습니다. 아주 어릴 적 일이기 때문에 아들 자신은 아버지를 존경하는 마음이 어디서부터 나왔는지 모릅니다. 그렇지만 저는 압니다.

그 아이가 여섯 살 때 또 한 가지 일이 있었습니다. 저희 집 맞은편에 초등학교가 하나 있었습니다. 아들은 학교 다니는 아이들을 구경하기 위해서 학교 앞에 있는 경사진 잔디밭에 가서 공놀이를 하곤 했습니다. 그런데 그 잔디밭이 경사가 져 있었기 때문에 공이 자꾸 차도로 굴러 나갔습니다. 차도는 자동차가 많이 다녀서 위험했습니다. 그래서 저는 아이에게 그곳에서 놀지 말고 교회와 집 사이에 있는 넓은 잔디밭에서 놀라고 했습니다. 그런데 아들은 제 말을 듣지 않고 자꾸 아이들이 잘 보이는 경사진 잔디밭으로만 갔습니다. 학교 맞은편에 서서 아이들을 구경하며 공놀이를 하다가 공이 굴러가면 생각 없이 차도로 가서 공을 주워 오곤 했습니다.

그래서 하루는 아이를 불러 놓고 "애야! 네가 죽으면 우리는 슬프단다. 자동차에 치여 네가 다치면 엄마와 아빠가 얼마나 마음이 아프겠니?" 하고 타일렀습니다. 하지만 아무리 말로 해도 듣지 않고 공이 차도로 굴러가면 내려가서 주워 오곤 했습니다. 그래서 저는 다시 한 번 아들에게 "네가 내 말을 이해하지 못하면 혹시 내 손을 이해할지 모르겠어. 한 번만 더 길에 나가면 말로 하지 않고 손으로 할 거야. 집 안에서 너를 때리지 않고 저 학생들이 보는 앞에서 너를 때려서 부끄럽게 하겠다"라고 말해 주었습니다. 그리고 저는 제 사무실로 들어갔습니다. 사무실 책상 옆에는 창문이 있어서 바깥을 충분히 내다볼 수 있었습니다. 아이가 경사진 잔디밭에서 놀다가 5분도 채 못 되어 다시 차도로 나가는 것이었습니다. 저는 밖으로 나가 말없이 그를 붙잡아 손으로 때려 주었습니다. 그런 다음 그 아이가 어떻게 했는지 아십니까? 또 길에 나갔습니다. '나는 독립된 사람이다. 내 뜻을 꺾을 수는 없다' 하는 태도였습니다.

저는 다행히도 그 몇 년 전에 어린이 하기캠프에서 많은 경험을 쌓았기 때문에 이런 경우에 어떻게 해야 할지 알고 있었습니다. 이런 상황에서 아이를 다시 때려 보았자 아무 소용이 없다는 것을 알았습니다. 붙잡아서 다시 때리면 고집스런 마음으로 길가에 또 나갈 것이고, 때리면 또 나갈 것입니다. 누가 이기나 보자 하면서 경쟁할 것이 뻔합니다. 아이들은 그것을 오히려 즐깁니다. 그래서 저는 더 때리는 것이 쓸데없는 일인 줄 알고 그냥 못 본 척하고 집 안에 들어갔습니다. 그리고 아무 말도 하지 않았습니다.

그러자 아들 녀석이 구경하는 사람도 없고 본인도 재미없으니까 집으로 들어왔습니다. 그 후부터 다시는 길에 나가지 않았으며, 그 일 때문에 아버지를 존경하게 되었습니다. 아버지에게 권위가 있는 줄 알고 아버지의 권위를 세워 줄 줄 알았습니다. 또 자기를 존중해서 자기의 자존심을 유지시켜 주는 아버지임을 알고 고맙게 생각하여 그 후부터는 자원하는 마음으로 아버지께 복종했습니다. 억지로 복종한 것이 아니라 자발적으로 복종했습니다. 그날 이후로 지금껏 때린 적이 한 번도 없습니다. 전혀 때리지 않는 것은 문제가 있지만 지나치게 때리는 것도 큰 문제입니다. 조화를 잘 이루어야 합니다.

아비들아 너희 자녀를 격노케 말지니 낙심할까 함이라(골 3:21).

아버지가 자녀를 가르칠 때 징계는 할지라도 화를 내서는 안 됩니다. 화가 난 상태로 아이를 때리면 아이도 화를 낼 것입니다. 하지만 아버지가 정의를 실행하는 태도로 아이를 때리면 아이가 인정할 수 있습니다. 아이도 그것을 느끼기 때문에 화를 내지 않습니다. 진노케 하지 말라고 하신 이유는 아이가 낙심할까 싶어서입니다.

아이들 가운데 아버지가 너무 심하게 때려서 낙심하는 경우가 많습니다. 히브리서 12장 5-11절에는 하나님과 우리의 관계에 대한 말씀이 나오는데 그 예로 아버지와 아이의 관계를 듭니다. 아버지의 위치는 무엇입니까? 하나님의 위치입니다. 하나님께서 자기를 대우하시는 것처럼 아버지도 하나님 위치에서 자기 아이들을 대해야 합니다. 징계가 없는 아이는 사생자일 뿐입니다.

미국과 같은 사회에서는 남편이 아침 일찍 직장에 나갔다가 오후에 돌아와서는 저녁 식사를 한 뒤 신문을 봅니다. 그날 직장에서 받았던 스트레스를 잊어버리고 쉬기를 원합니다. 그러다가 부인이 와서, "여보! 오늘 아이들이 아주 못되게 굴었는데 당신이 야단을 좀 쳐야겠어요" 하면 "나를 귀찮게 하지 마. 당신이 알아서 해" 하고 무시해 버립니다. 아버지의 피곤한 입장을 이해할 수는 있지만 자신의 책임을 회피할 수는 없습니다. 미국의 많은 아버지들이 아이를 징계하는 책임을 지지 않아 어머니가 어렵게 되었고, 아이들이 어머니에게 강하게 반발하게 되었습니다. 아버지가 자기를 때리지 않는데 어머니가 때리면 "아버지도 나를 때리지 않는데 왜 어머니가 나를 때리느냐"라고 강하게 반발합니다. 결국은 아무 징계도 받으려 하지 않기 때문에 사생아와 같이 되어서 부모를 무시하게 되고, 사회에 나가서도 술 먹고 도적질하고 마약중독자가 되고 간음을 하는 등 온갖 못된 습관을 다 배우게 됩니다. 그러므로 집안의 가장인 남자가 아이에 대한 책임을 회피하면 안 됩니다. 집에 없을 때는 할 수 없지만 집에 돌아오면 책임을 져야 합니다. 반드시 어머니를 보조해야 합니다.

예수원과 같은 공동체 내에서의 자녀교육에 대해 몇 가지 말씀 드리고 싶습니다. 가능하면 아이들은 아이들의 부모가 책임지도록 해야 합니다. 혹 아이가 부모가 알지 못하는 잘못을 저질렀을 때는 그 부모에게 이야기해도 됩니다. 그 후에는 부모가 그 문제를 다루든지 다루지 않든지 상관할 필요가 없습니다. 만약 그 부모가 계속해서 아이를 잘못 양육한다고 느끼면 그 부모에게 비밀히, 그리고 겸손하게 권면해도 됩니다. "죄송하지만 제 생각에 아이들을 이러저렇게 교육했으면 합니다" 하는 식으로 말입니다.

대부분의 공동체에는 아이들은 어른들을 공경해야 한다는 가르침이 있습니다. "당신이 우리 부모도 아닌데 내 일에 간섭하지 마시오"라는 태도는 허락되지 않습니다. 할 수 있는 한 다른 사람이 간섭하지 않는 것이 좋지만 아이로 하여금 다른 어른들을 무시하는 태도를 갖게 해서는 안 됩니다. 아이들은 겸손한 사람이 되는 법을 배워야 합니다. 그러나 공동체의 모든 어른들이 아이를 간섭하려고 들면 이 아이는 입장이 곤란해서 견딜 수 없게 됩니다. 아이의 부모에게 교육을 일임하되, 다만 무시하거나 무관심하지만 않으면 좋을 것입니다.

예수원과 같은 공동생활을 할 경우에도 각 가정이 독립생활을 해야 될 부분이 있습니다. 아버지가 자기 아이들을 책임지고 자기 아내를 책임지며 모든 면에서 일반적인 가정 분위기를 지켜야 한다고 생각합니다.

미국의 베다니 공동체에 가면 새로운 지원자들이 집 안의 허드렛일을 합니다. 청소하고 설거지하는 일을 도맡아서 합니다. 그러나 장기체류자의 경우에는 부부가 같이 아침에 일터로 나갑니다. 남편은 공장에 가서 일하거나 가르치는 일을 하고 부인은 사무실이나 도서실에서 일합니다. 장기체류자들에게는 주어진 책임이 있습니다. 젊은이들도 들어와서 허드렛일을 합니다. 또 공동식당이 있는데 각 가족의 식탁이 따로 있습니다. 아이들은 자기 부모와 같이 식사해야 합니다. 만일 다른 식탁에 앉고 싶으면 아버지의 허락을 받아야만 합니다. 가족적인 분위기를 유지하기 위한 노력이라고 볼 수 있습니다.

베다니의 집은 아파트식으로 되어 있습니다. 한 가족당 방이 하나나 둘씩 있고 필요한 경우엔 셋이 있는 집도 있습니다. 냉장고는 바깥쪽 복도에 있어서 두서너 가족이 같이 사용합니다. 개인 냉장고는 없습니다. 아이들의 수를 계산해서 두서너 가정이 함께 사용하고 있습니다. 공동생활을 하면서 가족적인 분위기를 이런 식으로 잘 유지하고 있는 공동체가 이곳밖에는 없는 것 같습니다. 1945년에 시작한, 역사도 아주 오래된 곳입니다.

남편의 책임

누구든지 자기 친족 특히 자기 가족을 돌아보지 아니하면 믿음을 배반한 자요 불신자보다 더 악한 자니라(딤전 5:8).

어떤 사람이 예수를 따르는 생활을 한다는 핑계로 자기 아내와 아이들을 양육하기를 거절한다면 그는 불신자보다 더 악한 자입니다. 신앙을 배반한 사람입니다. 도저히 있을 수 없는 소리입니다. 예수께서 "자기 아내를 미워하지 않으면 내 제자가 될 수 없다"라고 하신 말씀은 예수님보다 아내나 가족을 더 사랑할 수 없다는 의미입니다. 미워하라는 말과는 다른 것입니다. 예수를 위하여 아내를 버릴 각오를 한 사람은 일찍 결정해서 결혼하지 말아야 합니다. 결혼한 다음에 아내를 버리는 법은 없습니다. 이미 결혼한 상태에서 부부가 각자 수도의 길을 가기로 합의해서 할 수도 있지만 일방적으로 "내가 너를 버리고 예수를 따르겠다"라고 해서는 안 됩니다.

> 이르시되 내가 진실로 너희에게 이르노니 하나님의 나라
> 를 위하여 집이나 아내나 형제나 부모나 자녀를 버린 자
> 는 금세에 있어 여러 배를 받고 내세에 영생을 받지 못할
> 자가 없느니라 하시니라(눅 18:29-30).

이 말씀은 결혼하지 않기로 결정한 사람, 즉 수사에 대한 말입니다. 수사생활을 하면 이 세상에서도 상을 받고 내세에서도 상이 있을 것입니다. 그러나 교회 앞에서 일단 결혼서약을 하면 그 후부터는 서약을 지켜야 합니다. 책임을 져야 합니다. 결혼한 다음에 버리는 법은 없습니다. 특히 아이를 낳고 난 후에 아내와 자식을 버리게 된다면 어떤 말로도 변명할 수 없는 나쁜 사람이라고 할 수 있습니다.

제가 아는 한 형제는 서울에서 부인과 같이 살다가 어떤 전도사들의 하는 말을 듣고 부인을 떠나서 그들과 같이 전도여행을 나갔습니다. 그들은 누가복음 18장 29절 말씀을 인용하면서 아내는 신경 쓰지 않아도 된다고 했습니다. 그 형제는 아내가 어떻게 살아야

할지에 대해서는 신경도 쓰지 않고 친구들과 같이 떠났습니다. 그의 아내는 너무 큰 충격을 받아서 태중의 아이를 유산하고 말았습니다. 그 후에 남편이 돌아왔지만 왜 이제 와서 나를 찾느냐면서 외면했습니다. 그 형제는 6년 동안이나 아내와의 문제를 해결하려고 애썼지만 결국 실패했습니다. 마침내 그 여자가 다른 남자에게로 갔습니다. 그 남편 때문에 결국 부인이 죄인이 된 것입니다. 예수께서는 이혼이 아내를 간음시키는 것과 마찬가지라고 하셨기 때문입니다.

바울은 자기가 독신자이고 독신생활이 좋다고 말하면서도 결혼한 사람은 더불어 살고, 거절하지 말며, 떠나지 말라고 이야기하고 있습니다(고전 7장). 여자에게 남편을 떠나지 말라고 했습니다. 만약 떠났다 할지라도 다시 한 번 화합해야 하며 둘이 영원히 헤어지지 말라고 했습니다. 바울은 하나님을 위하여 부인과 자식을 다 버렸습니다. 그러나 이미 결혼한 사람은 그럴 수 없다는 말입니다.

> 아내가 자기 몸을 주장하지 못하고 오직 그 남편이 하며 남편도 이와 같이 자기 몸을 주장하지 못하고 오직 그 아내가 하나니 서로 분방하지 말라 다만 기도할 틈을 얻기 위하여 합의상 얼마 동안은 하되 다시 합하라 이는 너희의 절제 못함을 인하여 사단으로 너희를 시험하지 못하게 하려 함이라(고전 7:4-5).

분방하지 말고 서로 거절하지 말되 다만 기도를 위해서는 서로 약속하에 잠시 동안 분방하다가 다시 합하라고 했습니다. 그렇지 않으면 사탄이 절제하지 못하게 해서 시험에 들기가 쉽습니다.

"나는 이성에 대해 아무 관심도 없습니다. 성적인 관계 없이도 잘 살 수 있습니다"라고 장담하다가 견디지 못하고 깊은 죄에 빠지는 경우가 많습니다. 이런 면에서 바울은 실제주의자였습니다. 유혹에 빠지기 쉬운 인성을 잘 파악했기 때문에 잠깐 분방을 하긴 하지만 너무 오랫동안 분방하지 말라고 했습니다. 서로를 위해서 부부로서 책임을 져야 한다는 것입니다.

> 남편은 그 아내에게 대한 의무를 다하고 아내도 그 남편
> 에게 그렇게 할지라(고전 7:3).

한편 양육하여 보호한다는 말 속에는 서로의 몸을 의무적으로 바쳐야 한다는 뜻도 포함되어 있습니다. 몸이 서로에게 속한 것인 줄을 알아야 합니다.

> 남편들아 아내를 사랑하며 괴롭게 하지 말라(골 3:19).

성경에는 모순이 없습니다. 서로 모순 되는 것처럼 보여도 깊이 연구해 보면 조화를 이루는 것을 알 수 있습니다. 한 구절을 택하고 한 구절은 버려야 되는 법이 없습니다. 그런 식으로 말씀을 보면 똑같은 말씀을 가지고 서로 다른 주장이 나오거나 마음에 드는

구절만 남기고 다 잘라 버려서 자기가 하나님의 입장에 들어가게 되기도 합니다. 이것이 얼마나 큰 신성모독인지 모릅니다.

부인으로서, 어머니로서의 책임

잠언 31장 말씀에는 여자에 대한 긍정적인 면이 나옵니다. 부정적인 말이 없습니다. 하나님께서 좋아하시는 여자, 모든 남편들이 원하는 여성상을 살펴볼 수 있습니다. 여기에 나오는 여자는 한국 여자와 아주 비슷한 점이 많습니다. 일도 잘하고, 사교성도 좋고, 성격도 강하고, 돈도 잘 법니다. 이것은 나쁜 것이 아닙니다. 자기의 가정 문제를 자기가 책임질 줄 아는 튼튼한 사람입니다. 밖에서도 일하고 집안일도 하면서 그 가정의 경제를 더욱 튼튼하게 한다고 했습니다. 그러나 자기의 주된 임무는 집안일이라고 생각합니다.

밤이 새기 전에 일어나서 그 집 사람에게 식물을 나눠 주
며 여종에게 일을 정하여 맡기며(잠 31:15).

아마도 이 구절은 부잣집 여자에 대한 말씀인 것 같습니다. 부잣집 여자일지라도 아랫사람들에게 모범이 되고 있습니다. 자기가 직접 일하면서 아랫사람들을 부립니다. 감독자로서의 역할은 하되 분위기를 아름답게 조성시키기 때문에 하인들도 자원하는 마음으로 일을 하게 됩니다.

> 그 남편은 그 땅의 장로로 더불어 성문에 앉으며 사람의
> 아는 바가 되며(잠 31:23).

그 여인의 남편은 장로들과 더불어 '성문에 앉는' 사람입니다. 남편이 재판관이라는 뜻입니다. 높은 위치에 있는 사람입니다. 재판관의 일을 하면서 다른 장로들에게 인정을 받는 이유는 가정이 훌륭하기 때문입니다. 남편의 얼굴이 즐겁고 평안하기 때문에 가정의 화목함이 겉으로 나타납니다. 아내로 인하여 남편이 인정을 받게 되는 것입니다.

아이들도 다른 집을 방문했을 때 자기의 어머니와 그 집의 어머니를 비교해 보고 자기 어머니가 훌륭하다는 것을 느낍니다. 하나님께서 그런 집안 분위기를 원하십니다. 집안 분위기를 만드는 것은 여자의 책임입니다. 물론 남편이 아내를 사랑하고 가족의 생계를 책임지고 아이들을 잘 가르치는 등 자기의무를 다하게 되면 여자가 화목한 집안 분위기를 만드는 데 큰 도움이 될 수 있습니다.

> 그는 간곤한 자에게 손을 펴며 궁핍한 자를 위하여 손을
> 내밀며(잠 31:20).

위의 말씀은 아주 중요합니다. 돈버는 일과 자기 집안일에만 관심이 있는 것이 아니라 가난한 사람을 위하여 베푸는 일을 하는 사람임을 보여 줍니다.

능력과 존귀로 옷을 삼고 후일을 웃으며(잠 31:25).

이 말은 장래 일을 걱정하지 않는다는 말입니다. 미래에 대해 웃으면서 생각할 수 있다는 것이지요. 능력과 존귀가 자기의 옷이 되기 때문에 무슨 옷을 입어도 존귀를 받을 수 있습니다.

입을 열어 지혜를 베풀며 그 혀로 인애의 법을 말하며(잠 31:26).

그 여자가 입을 열면 지혜가 나온다는 말씀입니다. 그 지혜가 어디서 나옵니까? '공부'한 것에서 나온 것이 아니고 '경험'이 많아서 지혜로운 사람이 된다는 말입니다. 그 입에는 항상 자비로운 가르침이 있습니다. '인애'가 바로 자비심입니다!

그 집안일을 보살피고 게을리 얻은 양식을 먹지 아니하나니(잠 31:27).

놀면서 먹는 법이 없다는 말씀입니다. 데살로니가후서 3장 10절에서는 일하기 싫거든 먹지도 말라고 했습니다. 어느 나라를 가든지 소위 '문화인' 혹은 '양반'이라고 하는 사람들은 잘 먹고 살지만 자기가 일을 해서 잘 먹는 것이 아니라 남을 이용해서 먹고 삽니다. 그런데 잠언에 나오는 이 여자는 자기 스스로 일해서 밥을 먹는다고 했습니다. 그래서 아이들도 그녀가 훌륭한 어머니임을 알고 남편도 그녀가 훌륭한 아내인 줄 안다고 했습니다.

> 고운 것도 거짓되고 아름다운 것도 헛되나 오직 여호와를
> 경외하는 여자는 칭찬을 받을 것이라(잠 31:30).

잠언 31장 10절에는 '현숙하다'는 말이 나옵니다. '현숙'이란 단어는 여자들에게도 사용하지만, 여기 사용된 '현숙'이라는 말의 원뜻은 '활발' '군대' '능력' '힘' '부' '재산' '용감' 등의 의미로, 주로 남자에게 해당되는 말입니다. 그러므로 우리는 여기 나오는 여자가 아주 용감한 여자임을 알 수 있습니다. 결국 성경에서 말하는 현숙한 여자는 모든 면에서 용감한 여자입니다.

우리가 잠언 31장을 읽으면서 또 한 가지 알 수 있는 것은 여자의 위치가 낮은 위치도 아니고 멸시받는 위치도 아니었다는 것입니다. 오히려 아주 중요한 위치에 있었습니다. 구약 시대에는 여자를 존경하는 것이 전반적인 사회 분위기였습니다. 이러한 구약의 배경을 모르고 신약에 나오는 '복종'에 대해서만 생각하면 오해하기 쉽습니다. 많은 사람들이 구약에 나오는 여자에 대한 가르침을 무시해 버려서 신약과 연결을 시키지 못하고 오해하게 되는 것입니다.

> 아내들이여 자기 남편에게 복종하기를 주께 하듯 하라 이
> 는 남편이 아내의 머리 됨이 그리스도께서 교회의 머리
> 됨과 같음이니 그가 친히 몸의 구주시니라(엡 5:22-23).

먼저 남편의 태도가 올바르다면 이것은 별 문제가 되지 않는 구절입니다. 남자가 부인을 위하여 희생적인 사랑을 하면 부인은 자연히 복종하게 되어 있습니다. 그러나 이 구절의 의미는 남편이 잘하든지 못하든지를 막론하고 복종해야 한다는 것입니다.

아울러 아내의 죄 문제에 대해서는 남편이 책임을 져야 합니다. 남편이 교회 나가는 것을 반대해서 나가지 못하는 경우 아내에게는 죄가 없습니다. 남편이 책임을 져야 합니다. 잘못하면 남편의 죄이지 부인의 죄가 아닙니다. 이런 면에서 본다면 책임은 여자가 더 가볍습니다. 여자는 남편에게 복종만 하면 되는 것입니다. (그러나 이 복종만 한다는 것이 얼마나 어려운지요!)

현대 교회에는 책임에 대한 관심이 너무 없습니다. 특권만 생각하고 책임에 대해서는 전혀 생각지 않습니다. "특권에는 책임이 따른다"라는 말이 있지 않습니까? 특권을 가지면 책임을 져야 합니다. 책임 없는 특권은 없습니다. 그런데도 미국 사회에서는 자꾸 책임을 피하고 특권만 얻으려고 합니다. "인권! 인권!" 하고 부르짖기는 잘하지만 '사람의 책임'에 대한 이야기는 잘 하지 않습니다.

지금 미국 사회에는 '종의 사상'이 흐르고 있습니다. 복지사회란 사실 종의 사회입니다. 자유사회가 아닙니다. 그 이유는 땅을 빼앗겼기 때문입니다. 각 사람에게 자기 땅이 있으면 자기 땅에다가 자기 집을 짓고 그 땅에서 나오는 것으로 자기 음식도 만들고 자기 옷도 만들 수 있으므로 완전히 독립해서 살 수 있는데 무슨 '인권'이라는 말이 필요하겠습니까? 그러나 사람이 땅을 빼앗기고 나면 갈 곳이 없게 됩니다. 남의 땅에서 살고, 남의 집에서 살고, 남이 바느질한 옷을 입고, 남의 집에서 일하여 번 돈을 가지고 남의 시장에 가서 물건을 사야 합니다. 완전히 남의 종이 되는 것입니다. 아무리 돈이 많아도 자유가 없습니다.

그러나 땅이 있는 사람은 자유가 있습니다. 독립된 생활을 할 수 있습니다. 사회를 무시하고도 살 수 있습니다. 그러나 땅이 없으면 사회를 무시해 버릴 수 없습니다. 이 사람, 저 사람이 원하는 대로 할 수밖에 없습니다. 주인을 찾아가야 합니다. 그 주인 밑에 들어가서 일해야 합니다. 또 사업을 하려고 하면 은행에 가서 돈을 빌려야 합니다. 은행의 종이 됩니다. 현대 사회는 땅을 다 빼앗겨서 사람들이 모두 자유를 잃어버리고 이 회사에서 일하고 저 회사에서 일해서 회사의 종이 다 되었습니다. 그러나 회사는 책임지기 싫어합니다. 회사는 나라가 책임져야 한다고 합니다.

정치인들은 권력을 좋아하고 권력의 맛에 중독 되어 있습니다. 권력은 한 번 맛보면 중독 되게 됩니다. 그래서 다시 땅을 주기를 싫어합니다. 그 대신 자기가 이 회사 저 회사, 혹은 개인에게 명령을 합니다. 심지어 가족문제까지도 개입해서 이렇게 저렇게 하라고 명령합니다. 완전히 종의 분위기가 되었습니다.

종이 있으면 주인이 책임을 져야 합니다. 현대 사회에서 자주 사용하는, 정부가 국민을 위하여 책임을 져야 한다는 말은 종과 주인의 관계에서 나온 말입니다. 종이 억압을 받는다는 생각이 있기 때문에 자꾸 '인권' 얘기를 하는 것입니다. 그래서 울면서 외칩니다. "주세요!"라고. 자기에게 힘이 하나도 없기 때문에 데모하는 방법

외에 별도리가 없습니다. 소리를 지를 수밖에 없는 것입니다.

우리는 이런 종의 태도에 빠지면 안 됩니다. 종의 태도에 빠지면 성령의 분위기를 이해할 수 없습니다. 그러나 많은 사람들이 이미 종의 정신을 갖게 되어서 성경을 올바로 해석하기를 싫어하고 이해하지 못합니다. 성경의 정신은 자유자(自由者)의 정신입니다. 비록 남의 종의 위치에 있다 할지라도 하나님의 자유자입니다. 독립 정신을 가지고 있습니다. 하나님 밑에 있기 때문입니다.

에베소서에 나오는 여자는 '자유자'지만 주의 종이기 때문에 주를 위하여 남편의 종이 되는 것입니다. 무조건 자신의 자유를 빼앗긴 것이 아닙니다. 우리는 그런 분위기를 알아야 합니다.

여자에게 책임이 덜하다는 것은 여자가 져야 할 짐이 그만큼 가볍다는 뜻인데 현대 사회에서는 남자나 여자, 아무에게도 책임이 없습니다. 오직 정부에게만 책임이 있다고 할 뿐입니다. 여자에게 책임이 없는 것은 이제 특권이 아닙니다. 현대는 남자에게도 책임이 없기 때문입니다.

그런데 성경에서는 남자가 책임을 지고 여자는 남자를 의지하면 된다고 합니다. 남을 의지하지 말고 자기 남편을 의지하라고 했습니다. 요즘 여자 신도들이 종종 자기 남편을 무시하고 목사나 신부를 의지하는 것을 볼 수 있는데 그것은 결국 다른 여자의 남편을 의지하는 것과 같습니다. 있을 수 없는 일입니다. 물론 신부는 다른 여자의 남편이 아닙니다. 그러나 내 남편도 아닙니다. 그러므로 신부를 의지하거나 복종할 수 없는 것입니다.

자기 남편에게만 복종하되 '주께 하듯 하라'고 했습니다. 이것은 중요한 말입니다. 목사나 신부들이 여자들로부터 아부받기 좋아하는 것을 볼 수 있는데, '아부'는 술을 마시는 것보다 더 중독되기 쉽고 기분이 좋은 것입니다. 사실 저는 이 점을 두려워합니다. 아부하는 듯한 소리를 들으면 중독 될까 봐 두렵습니다. 자꾸 초코파이를 사 가지고 오는 사람을 보면 두려워집니다. 제가 초코파이를 위하여 진리를 버려야 합니까?

여자들이 목사나 신부를 존경해야겠지만 복종해야 한다는 법은 없습니다. 여자의 머리는 교회가 아니라 남편입니다.

복종의 의미

교회가 어떻게 그리스도께 복종합니까? 모여서 기도하고 성령의 인도하심을 받아 주의 뜻이 무엇인지 알아본 후에 복종합니다. 이와 마찬가지로 부부도 서로 의논해서 성령의 인도하심을 받고 올바른 방법이 무엇인지, 올바른 길이 무엇인지 알아서 복종하는 것이 원칙입니다. 그냥 아무 생각도 없이 이것 하라, 저것 하라고 해서는 안 됩니다.

몸의 구주인 그리스도께서 몸 된 교회를 지킨 것과 같이 남편이 아내의 몸을 지켜야 합니다. 남편이 아내의 구주가 된다는 것은 몸의 구원에 대한 의미도 포함됩니다. 아내의 몸의 구원자인 남편은 아내의 건강과 안정과 보호를 위하여 책임을 져야 합니다.

그러나 너희도 각각 자기의 아내 사랑하기를 자기같이 하고 아내도 그 남편을 경외하라(엡 5:33).

남편은 아내를 자기처럼 사랑하고 아내는 남편을 경외해야 한다고 했습니다.

> 사라가 아브라함을 주라 칭하여 복종한 것같이 너희가 선
> 을 행하고 아무 두려운 일에도 놀라지 아니함으로 그의
> 딸이 되었느니라(벧전 3:6).

사라는 아브라함을 '주'라 칭했습니다. 위의 말씀에서 재미있는 사실은 '두려운 일에도 놀라지 않는다'는 것입니다. 믿지 않는 남편이라면 여자를 때리거나 혹은 다른 방법으로 자기 부인을 곤경에 빠뜨릴 수 있습니다. 그래서 두려워하고 놀라게 됩니다. 그런데 예수님이 주인이 되셔서 예수님께 복종하고 그분을 경외하면 예수님이 보호해 주십니다. 그러므로 두려워하지 말고 안심하면 문제가 해결된다는 것입니다.

시편에 '도움 없는 자의 도움이 되고 구원 없는 사람의 구원자가 되시는 하나님'이라는 말씀이 많이 나옵니다. 아내들이 정부로부터 어떤 인권을 얻어야 한다고 생각하지 말고 하나님께서 친히 문제를 해결하시리라는 믿음을 가지면 하나님께서 그렇게 행하실 것입니다. 하나님은 우리가 견딜 수 없을 정도의 시험 당함을 허락지 않습니다.

> 사람이 감당할 시험밖에는 너희에게 당한 것이 없나니 오
> 직 하나님은 미쁘사 너희가 감당치 못할 시험 당함을 허

락지 아니하시고 시험당할 즈음에 또한 피할 길을 내사
너희로 능히 감당하게 하시느니라(고전 10:13).

그렇습니다. 어떤 여자에게 믿지 않는 남편, 잔인한 남편이 있다
할지라도 주를 의지하는 마음이 있으면 해결책이 있음을 알아야
합니다. 주께서 주시는 해결책을 거절하게 되면 문제가 복잡해집
니다. 주께서 이미 해결해 주셨는데도 불구하고 이상한 정신을 가
지고 있어서 순종하지 않았기 때문에 나중에 견딜 수 없는 상황에
처하는 경우도 있습니다.

늙은 여자로는 이와 같이 행실이 거룩하며 참소치 말며
많은 술의 종이 되지 말며 선한 것을 가르치는 자들이 되
고 저들로 젊은 여자들을 교훈하되 그 남편과 자녀를 사
랑하며 근신하며 순전하며 집안일을 하며 선하며 자기 남
편에게 복종하게 하라 이는 하나님의 말씀이 훼방을 받지
않게 하려 함이니라(딛 2:3-5).

하나님의 말씀으로 훼방을 받지 않게 하기 위하여 집안일을 잘
하라고 했습니다. 이와 관련된 말씀이 디모데전서에도 나옵니다.
젊은 과부들이 밖으로 돌게 되면 문제가 많다는 내용입니다.

과부로 명부에 올릴 자는 나이 육십이 덜 되지 아니하고
한 남편의 아내이었던 자로서 선한 행실의 증거가 있어

혹은 자녀를 양육하며 혹은 나그네를 대접하며 혹은 성도
들의 발을 씻기며 혹은 환난당한 자들을 구제하며 혹은
모든 선한 일을 좇은 자라야 할 것이요 젊은 과부는 거절
하라 이는 정욕으로 그리스도를 배반할 때에 시집가고자
함이니 처음 믿음을 저버렸으므로 심판을 받느니라(딤전
5:9-12).

'처음 믿음을 저버렸다'는 말씀을 다른 번역본으로 보면 '처음
약속을 깨뜨렸다'고 되어 있습니다. 과부가 서원을 할 때는 아버
지나 남편이 책임을 질 수 없으므로 자기가 책임을 져야 합니다.
여자가 결혼하고 나서 남편을 잃으면 그때부터는 남자와 다름없
이 자기 스스로 자기 행동에 책임을 져야 한다는 것은 구약 시대
부터 내려오는 사상입니다. 디모데전서 5장에 나오는 말씀은 과
부가 다시는 결혼하지 않기로 결정했다가 결혼하면 죄를 짓는다
는 뜻입니다.

또 저희가 게으름을 익혀 집집에 돌아다니고 게으를 뿐
아니라 망령된 폄론을 하며 일을 만들며 마땅히 아니할
말을 하나니 그러므로 젊은이는 시집가서 아이를 낳고 집
을 다스리고 대적에게 훼방할 기회를 조금도 주지 말기를
원하노라 이미 사단에게 돌아간 자들도 있도다 만일 믿는
여자에게 과부 친척이 있거든 자기가 도와주고 교회로 짐
지지 말게 하라 이는 참과부를 도와주게 하려 함이니라(딤

전 5:13-16).

믿는 여자는 자기 친척 중에 과부가 있거든 자기 집에서 책임을 지고 도와주어야 한다고 했습니다. 잠언 31장에 나오는 여자와 같은 믿음의 여자에게 해당되는 말일 것입니다. 이는 가진 것도 있고 생활도 안정되고 사회적인 위치도 안정되어야 가능한 일입니다. '루디아'가 그런 사람이었습니다. 비록 남편은 없지만 스스로 사업을 잘해서 충분히 남을 도울 수 있었습니다. 자기 집에서 과부들과 같이 살면서 도와주고 교회에 그 책임을 미루지 않았습니다. 하지만 현대는 재산이 있는 여자들이라도 자기가 직접 도와주는 것이 아니라 정부에게 그 책임을 전가합니다.

베드로전서 3장 1-5절에는 여자의 정신에 대해 잘 나옵니다.

아내 된 자들아 이와 같이 자기 남편에게 순복하라 이는 혹 도를 순종치 않는 자라도 말로 말미암지 않고 그 아내의 행위로 말미암아 구원을 얻게 하려 함이니 너희의 두려워하며 정결한 행위를 봄이라 너희 단장은 머리를 꾸미고 금을 차고 아름다운 옷을 입는 외모로 하지 말고 오직 마음에 숨은 사람을 온유하고 안정한 심령의 썩지 아니할 것으로 하라 이는 하나님 앞에 값진 것이니라 전에 하나님께 소망을 두었던 거룩한 부녀들도 이와 같이 자기 남편에게 순복함으로 자기를 단장하였나니.

여자 교인들 중에 어떤 이들은, 교회를 다니는 사람은 일반인보다 더 부유하게 보여야 한다며 자신의 외모에 지나치게 신경을 씁니다. 그러나 이것은 별로 좋지 않은 태도입니다. 더러운 옷이나 찢어진 옷을 입는 것은 피해야 하지만 지나친 겉치레는 좋지 않습니다. 한국에는 그런 교파가 없지만 미국에 있는 어떤 교파는 여성들의 화장을 금하고 있습니다.

저희 고모가 한번은 제 누나에게 "난 누가 화장을 하면 금방 분간할 수 있단다"라고 말했습니다. 그러자 제 누나가 "고모님! 제가 화장을 했을까요, 안 했을까요?" 하고 물었는데 고모가 잘 알아보지 못했습니다. 누나는 화장을 하긴 했지만 아주 약하게 했습니다. 전혀 하지 않으면 얼굴이 너무 창백해 보여서 건강하지 못한 모습으로 보였기 때문입니다. 약하게라도 화장을 해야 다른 사람들이 걱정하지 않았기 때문에 약하게 했는데 고모가 그것을 잘 몰랐던 것입니다.

저 자신도 여성의 진하지 않은 화장에 대해서는 나쁘게 생각하지 않지만 너무 진하게 하는 것은 아주 나쁘다고 생각합니다. 보는 이로 하여금 교회에 대한 인상을 흐리게 할 수 있기 때문입니다. 저 개인적으로도 반지나 목걸이에 대해서는 별로 신경이 쓰이지 않지만, 짙은 눈화장을 보면 얼마나 싫은지 모릅니다. 물론 반지나 목걸이도 지나치게 사치하는 것은 좋지 않다고 생각합니다. 내적으로 아름답게 해서 그 아름다움을 겉으로 풍겨나게 하는 것이 올바른 신자의 태도라고 생각합니다.

어떤 사람은 이렇게 말하기도 합니다. 예수님을 만나러 가는데 대통령 앞에 나가는 것 못지않게 잘 꾸며야 하지 않겠느냐고요. 하지만 대통령 앞에 나간다고 해서 요란스럽게 치장해야 한다는 법이 어디 있습니까? 근검절약을 부르짖는 이 나라의 대통령도 여자가 요란스레 치장한 것보다는 간단하게 치장한 것을 더 좋아할 것입니다.

어떤 이들은 여자들의 몸치장이 같은 여자들끼리의 경쟁심을 위한 것이라고도 합니다. 예수님을 위해서 꾸민다는 말은 허울 좋은 말일 뿐입니다. 내적인 아름다움이 중요하다는 것을 잊어서는 안 됩니다. 겉모습을 꾸미기는 쉽지만 내적인 단장은 어려운 일입니다.

> 내 아들아 네 아비의 명령을 지키며 네 어미의 법을 떠나지 말고 그것을 항상 네 마음에 새기며 네 목에 매라 그것이 너의 다닐 때에 너를 인도하며 너의 잘 때에 너를 보호하며 너의 깰 때에 너로 더불어 말하리니 대저 명령은 등불이요 법은 빛이요 훈계의 책망은 곧 생명의 길이라 이것이 너를 지켜서 악한 계집에게, 이방 계집의 혀로 호리는 말에 빠지지 않게 하리라(잠 6:20-24).

다음 구절까지 계속 읽어 보면, 이 말씀의 목적은 악한 여자로부터 자기를 지키기 위한 것입니다. 남자는 자기 자신에 대해 책임을 져야 하는데 몇 살 때부터 그래야 하는지 성경에 확실한 말씀이 없습니다. 예수님은 서른 살 때까지 부모 밑에서 복종하셨습니다. 또 구약 시대에는 서른 살이 될 때까지 제사장이 책임을 졌습니다. 미국법으로는 남자가 만 스무 살이 되면 부모에게서 독립할 수 있다고 했습니다. 요즈음은 많은 주(州)에서 그 선을 낮추었습니다.

성경에는 보통 결혼하고 나서부터는 부모에게서 독립하여 자기 아내와 자식을 책임져야 한다고 합니다. 이런 의미에서 볼 때, 만일 결혼하지 않았으면 서른 살이 될 때까지라도 부모 밑에 있어야 한다고 생각할 수 있습니다. 그러나 그 문제에 대한 뚜렷한 원칙은 없습니다. 분명한 것은 결혼한 후부터는 남자가 자기 스스로를 위하여, 또 자기 가정을 위하여 책임을 져야 한다는 것입니다. 개인 문제보다는 가족 전체의 문제가 더 중요합니다. 마태복음 6장 33절에는 가족문제를 위한 해결책이 나옵니다.

> 너희는 먼저 그의 나라와 그의 의를 구하라 그리하면 이
> 모든 것을 너희에게 더하시리라.

'주의 나라를 구하는 생활을 한다'는 미명하에 하나님의 법을 버리면 안 됩니다. 물론 가족 전체적으로 하나님의 나라를 구하는 생활을 해야 합니다.

성경 안에 있는 서약과 약속 중 가족을 위한 것을 찾아보겠습니다.

> 나 여호와가 말하노라 그때에 내가 이스라엘 모든 가족의

하나님이 되고 그들은 내 백성이 되리라(렘 31:1).

출애굽기 12장 1-36절까지의 말씀은 유월절에 대한 것이기는 하지만 한편으로는 온 가족을 위한 것이기도 합니다. 가족 전체를 위해서 어린 양과 관련된 규칙을 지켜야 하는 것입니다.

그 어린 양에 대하여 식구가 너무 적으면 그 집의 이웃과 함께 인수를 따라서 하나를 취하며 각 사람의 식량을 따라서 너희 어린 양을 계산할 것이며(출 12:4).
너희는 무교절을 지키라 이날에 내가 너희 군대를 애굽 땅에서 인도하여 내었음이니라 그러므로 너희가 영원한 규례를 삼아 이날을 **대대로** 지킬지니라(출 12:17).

'대대로'에서 '대'(代)는 가족과 관계 있는 말입니다.

모세가 이스라엘 모든 장로를 불러서 그들에게 이르되 너희는 나가서 너희 가족대로 어린 양을 택하여 유월절 양으로 잡고 너희는 우슬초 묶음을 취하여 그릇에 담은 피에 적시어서 그 피를 문 인방과 좌우 설주에 뿌리고 아침까지 한 사람도 자기 집 문 밖에 나가지 말라(출 12:21-22).

위의 말씀에서 볼 수 있듯이 한 집에 사는 사람을 한 가족으로 보고 이 가족을 위하여 한 마리 양을 잡은 후 그것을 집 안에서 먹은 다음, 아침까지 나가지 말라고 했습니다. 또 그 양의 피를 문 인방에 뿌려서 그 문을 넘어오지 못하게 했는데 양의 피가 없으면 죽음이 문 안으로 들어온다고 했습니다. 그러나 피가 있으면 죽음이 들어오지 않는다고 했습니다. 이 약속은 가족을 위한 약속입니다.

> 너희의 자랑하는 것이 옳지 아니하도다 적은 누룩이 온
> 덩어리에 퍼지는 것을 알지 못하느냐 너희는 누룩 없는
> 자인데 새 덩어리가 되기 위하여 묵은 누룩을 내어 버리
> 라 우리의 유월절 양 곧 그리스도께서 희생이 되셨느니라
> 이러므로 우리가 명절을 지키되 묵은 누룩도 말고 괴악하
> 고 악독한 누룩도 말고 오직 순전함과 진실함의 누룩 없
> 는 떡으로 하자(고전 5:6-8).

예수님이 친히 유월절 양이 되셨습니다. 그러므로 각 가정이 거룩하게 되어서 그의 피로 말미암아 사망을 이긴 가족이 되었습니다. 간접적이긴 하지만 분명 가족에 대한 말씀입니다. '가족끼리'라는 말은 무슨 말입니까? 잠잘 때는 각각 다른 방에서 잘지라도 식사만은 한곳에서 합니다.

> 내가 너희에게 쓴 것에 음행하는 자들을 사귀지 말라 하였
> 거니와 이 말은 이 세상의 음행하는 자들이나 탐하는 자들
> 과 토색하는 자들이나 우상숭배하는 자들을 도무지 사귀

지 말라 하는 것이 아니니 만일 그리하려면 세상 밖으로 나가야 할 것이라 이제 내가 너희에게 쓴 것은 만일 어떤 형제라 일컫는 자가 음행하거나 탐람하거나 우상숭배를 하거나 후욕하거나 술 취하거나 토색하거든 사귀지도 말고 그런 자와는 함께 먹지도 말라 함이라(고전 5:9~11).

'사귄다'는 말에는 '같은 식탁에서 먹는다'는 뜻이 있습니다. 시장에 가서 다른 사람과 같이 이야기하거나 다방에 앉아서 이야기하는 것만이 사귐은 아닙니다. 같은 집, 같은 식탁에 앉아서 같이 밥 먹는 사람이 사귀는 사람입니다. '하나님과 사귄다'는 말은 하나님께서 집 안에 살고 계시므로 자기 집이 하나님의 집이 되어서, 자기의 식탁이 하나님의 식탁이 되어서 우리의 모든 식사에 하나님께서 함께하신다는 뜻입니다.

교회의 식사, 곧 성체성사에도 역시 사귐의 의미가 있습니다. 한 집에서 같이 먹으면서 한 가족이 되겠다고 하는 표시입니다. 성공회의 성체성사 건립일은 그것을 기념하는 날입니다. 서로의 발을 씻기고 같이 영성체를 하는 것은 한 가족이 되었음을 의미합니다.

사도행전 16장 말씀을 중심으로 몇 가지를 살펴봅시다.

종의 주인들은 자기 이익의 소망이 끊어진 것을 보고 바울과 실라를 잡아 가지고 저자로 관원들에게 끌어갔다가……밤중쯤 되어 바울과 실라가 기도하고 하나님을 찬미하매 죄수들이 듣더라 이에 홀연히 큰 지진이 나서 옥

터가 움직이고 문이 곧 다 열리며 모든 사람의 매인 것이
다 벗어진지라 간수가 자다가 깨어 옥문들이 열린 것을
보고 죄수들이 도망한 줄 생각하고 검을 빼어 자결하려
하거늘……간수가 등불을 달라고 하며 뛰어 들어가 무서
워 떨며 바울과 실라 앞에 부복하고 저희를 데리고 나가
가로되 선생들아 내가 어떻게 하여야 구원을 얻으리이까
하거늘 가로되 주 예수를 믿으라 그리하면 너와 네 집이
구원을 얻으리라 하고 주의 말씀을 그 사람과 그 집에 있
는 모든 사람에게 전하더라 밤 그 시에 간수가 저희를 데
려다가 그 맞은 자리를 씻기고 자기와 그 **권속**이 다 세례
를 받은 후 저희를 데리고 자기 집에 올라가서 음식을 차
려 주고 저와 온 집이 하나님을 믿었으므로 크게 기뻐하
니라(행 16:19–34).

이 말씀에서 중요한 것은 사건이 일어난 순서입니다. 전도한 다
음에 세례를 준 다음 같이 모여서 식사를 했다고 했습니다. '권속'
이라는 말을 살펴볼 때 이 집안의 하인들까지 그 자리에 다 모였음
을 알 수 있습니다. 다 모여서 예수를 믿기로 결정하고 개울에 내
려가서 모두 같이 세례를 받았습니다. 그리고 올라와서는 다 함께
식사를 했습니다. 이 간수의 경우를 볼 때, 집주인이 먼저 믿으면
온 가족이 믿을 가능성이 큼을 알 수 있습니다. 집안의 가장이 먼
저 믿는 것이 올바른 순서입니다.

여호와께서 아브람에게 이르시되 너는 너의 본토 친척 아
비 집을 떠나 내가 네게 지시할 땅으로 가라 내가 너로 큰
민족을 이루고 네게 복을 주어 네 이름을 창대케 하리니
너는 복의 근원이 될지라 너를 축복하는 자에게는 내가
복을 내리고 너를 저주하는 자에게는 내가 저주하리니 **땅
의 모든 족속**이 너를 인하여 복을 얻을 것이니라 하신지
라(창 12:1-3).

땅의 모든 족속, 즉 모든 가족이 복을 받는다고 했습니다. 하나님
께서 가족 관계를 얼마나 강조하시는지 우리는 깨달아야 합니다.

창세기 17장 5절을 보면 아브라함이 여러 나라의 아버지가 될
것이라고 했고, 8절에서는 가나안 땅을 영원한 기업으로 주시겠다
고 하셨습니다. 이것은 아브람의 이름이 아브라함으로 바뀔 때 하
신 약속입니다. 아브라함이 99세가 될 때 하나님은 그 앞에 나타
나셔서 그의 이름을 바꾸어 주셨습니다.

창세기 26장 24절을 보면, 아브라함과의 약속을 이삭에게도 새
롭게 하시는 것을 볼 수 있습니다. 다시 한 번 너희의 후손을 축복
하겠다고 약속하시는 것입니다. 갈라디아서 3장 25-29절에 이 관
계를 해석하는 말씀이 나옵니다.

민음이 온 후로는 우리가 몽학 선생 아래 있지 아니하도
다 너희가 다 믿음으로 말미암아 그리스도 예수 안에서
하나님의 아들이 되었으니 누구든지 그리스도와 합하여

세례를 받은 자는 그리스도로 옷 입었느니라 너희는 유대인이나 헬라인이나 종이나 자주자나 남자나 여자 없이 다 그리스도 예수 안에서 하나이니라 너희가 그리스도께 속한 자면 곧 아브라함의 자손이요 약속대로 유업을 이을 자니라

우리는 비록 아브라함의 혈통에 속한 자는 아니지만 믿음으로 아브라함의 자손이 되었습니다. 그래서 아브라함이 우리의 조상이라고 볼 수 있는 것입니다.

유업이나 기업이란 말 속에는 아무도 그것을 뺏을 수 없고 영원토록 물려받는다는 의미가 포함되어 있습니다. 대대로 물려받는 것입니다. "이 땅은 누구의 기업이다" 하는 말은 매매할 수 없음을 뜻합니다. 기업이기 때문에 일반 소유물처럼 팔 수 없는 것입니다. 기업은 자식에게 물려주고 그 후손을 위하여 지켜져야 합니다. 가난하거나 몸이 약해져서 농사를 지을 형편이 못 되면 남에게 빌려주되 후에 반드시 그 자식에게 다시 돌려줘야 합니다.

원래 기업은 실제적이고 경제적인 의미입니다. 하지만 '영적인 기업' 혹은 '하나님이 나의 기업이다' 하는 식의 의미로도 사용합니다. 나의 하나님이 나의 영원한 소유기 때문에 우리는 실제적인 기업인 땅이 내게 없다 할지라도 낙심할 필요가 없습니다. 하나님 그분이 나의 기업이기 때문입니다!

현대인들은 땅이 없어서 종의 정신을 갖게 되었습니다. 그러나 설령 땅이 없다 해도 하나님이 나의 기업임을 알고 자유자 정신을

가져야겠습니다. 하나님이 나의 기업이라는 정신이 있었다면 아일랜드 사람들은 서로 싸우지 않았을 것입니다. 또 아프리카의 흑인들은 백인들과 싸울 필요가 없었을 것입니다. 백인들이 흑인들의 땅을 빼앗았으므로 백인들이 잘못한 것은 명백한 사실입니다. 장로교인들이 아일랜드 사람의 땅을 빼앗았습니다. 그러나 피해자측 사람들이 진정한 크리스천이라면 "내가 비록 불의를 당하기는 했지만 원수를 위해서 기도만 하겠다. 하나님이 나의 기업이시니 어찌되었든 상관없다. 하나님이 친히 갚아 주실 것이다"라는 태도를 가졌을 것입니다. 그러나 그런 태도를 갖지 않고 폭력으로 해결하려고 했기 때문에 문제를 해결하기는커녕 증오심만 가득 차고 악순환만 있게 되었습니다. 뚜렷한 잘못도 없는데 사람을 두렵게 하기 위해서 살인을 했습니다. 투표로도 문제를 해결할 수 없었습니다. 투표권을 가진 사람과 권력자들의 과반수가 지주들이었기 때문입니다.

하여간 이 땅에서 불의를 당하고 이용을 당해도 크리스천은 하나님의 자유자입니다. 때가 오면 하나님께서 모든 것을 해결하실 것입니다. 다만 우리에게는 하나님이 친히 해결하실 때까지 기다리겠다는 자세가 필요할 뿐입니다.

들으라 부한 자들아 너희에게 임할 고생을 인하여 울고 통곡하라 너희 재물은 썩었고 너희 옷은 좀먹었으며 너희 금과 은은 녹이 슬었으니 이 녹이 너희에게 증거가 되며 불같이 너희 살을 먹으리라 너희가 말세에 재물을 쌓았도

다 보라 너희 밭에 추수한 품꾼에게 주지 아니한 삯이 소
리 지르며 추수한 자의 우는 소리가 만군의 주의 귀에 들
렸느니라 너희가 땅에서 사치하고 연락하여 도살의 날에
너희 마음을 살지게 하였도다 너희가 옳은 자를 정죄하였
도다 또 죽였도다 그는 너희에게 대항하지 아니하였느니
라 그러므로 형제들아 주의 강림하시기까지 길이 참으라
보라 농부가 땅에서 나는 귀한 열매를 바라고 길이 참아
이른 비와 늦은 비를 기다리나니 너희도 길이 참고 마음
을 굳게 하라 주의 강림이 가까우니라 형제들아 서로 원
망하지 말라 그리하여야 심판을 면하리라 보라 심판자가
문 밖에 서 계시니라 형제들아 주의 이름으로 말한 선지
자들로 고난과 오래 참음의 본을 삼으라 보라 인내하는
자를 우리가 복되다 하나니 너희가 욥의 인내를 들었고
주께서 주신 결말을 보았거니와 주는 가장 자비하시고 긍
휼히 여기는 자시니라(약 5:1-11).

우리는 야고보서의 말씀처럼 만사에 때가 있음을 깨달아야 합니
다. 때를 기다리지 않고 억지로 싸워서 때를 구하면 결국 악순환만
되풀이될 뿐입니다. 벼농사를 짓는 사람이 집에 먹을 것이 없다고
해서 미리 추수를 해 버리면 어떻게 되겠습니까? 추수할 때가 있
는 법입니다. 추수 때가 되면 예수님이 친히 해결하시므로 그때까
지 참으라는 것입니다.

결혼문제에 대해서

요즘 기독교인 중 여자의 수는 남자의 수에 비해 세 배가량 많습니다. 이런 상태에서 믿는 여자가 믿는 남자와 결혼하기는 무척 어렵습니다.

베드로전서에서는 믿지 않는 남편을 둔 믿는 부인은 그의 아름다운 행실을 통하여 말없이 전도하라고 했습니다. 고린도전서에서는 믿지 않는 남자가 믿는 여자와 같이 살기 원하면 같이 살되 남자가 떠나겠다고 하면 떠나게 하라고 했습니다. 이 말은 믿지 않는 사람과 결혼하는 것도 허락할 수 있음을 의미합니다. 그러나 가능하면 믿는 사람과 결혼해야겠습니다.

때때로 "주님, 당신께 선택받은 사람과만 결혼하겠습니다. 허락해 주십시오"라는 기도로 교만해지고 고집스러워질 수 있습니다. 대신 "주님, 주님이 택하신 분과 결혼하기 원합니다. 그러나 결혼을 하든지 하지 않든지 당신의 뜻대로 하겠습니다"라고 기도하면 좋겠습니다. 이것은 순종심에서 나올 수 있는 기도입니다. "결혼하지 않고는 도저히 견딜 수 없어요. 절대로 수녀가 되고 싶지 않고 노처녀도 되고 싶지 않아요"라고 고집을 부리면 안 됩니다. "주께만 복종하겠습니다. 수녀가 되든지 노처녀가 되든지 주의 뜻대로만 하겠습니다"라는 태도가 있어야 합니다. 아직 주의 뜻대로 할 마음이 없다면 "주님, 제 마음이 고집스러워서 주의 뜻대로 할 마음이 없습니다. 주께서 제 마음을 고치실 수 있는 줄 아오니 제 마음을 고쳐 주시옵소서"라고 기도해야 할 것입니다. 그러면 주께서 변화된 마음을 주실 것입니다. 참으로 주의 뜻대로 하고자 한다면 말입니다.

무조건 순종하고자 하는 마음이 된 다음에 "그러면 주님, 어떤 방향으로 나가야겠습니까?"라고 기도하면 길을 보여 주실 것입니다. 교회에 좋은 남자는 하나뿐인데 그를 좋아하는 여자가 수없이 많은 경우라도 하나님의 뜻이라면 기도하는 여자에게 허락하실 것입니다.

조용기 목사님이 결혼문제를 놓고 기도하라고 하면서 가르치던 방법 하나를 말씀드립니다. 모든 사람이 이런 식으로 해야 한다고 말할 수는 없지만 시험할 마음이 있는 사람은 한번 시도해 보시기 바랍니다.

미국의 어떤 한인교회에서 조 목사님이 한 노처녀와 상담을 하게 되었답니다. 그 자매는 무척 결혼을 하고 싶었는데 배우자가 나타나질 않았습니다. 그래서 답답하고 곤고한 중에 있었습니다.

"자매님, 어떤 사람과 결혼하고 싶으십니까?"

"다만 하나님이 허락하시는 대로 따르겠습니다."

"아니지요, 그렇게 애매하게 대답하면 하나님께서 가르쳐 주지 않으실 것입니다. 분명한 기도를 해야 합니다."

"어떻게 해야 하나요?"

"당신보다 나이가 많은 사람을 원합니까?"

"남자가 저보다는 좀 많아야지요."

"자매가 서른둘이니까 서른넷 정도면 되겠군요. 그 다음에 키가 큰 사람을 원합니까?"

"저보다 좀 커야지요."

"그러면 당신이 160센티미터니까 166센티미터 정도면 되겠군요. 검은색 머리를 좋아합니까, 아니면 노란색, 붉은색을 원합니까?"

"노란색이 좋아요."

이런 식으로 해서 약 20여 가지 조건을 기록했습니다. 조 목사님은 그 자매에게 "이 20여 가지 조건을 거울 옆에 붙여 두고 거울을 들여다볼 때마다 읽으며 기도하십시오"라고 말해 주었습니다. 그리고 그 자매는 그렇게 했습니다.

조 목사님이 한국에 돌아와서 얼마간 있다가 다시 그 교회에 방문하게 되었습니다. 그러자 그 교회 목사님이 오셔서 "조 목사님! 됐습니다. 됐어요" 하고 말했습니다.

"무엇이 되었다는 말씀입니까?"

"아, 그 노처녀 있지 않습니까? 아주 놀라운 일이었어요. 멀리 로스앤젤레스에서 성가대가 왔는데 그 중에 찬양대장이 아주 신실하고 훌륭한 사람이었어요. 모든 자매들의 호감을 사는 청년이었는데 그 사람이 다른 자매에게는 눈도 안 돌리고 그 노처녀에게만 관심을 두었지 뭐예요. 그래서 서로 연락하고 만나다가 결혼하게 되었어요. 결혼식 날 그 어머니가 모든 회중 앞에서 그 20여 가지 조건을 적은 표를 읽었답니다. 그런데 20여 가지 조건이 다 들어맞았어요. 하나님께서 기도한 대로 이루어 주셨어요. 아주 재미있는 일입니다."

참고로 이런 일도 있다는 것을 알려 드립니다. 한 번 시험해 보십시오. 다른 사람과 방을 함께 쓰는 사람은 거울 옆에다가 붙일 수가 없으니 자기 성경책이나 수첩에 붙여야겠지요.

위와 같은 방법이 나쁜 것은 아니지만 자기 욕심대로 구하면 안 됩니다. 우선은 "주님, 제가 어떤 사람과 결혼해야 합니까?"라고 기도한 후에 주께서 가르쳐 주신 종류의 사람을 위해 기도해야 합니다. 당장 알려 주시지 않아도 때가 되면 알려 주실 것입니다.

제 경우에는 학교 다닐 때 주로 공부만 열심히 했기 때문에 여자들과 별로 교제가 없었습니다. 대학교를 졸업하고 신학교에 갈 때까지도 여자들과 교제가 없었습니다. 신학교를 졸업하고 노동자로 나가서 살기 시작하면서 자유로운 시간이 많아진 뒤에야 비로소 여자들과 사귈 기회가 많았습니다. 여러 교회에서 저녁마다 교제하는 시간이 있어서 많은 자매들을 알게 되었습니다. 미국의 습관대로 이 집 저 집 다니면서 조금씩 놀고 영화감상도 하고 연주회에도 갔습니다. 같이 살고 있던 친구가 화가여서 때로는 미술 계열에 있는 여자 친구들을 초대하기도 하고 그쪽 집에 가서 식사를 하기도 했습니다.

그 당시에 저는 항상 8번 버스를 타고 다녔습니다. 택시를 타지 않고 언제나 버스를 탔습니다. 데이트를 할 때도 버스를 타고 영화관이나 연극회장에 갔습니다. 교제하던 자매들 가운데 같은 8번 버스를 타고 다니는 사람이 네 명이나 있었습니다. 한 자매와 같이 버스를 타면 다른 자매가 볼까 봐 겁이 났습니다. 제가 택시를 탔더라면 그런 문제를 피할 수 있었겠지만 버스를 탔기 때문에 그런 곤란함이 있었습니다.

이렇게 여자들을 여럿 사귀면서도 특별히 확신이 서는 자매가 없었습니다. 그 중에 제 아내도 포함되어 있었습니다. 다른 여자들이 아주 말이 많은 데 비해 '그레이'는 말이 없었습니다. 처음에는 무엇을 하는 사람인지 몰랐다가 나중에 알게 되었지요. 그레이가 너무 말이 없어서 종교 외의 다른 분야에는 전혀 흥미가 없는 사람인 줄 알았었습니다. 그래서 저도 별 관심이 없었는데 나중에 알고 보니 화가라고 해서 '아! 그럼 문제가 다르구나' 하고 생각했습니다. 미술을 하는 사람이라면 마음이 넓고 여러 분야에 관심을 가진 사람일 것이라고 생각했던 것입니다. 그레이의 학교에서 전람회를 개최한다기에 참석했는데 그의 작품을 보니 다른 사람에 비해 아름답지는 않았지만 '자기 것'으로 소화가 된 그림이었습니다. 다른 학생들은 거의 선생의 것을 모방하는 식이었지만 그레이는 자기만의 색깔이 있는 그림을 그려 놓았습니다. 그래서 그가 창조적인 사람인 줄 알았습니다. 그때부터 그녀에게 관심이 많아졌습니다.

그 후에 저는 배를 타게 되었고 그레이는 유명한 비행기 제조회사에 취직해 엔진을 그리게 되었습니다. 일자리가 서로 달랐기 때문에 자주 만날 기회가 없었습니다. 그 후 제가 집에 다시 돌아왔을 때 그레이와 약혼했다는 소문이 퍼져 깜짝 놀랐습니다. 그래서 그런 소문이 나지 않도록 주의하기로 했고, 그레이와는 다만 친구로 알고 지내기로 했습니다. 이후로는 거의 칠 년 동안 평범한 친구처럼 지내면서 1년에 한두 번 만났습니다. 그런데 자주 만나지는 않았지만 자주 만나는 다른 여자들과 좀 다르다고 느끼는 바가 있었습니다. 그러나 저는 그때 결혼을 해야 하는지 수사가 되어야 하는지에 대한 분명한 확인이 없었습니다. 그래서 어떤 특별한 사람을 정해 놓고 기도할 수도 없었습니다. 하나님께서 수사가 되라고 하시면 어떻게 합니까? 수도원을 이곳저곳 방문하면서 수사생활에 대해 깊이 생각했습니다. 그러나 확인이 없었기 때문에 기다릴 수밖에 없었습니다. 그래서 결혼을 자꾸 보류하였습니다.

부모님이 중국에서 오셔서 제 결혼문제에 대해 물으셨습니다. 저는 하나님의 뜻이 무엇인지 아직 모른다고 대답했습니다.

"사귀는 여자 없니?"

"아니요, 많아요."

"그러면 왜 그 가운데 한 명을 택하지 않니?"

"좋은 사람들이긴 하지만 그레이 양에는 미치지 못해요."

사실 누구를 만나든지 그레이와 비교가 되고 그에 미치지 못했습니다. 그러나 그레이와 결혼하는 것이 하나님의 뜻인지 분별할 수가 없었습니다. 아무런 확인이 없었습니다. 확인이 없는 상태에서 감정적인 사랑에 빠지면 곤란하기 때문에 적당하게 거리를 두고 냉정하게 대했습니다. 마침내 제 어머니께서 물으셨습니다.

"왜 그레이 양과 결혼하지 않니?"

"제게 분명한 하나님의 확인이 없습니다."

"넌 참 소망이 없는 아이로구나!"

그러면서 어머니께서는 기분 나빠 하셨습니다. 다른 친구들은 다 결혼하는데 저만 유독 늦어졌기 때문입니다.

그러던 어느 날, 그레이와 함께 한 달 정도 공동생활을 할 기회가 생겼습니다. 그 기간 동안 제 안에 '이 사람이 하나님이 택한 사람이 아닐까?' 하는 강한 관심이 생겼습니다. 그런데 제가 캠프 참가자들에게 간단한 연극을 보여 주는 중에 그레이가 먼저 계시를 받아서 제가 하나님이 주신 사람이라는 분명한 마음의 확신을 얻었습니다. 그레이가 그 사실을 고백하는 순간 제게도 똑같은 확인이 있었습니다.

그 후 약혼을 하고 1년 동안 지냈습니다. 그러고 나서 결혼했으니까 거의 8년을 사귀었다고 볼 수 있지요. 두 사람이 너무나 다른 환경에서 자라고 성격도 달랐기 때문에 결혼하고 나서 문제가 없을 수 없었습니다. 저희는 보통의 부부에 비해서 성격 차이가 컸습니다. 그러나 하나님께서 주신 사람인 줄 알고 하나님 안에서 문제를 해결하려고 노력했습니다.

만일 목회자로서 가정문제를 해결하지 못하면 목회를 그만두어야 합니다. 목회자의 가정이 모범적이지 못하면 목회를 할 수 없습니다. 학교 교사 같은 경우에는 가정생활이 잘 드러나지 않습니다. 그러나 목회자는 가정생활이 환히 드러나기 때문에 가정생활이 아름답지 못한 목회자가 계속해서 목회하는 일은 너무 보기 흉합니다. 성경에도 자기 가족을 다스릴 수 없는 사람이 어떻게 하나님의 교회를 다스릴 수 있느냐고 했습니다.

결혼생활에 문제가 생겨 해결할 수 없을 정도면 반드시 목회를 그만두어야 합니다. 일반 교사나 평신도로 남아야 합니다. 목회직은 안 됩니다. 목회자는 그야말로 투명한 '유리집'에서 살아야 합니다. 그러므로 목회자는 무슨 문제가 생기든지 기도하고 성경 읽고 대화하는 가운데 문제를 해결할 수 있어야 합니다. 헤어질 생각은 아예 하지 말아야 합니다. 목회자가 이혼하는 것은 하나님의 뜻이 아닙니다.

많은 사람들이 감정으로, 욕심으로, 정욕으로 만나서 사랑합니다. 그러다가 결혼하여 같이 살던 중 그런 감정적인 사랑이 식어지면 잘못된 결혼을 했다고 생각하고 쉽게 헤어집니다. 그러나 참고 기다리면서 하나님의 뜻을 분별하여 결혼하면 그런 문제가 생기지 않습니다.

사실 저희 부부도 성령세례를 받은 다음에야 비로소 모든 문제를 쉽게 해결할 수 있었습니다. 긴장감을 주었던 모든 문제들이 잘 해결된 것입니다. 문제가 전혀 없었다고 볼 수는 없지만 아주 사소한 것 외에 큰 문제는 별로 생기지 않았습니다. 성령을 통하여 하나가 되어서 아주 아름답게 되었습니다. 이런 것을 볼 때 성령세례나 성령의 충분함을 받은 두 사람이 하나님의 확인을 받고 결혼하면, 하나님의 지시를 받으며 아주 아름답게 살 수 있음을 알게 됩니다.

성령의 내적 역할은 성령의 열매를 맺는 것입니다. 성령이 마음속에 역사하면 아름다운 사람, 사랑스런 사람이 될 수 있습니다. 성령의 외적 역사는 하나님의 초자연적인 능력인데 그런 체험이 있는 사람들은 역시 결혼생활을 쉽게 할 수 있습니다. 인간의 힘으로 할 수 없는 문제까지도 하나님께서 기적을 행하시고 해결하실 줄로 압니다. 감정적으로 사랑하는 마음이 아무리 강해도 때때로 해결할 수 없는 문제가 생기면 어쩔 바를 모르는 경우가 많습니다. 그저 속으로만 끙끙댈 뿐이지요. 그러나 성령을 체험한 사람은 하나님이 기적적인 방법을 통해서 어려운 문제들을 해결해 주실 것을 알고 기도합니다. 그래서 그런 기적을 체험할 수 있는 것입니다.

지혜 또한 초자연적이라는 점에서 성령의 외적 은사와 비슷합니다. 야고보서 1장 5절에서는 "너희 중에 누구든지 지혜가 부족하거든 모든 사람에게 후히 주시고 꾸짖지 아니하시는 하나님께 구하라 그리하면 주시리라"라고 했습니다. 주의 뜻대로 행할 마음이 있으면 초자연적인 지혜를 얻을 수 있습니다. 그러나 지혜를 얻기 위해서는 반드시 복종할 마음이 있어야 합니다. 주를 사랑하고 주의 뜻대로 행하며 주께 충성을 바칠 마음이 있어야만 지혜를 얻을 수 있습니다.

성령의 외적인 은사와 내적인 열매와 더불어 지혜가 있는 가정은 얼마나 아름다운지 모릅니다. 성령의 역사를 통하여 두 사람이 한마음 한뜻으로 서로 사랑하고 오래 참으며, 무슨 문제가 생기면 하나님께서 초자연적으로 해결해 주시도록 구할 수 있는 것입니다. 부부간의 개인적인 문제뿐만이 아니라 가정의 문제와 경제문제까지도 친히 해결해 주실 것입니다.

행복하게 살던 가정도 경제문제가 생기면 주를 믿지 못해 걱정만 하고, 서로 비난하게 됩니다. 아이들을 충분히 먹이지 못하거나 제대로 입히지 못하면 아내가 남편에게 "왜 당신은 아이들에 대해 책임감이 없느냐?"라고 공박하기 쉽습니다. 그러나 남편은 남편대로 최선을 다하고 있기 때문에 더 이상 어찌할 수 없고 긴장감만 더욱 높아질 뿐입니다. 그런데 이런 근본적인 문제를 걱정하지 않고 하나님께 완전히 맡기면 하나님께서 해결해 주시겠다고 했습니다.

저는 결혼하고 나서 일주일 정도 직장생활을 하다가 해고를 당했습니다. 정치일을 했다는 이유로 해고를 당했는데 거의 석 달 동안 엘리야처럼 까마귀가 주는 것을 먹고 살았습니다. 보통 가정에서 남편이 3개월 동안 실직 상태에 있으면 가정불화가 생겨서 같이 살지 못했을 것입니다. 그러나 제 아내는 하나님 앞에서 믿음으로 살았고 저도 믿음으로 살았습니다. 그럴 때 하나님이 친히 기적을 행하셔서 그 기간을 무사히 넘길 수 있었습니다.

그 다음에 하나님이 다시 일자리를 마련하심으로 기적을 베푸셨습니다. 그렇게 알맞은 일자리가 있는 줄은 알지도 못했습니다. 그런데 거기서 6개월 정도 일하다가(한 10년 있을 줄 알았는데) 다시 해고를 당했습니다. 예수를 위하여 살기로 결정한 사람에게 오는 핍박 중의 하나였습니다. 전에는 믿지 않는 자에게 핍박을 받았지만 이번에는 교회의 높은 위치에 있는 사람에게 핍박을 받아서 아는 사람이 하나도 없는 곳으로 추방당했습니다. 그러나 우리는 하나님이 베푸시는 기적을 믿었기 때문에 가정 내에 긴장이 없었습니다. 기적을 베푸시는 하나님을 몰랐다면 경제문제가 생길 때마다 반드시 긴장이 생기고, 서로 야단치고, 문제가 복잡해질 수밖에 없었을 것입니다.

세 가지 성령의 역사—성령의 외적인 은사, 내적인 열매, 하나님의 뜻을 분별하는 지혜—가 있으면 경제문제나 개인문제, 가정문제, 자녀문제를 모두 아름답게 해결할 수 있다고 생각합니다. 그런데 셋 중 하나만 빠져도 문제가 생길 수 있습니다.

하나님의 뜻을 확인하는 법

부르심의 방법은 사람에 따라서 각기 다르다고 생각합니다. 각자의 성질이 다르듯이 하나님께서 각자를 부르시는 방법도 다릅니다.

전쟁 중에 배를 타면 그 배의 목적지를 모르게 됩니다. 배 안에 몇 명이 타고 있는지 유조선인지 화물선인지 정도밖에는 알 수 없습니다. 특히 어디로 가고 있는지는 도무지 알 수 없습니다. 물론 평화로울 때는 배가 필리핀으로 가는지 이탈리아로 가는지 북아프리카로 가는지 알 수 있습니다. 그러나 전쟁 때에는 알 수 없습니다. 비밀이 새어나가 적군이 알게 되면 배가 박살나기 때문입니다.

배의 선장도 목적지를 모릅니다. 영어에 능통한 간첩들이 자기 신분을 속이고 선장에게 접근해서 술을 잔뜩 먹이곤 그 비밀을 캐내기 때문입니다. 그래서 선장도 그 목적지를 알 수 없도록 하는 것입니다. 선장이 술을 마시고 비밀을 다 말해도 정작 필요한 정보를 모르니까 중요한 정보는 숨겨져 있습니다. 가장 필요한 정보는 금고의 밀봉된 봉투 안에 있는데, 배가 출발한 뒤 밤 12시에 금고를 열어 인봉을 떼고 지시사항을 봅니다. 하지만 거기에도 목적지에 대한 얘기는 없습니다. 방향만 지시되어 있습니다. '위도 ○○도, 경도 ○○도' 하는 식으로 말입니다.

어떤 곳에 가니 배들이 여럿 있는데 그 중에는 군함도 몇 척 있었습니다. 그 군함들이 다 같은 목적지를 향해 가는데 목적지를 아는 사람은 한 사람밖에 없었습니다. 마침내 모든 군함이 무사히 목적지에 도착합니다. 각 배의 선장이 목적지를 알고 있어서 만일의 경우 그 중 한 사람이라도 간첩에게 이용당하면 일이 어찌 되겠습니까?

우리는 흔히 마귀에게 하나님의 일을 다 알려 주곤 합니다. 마귀는 우리에게 술에 취하지 않아도 말을 절제할 줄 모르는 습성이 있음을 잘 압니다. 그래서 우리를 통해 드러나는 우리가 가고자 하는 길, 하나님의 계획을 막을 수 있습니다. 그런 사람이라면 하나님께서 길을 알려 주시지 않습니다. 대개 우리는 어떤 방향으로 나아가야 할지 모르는 가운데 우왕좌왕하며 인생을 살아갑니다. 사실 우리는 내일 일을 알 수 없기 때문에 주의 뜻 안에서 오늘 일에 충실해야 합니다. 오늘 일에만 순종하면 그 이상은 알 필요가 없습니다. 자기 스스로가 내일 일을 알려고 인간적인 방법을 사용하고 잘못된 환상을 보기 때문에 마귀에게 속임을 당하는 경우가 많은 것입니다.

결혼을 하든지 수사생활을 하든지 자기 고집으로 하면 문제가 생깁니다. 어떤 사람은 '나는 목사가 되겠다'라고 스스로 결심하지만 하나님께서 부르시지 않으면 할 수 없습니다. 또 '목사는 절대로 되지 않겠다'라고 말하던 사람도 하나님께서 부르시면 해야 합니다.

어떤 기도원장으로부터 들은 이야기입니다. 의사 한 사람이 그 기도원을 찾아왔습니다. 그런데 하나님께서 갑자기 의사를 그만두고 목사가 되라고 하셨습니다. 그는 그 당시 의사로서 성공해서 환자도 많고 돈도 잘 벌었습니다. 그래서 그 의사는 "주님, 그런 일이 어찌 있을 수 있습니까? 저는 의사일을 하는 것이 좋습니다. 목사가 되고 싶은 마음은 하나도 없습니다"라고 고집했습니다. 그러나 하나님께서는 그만두라고 하셨고, 그는 그만두지 않겠다고 했습니다. 그리고 기도원을 내려갔습니다.

다시 병원에서 일을 하는데 한 환자가 찾아와서 귀가 아프다고 하여 그 환자의 귀에 손을 대었더니 그 즉시 병이 나았습니다. 약도 주지 않고 치료도 하지 않았는데 다 나은 것입니다. 그 의사는 치료비 달라는 말을 할 수가 없어서 그냥 보냈습니다. 다른 환자가 찾아왔는데 눈이 아프다고 했습니다. 그런데 이 의사가 환자에게 손을 대자마자 또 나았습니다. 이런 식으로 치료가 계속되었습니다. 하지만 치료비를 받을 수 없어 결국 병원 문을 닫았고, 그는 할 수 없이 목사가 될 수밖에 없었습니다. 그때부터 그 목사는 기도원을 시작했으며 지금까지도 계속해 오고 있습니다.

하나님의 뜻을 확인하는 방법에는 여러 가지가 있습니다. 또 하나님께서 확인을 주시는 방법도 사람마다 다릅니다. 저 같은 경우에는 환상도 없었고 감정도 없었고, 인도해 준 성경구절도 많지 않았습니다. 제가 아는 한 선교사는 항상 성경구절로 확인을 받는데 제 경우에는 예수원 목장을 구입할 때 하나님께서 성경구절을 통해서 확인을 주셨습니다. 어떤 이들은 성경구절로 확인을 받지 않으면 아무것도 하지 못합니다. 또 환상이나 꿈을 통해 계시를 받아야만 일을 하기도 합니다. 그러나 꿈이나 환상은 잠재의식에서 나오기가 쉽기 때문에 그것만 전적으로 믿으면 안 된다고 생각합니다. 결혼문제의 경우, (여자는) 아버지나 오빠의 확인을 받는 것이 중요하다고 생각합니다.

제 경우에는 주로 다음과 같은 세 가지 방법으로 하나님의 뜻을 확인합니다. 경제적인 확인과 성경적인 확인, 기회에 대한 확인이 그것입니다. 경제적으로 가능성이 있는지, 알맞은 성경구절이 있는지, 제가 노력해서 얻은 기회가 아니라 기다리기만 했는데 하나님이 기회를 주셨는지 하는 것을 검토합니다.

5
낙태

별로 다루고 싶지 않은 주제지만 그 중요성을 무시할 수 없어서 몇 가지 이야기를 하고자 합니다. 특히 요즈음 정부에서 인구정책의 일환으로 인공유산을 허락하고 자금까지 대 주고 있는 상황이므로 이 문제에 대해서 꼭 다뤄야 한다고 생각합니다.

인공유산을 하는 경우

첫째, 성적 타락으로 자유롭게 성관계를 갖지만 결혼에 대한 책임은 질 수 없어서 하는 경우입니다. 이미 미국에서는 그런 일이 보편화되었지만 한국은 그렇지 않은 줄로 알았습니다. 그러나 상상 외로 이런 불행한 일이 많다는 것을 알고 저는 미국인의 한 사람으로서 부끄럽기 짝이 없었습니다. 분명히 이 일에는 미국의 영향이 큰 줄로 압니다. 몇 년 전에 있었던 대구 디스코 클럽 화재 사건 때 현장에 있던 12세 된 여아에게서 산부인과 카드가 나올 만큼 이 나라가 타락하였습니다.

둘째, 정상적인 가정생활을 하던 중 갑자기 남편이 죽고 난 후에 임신 중인 부인이 장래를 걱정해서 유산시키는 경우입니다.

셋째, 신자와 불신자를 막론하고 산아제한을 위해서 하는 경우입니다.

넷째, 여자들이 사기를 당한 경우입니다. 사귀던 남자가 떠나 버리거나 강제폭행을 당한 경우에 낙태를 합니다.

이 네 가지 중에 넷째 경우는 충분한 낙태 이유가 된다고 보는 사람들이 있습니다.

낙태에 관한 성경의 가르침

부정적인 가르침보다는 긍정적인 가르침을 먼저 생각해 봅시다. 과학자들의 연구결과에 의하면 단백질을 충분히 섭취하는 사람은 과잉 출산을 하지 않는다고 합니다. 이것은 하나님의 법칙입니다. 출산이 복이기는 하지만 지나치게 많이 낳지 않도록 하기 위해서 하나님이 그렇게 만드신 것입니다. 단백질을 많이 먹는 사람들은 평균적으로 아이를 둘이나 셋밖에 낳지 않습니다. 고기만 먹고 토굴생활을 하던 시대의 사람들이나 에스키모인들은 자녀가 평균 두 명입니다. 인구문제가 없습니다. 이런 것들은 과학을 통하여 발견되는 하나님의 법칙입니다.

성경은 각 가족마다 토지가 있어야 한다고 말합니다. 가족들은 땅이 있어야 살 수 있습니다. 각 사람이 자기의 무화과나무 아래서 사는 것이 하나님의 원칙입니다. 그렇기 때문에 대대로 땅이 없이 가난하게 사는 것은 주의 법에 어긋납니다. 물론 가난한 자들이 주의 법에 어긋나게 사는 것이 아니라 땅을 빼앗은 지주들이 주의 법에 어긋나게 사는 것이겠지요. 가난해서 육류를 먹지 못하고 곡류만 먹는 후진국일수록 인구문제가 심각합니다. 어디에 잘못이 있습니까? 아이를 많이 낳는 가정에 문제가 있는 것이 아니라 땅을 빼앗는 지주들과 그것을 묵인하는 사회에 문제가 있습니다. 그러나 사회는 이러한 것에 대해 책임지는 것을 싫어합니다. 왜냐하면 사회의 지배층이 대부분 지주들이기 때문입니다.

지주라고 하면 보통 농촌 지주들만 생각하기 쉽지만 현대에는 도시 지주들이 더 많습니다. 아파트나 공장이나 탄광을 막론하고 무슨 사업을 하든지 땅이 없으면 아무것도 못 합니다. 토지가 있어야 합니다. 그렇기 때문에 토지를 빼앗은 자들은 빼앗긴 사람들에 대해서 책임을 져야 합니다. 그러나 책임을 지기는커녕 오히려 가지지 못한 자들에게 손가락질을 하고 인공유산을 하게 합니다. 자기의 책임을 전혀 생각지 않고 무죄한 어린아이들만 죽게 하는 것입니다. 그러나 하나님께서 우리에게 아이들을 주시는 것은 복이라고 하셨습니다.

> 곧 너를 사랑하시고 복을 주사 너로 번성케 하시되 네게 주리라고 네 열조에게 맹세하신 땅에서 네 소생에게 은혜를 베푸시며 네 토지 소산과 곡식과 포도주와 기름을 풍성케 하시고 네 소와 양을 번식케 하시리니(신 7:13).

자식은 여호와의 주신 기업이요 태의 열매는 그의 상급이
로다 젊은 자의 자식은 장사의 수중의 화살 같으니 이것
이 그 전통에 가득한 자는 복되도다 저희가 성문에서 그
원수와 말할 때에 수치를 당치 아니하리로다(시 127:3-5).
여호와를 경외하며 그 도에 행하는 자마다 복이 있도다
네가 네 손이 수고한 대로 먹을 것이라 네가 복되고 형통
하리로다 네 집 내실에 있는 네 아내는 결실한 포도나무
같으며 네 상에 둘린 자식은 어린 감람나무 같으리로다(시
128:1-3).

복을 받은 사람은 늙어도 아기를 낳을 것이라고 합니다.

늙어도 결실하며 진액이 풍족하고 빛이 청청하여(시
92:14).
가난한 자를 진토에서 일으키시며 궁핍한 자를 거름 무더
기에서 드셔서 방백들 곧 그 백성의 방백들과 함께 세우
시며 또 잉태하지 못하던 여자로 집에 거하게 하사 자녀
의 즐거운 어미가 되게 하시는도다 할렐루야(시 113:7-9).

아이들은 하나님이 주시는 복이며 부모의 인격을 알 수 있는 통
로입니다. 디모데전서 3장 4절에서는 "자기 집을 잘 다스려 자녀
들로 모든 단정함으로 복종케 하는 자"가 교회의 감독이 되어야 한
다고 했습니다. 교회의 감독이 되려면 우선 자녀가 있어야 하고 그

자녀들을 '단정함으로 복종하게' 해야 한다는 것입니다. 이로 보아 자녀들을 잘 다스릴 수 있으면 교회를 잘 다스릴 수 있는 줄로 압니다. 비슷한 맥락에서 디모데전서 3장 12절에도 "집사들은 한 아내의 남편이 되어 자녀와 자기 집을 잘 다스리는 자일지니"라고 말씀하고 있습니다.

디모데전서 5장 9-10절 상반절까지의 말씀을 보면 "과부로 명부에 올릴 자는 나이 육십이 덜 되지 아니하고 한 남편의 아내이었던 자로서 선한 행실의 증거가 있어 혹은 자녀를 양육하며"라고 되어 있는데, 그 여자가 아이들을 잘 양육한 것이 증거가 되어 과부 명단에 올라갈 수 있었습니다.

> ……장로들을 세우게 하려 함이니 책망할 것이 없고 한
> 아내의 남편이며 방탕하다 하는 비방이나 불순종하는 일
> 이 없는 믿는 자녀를 둔 자라야 할지라(딛 1:5-6).

장로가 되기 위해서는 자식이 있어야 하고, 그 자녀는 아무 비방거리도 없는 자이어야만 했습니다. 그러므로 자녀들은 복이 될 뿐 아니라 힘이 되기도 했습니다. 사람들이 교회에 와서는 다른 이들을 속이고 선한 체할 수 있지만, 그 부모와 늘 같이 사는 아이들은 그 부모가 어떤 인격의 사람인지 곧 알 수 있으므로 속일 수 없습니다. 아버지가 외식하는 자면 아이들은 종종 반발합니다. 아버지가 선한 인격의 소유자면 아이들은 그 아버지를 존경하고 본받습니다.

시편 72장 4절을 보면, "저가 백성의 가난한 자를 신원하며 궁핍한 자의 자손을 구원하며 압박하는 자를 꺾으리로다"라고 말씀합니다. 이 말씀은, 교회에서도 흔히 있는 일이지만, 뱃속의 아이만 남겨 놓고 남편이 죽은 경우에 그 아이를 잘 양육시키는 것이 어렵다고 생각해서 낙태시키는 어머니들에게 해당됩니다. 하나님께서 그 아이의 어머니를 책임지겠다고 하셨습니다. 실제적인 도움, 즉 의식주(衣食住)를 해결해 주시겠다는 말씀입니다.

마태복음 6장 11~34절 말씀을 보십시오. 예수님의 가르치심이 무엇입니까? 여기에는 경제문제에 대한 신자의 태도가 나와 있습니다. 이 말씀 가운데 요절은 '보물이 있는 곳에 네 마음도 있다'는 것입니다. 22절에서는 "눈은 몸의 등불이니 그러므로 네 눈이 성하면 온몸이 밝을 것이요"라고 했습니다. 눈에 대한 문제가 돈 문제에 바로 이어서 나옵니다. 하나님을 보아야 할 눈이 돈에 눈멀어 있으면 자연히 어두워집니다. 즉, 하나님은 빛이시고 재물은 어둠인 것입니다.

동전 하나로 간단한 예를 들 수 있습니다. 동전을 눈 가까이에 대면 댈수록 다른 것을 보기 힘들지만 동전을 멀리 두면 둘수록 다른 것을 더 잘 볼 수 있게 됩니다. 이런 것들을 생각해 볼 때 재물과 하나님을 동시에 섬긴다는 것은 불가능합니다. 우리가 남기는 모든 이익이 하나님의 뜻인지 아닌지를 물어야 하는데 경제성의 여부부터 따진다면 이미 그릇 행하고 있는 것입니다.

마태복음 6장 25절 이하를 볼 때, 이방인들이 돈에 대해 염려하는 것은 그들이 하나님을 의지하지 않기 때문에 당연한 일입니다.

그러나 그리스도인은 하나님의 자녀기 때문에 재물보다는 하나님을 의지하여야 합니다. 하나님께는 아버지로서 우리를 부양할 책임이 있으심을 알아야 합니다.

한국에 온 초기 선교사들이 교인들에게 잘못 가르친 것 중의 하나가 십일조를 가지고 목회자를 모셔야 한다고 지나치게 강조한 대목입니다. 그 결과로 대부분의 목회자들이 하나님을 믿기보다는 돈을 더 믿게 되었습니다. 성도들의 돈이 아니면 살 수 없는 줄로 생각하고 강단에서까지도 십일조 문제를 강조하게 된 것입니다. 그와 대조적으로 처음 중국에 갔던 선교사들은 자급 선교를 원칙으로 했습니다. 그러므로 중국의 목회자들은 그런 선교사들의 모습에 따라 월급을 의지하지 않고 하나님만 의지해서 사는 법을 배웠습니다. 하나님의 일을 하는 사람들은 하나님이 친히 책임져 주실 것을 굳게 믿었던 것입니다. 그 결과로 중국의 교회는 지금까지도 튼튼합니다. 목회자들은 월급을 받지 못하더라도 경제문제 때문에 염려하지 않습니다. 하나님이 친히 해결해 주실 것을 믿는 믿음이 아주 강합니다.

그런데 한국 교회는 지나치게 실리주의에 빠져서 하나님을 신뢰하기보다는 돈을 더 신뢰하게 되었습니다. 물론 스스로 일해서 경제문제를 해결할 수 있는데도 불구하고 일하지 않는 것은 문제가 있습니다. 데살로니가후서 3장 10절에서는 "누구든지 일하기 싫어하거든 먹지도 말게 하라"라고 했습니다. 또 일할 수 있는 사람이 자기 친척을 부양하기 싫어하면 그는 믿음을 저버린 사람이라고 했습니다.

그러나 아이가 많은 과부의 경우에는 일해서 돈을 벌 방법도 없는데 어떻게 살 수 있습니까? 성경에는 고아와 과부에 대한 말씀이 많이 나와 있습니다. 하나님은 무엇보다도 아버지가 없는 아이들에 대해서 관심이 많으십니다.

나의 하나님이 그리스도 예수 안에서 영광 가운데 그 풍
성한 대로 너희 모든 쓸 것을 채우시리라(빌 4:19).

이 말씀은 부자로 만들어 주시겠다는 의미가 아니고 쓸 것을 채워 주셔서 부족함이 없게 하시겠다는 것입니다. 이것이 성경의 가르침입니다. 실제로 이를 체험한 사람들이 많습니다.

내가 어려서부터 늙기까지 의인이 버림을 당하거나 그 자
손이 걸식함을 보지 못하였도다(시 37:25).

이 말씀을 통해서 의인의 자손은 걸식하지 않으리라는 사실을 알 수 있습니다. 저도 가난한 신자를 많이 알고 있지만 걸식까지 하는 경우는 거의 보지 못했습니다.

미국에는 백인에게 차별당하는 가난한 흑인 신자들이 얼마나 많은지 모릅니다. 백인들은 자신이 그리스도인이라고 하면서도 흑인들을 책임지지 않습니다. 또 땅이 없는 남부의 백인들 가운데는 남의 땅에서 일하면서 가난하게 사는 사람들이 있습니다. 그러나 걸식하는 일은 없습니다. 하나님께서 그런 대로 생활을 유지시켜 주

시기 때문입니다.

그러므로 우리는 어떤 과부가 자식을 키울 수 없어 낙태를 놓고 고민할 때 이에 동조해서는 안 됩니다. 경제적인 문제는 걱정할 필요가 없다고 하나님이 분명히 말씀하셨기 때문입니다. 또 성경에는 교회가 아버지 없는 아이들을 위하여 책임져야 한다는 말이 많이 나옵니다. 그것에 관한 구절이 얼마나 많은지 다 찾아볼 수 없을 정도입니다.

> 너희의 하나님 여호와는 신의 신이시며 주의 주시요 크고 능하시며 두려우신 하나님이시라 사람을 외모로 보지 아니하시며 뇌물을 받지 아니하시고 고아와 과부를 위하여 신원하시며 나그네를 사랑하사 그에게 식물과 의복을 주시나니(신 10:17-18).

이 말씀은 하나님께서 친히 고아와 과부와 나그네를 위하여 신원하시고 의복을 주시고 음식도 주신다는 뜻입니다(신 14:29, 16:11, 14, 24:19-21).

> 제 삼 년 곧 십일조를 드리는 해에 네 모든 소산의 십일조 다 내기를 마친 후에 그것을 레위인과 객과 고아와 과부에게 주어서 네 성문 안에서 먹어 배부르게 하라 그리할 때에 네 하나님 여호와 앞에 고하기를 내가 성물을 내 집에서 내어 레위인과 객과 고아와 과부에게 주기를 주께서

내게 명하신 명령대로 하였사오니 내가 주의 명령을 범치
도 아니하였고 잊지도 아니하였나이다(신 26:12-13).

현대 교회는 십일조를 레위인에게 주어야 한다고 가르칩니다.
이때 레위인은 교회의 전임사역자들, 즉 목사나 신부 등을 의미합
니다. 물론 옳은 말씀이지만 성경에서는 레위인 외에도 고아와 과
부와 나그네와 땅 없는 사람에게 십일조를 주라고 했습니다.

그렇다면 나그네는 누구입니까? 실업자입니다. 땅이 없으므로
자기 땅에서 일할 수도 없는데다가 다른 사람도 그에게 일자리를
주지 않기 때문에 나그네가 되었습니다. 성경은 교회가 그런 사람
들을 책임져야 한다고 말합니다. 성경 시대에는 각 가족에게 땅이
있어서 땅 없는 사람이나 나그네, 고아와 과부가 그리 많지 않았습
니다. 그러나 현대에는 땅이 없는 사람이 너무나 많고, 그래서 공
황이 생기면 갈 데가 없습니다. 다 나그네가 됩니다.

미국의 어떤 지방의 경우, 인구의 20퍼센트가 나그네라고 합니
다. 매월 100달러씩 예수원을 후원하시던 예수원의 은인 중 한 분
은 갑자기 실업자가 되었습니다. 그런 일이 미국에서는 아주 많이
일어납니다. 아직까지는 한국이 미국이나 영국보다는 덜한 것 같
습니다. 그러나 한국이 계속해서 하나님의 법을 버리고 무시해 버
린다면, 이 나라에서도 곧 그런 문제가 심각하게 대두될 것입니다.
현재까지 한국에서는 실업자가 되어도 마음만 먹으면 농촌에 가서
살 수 있습니다. 헐값으로 땅을 사서 개간할 수도 있고 남의 땅에
서 일자리를 구할 수도 있습니다. 그러나 미국에서는 그런 기회조

차 없습니다. 비어 있는 땅이 있어도 지주가 허락지 않습니다. 너무 욕심이 많기 때문입니다.

교회는 십일조로 고아와 과부의 문제를 해결해야 합니다. 사도행전 시대를 연구해 보니, 그 당시 국가적으로 하나님의 법을 어기고 바알의 법을 따라가고 있었습니다. 그러나 교회들이 솔선수범해서 고아와 과부들을 도왔습니다. 예루살렘에는 과부들이 많았습니다. 그러다 보니 십일조만으로는 부족해서 교인들이 자기가 가진 것을 몽땅 털어서 문제를 해결했습니다. 또한 예루살렘에 갑자기 심한 흉년이 들었을 때, 하나님이 예언자들을 통해서 미리 다른 모든 교회에 이 사실을 알렸습니다. 교인들이 예언을 듣고 예루살렘 교회를 걱정했습니다. 그리고 예루살렘 교회를 돕기 위한 성금을 모아서 그것을 예루살렘 교회에 보냈습니다. 이런 것이 바로 하나님의 방법입니다. 가난한 과부를 보고도 도와주려고 하지 않고 뱃속의 아기만 없애라고 하는 태도는 마귀에게서 나온 것이며, 마귀에게 종노릇 하는 태도입니다(신 27:19; 시 146:9).

> [14]내 마음이 너희의 월삭과 정한 절기를 싫어하나니 그것이 내게 무거운 짐이라 내가 지기에 곤비하였느니라 [15]너희가 손을 펼 때에 내가 눈을 가리우고 너희가 많이 기도할지라도 내가 듣지 아니하리니 이는 너희의 손에 피가 가득함이니라 [16]너희는 스스로 씻으며 스스로 깨끗케 하여 내 목전에서 너희 악업을 버리며 악행을 그치고 [17]선행을 배우며 공의를 구하며 학대받는 자를 도와주며 고아를 위

하여 신원하며 과부를 위하여 변호하라 하셨느니라(사
1:14-17).

이 말씀 중에 '피가 가득한 손'은 무엇을 의미합니까? 여러 가지
가 있겠지만 아기를 죽인 피도 포함됩니다. 16-17절 말씀은 고아
와 과부를 위하여 일하라는 명령입니다. 그러나 우리는 그것도 행
하지 않고 있습니다(사 9:17; 렘 7:6, 22:3, 49:11; 겔 22:7; 슥 7:10).

내가 심판하러 너희에게 임할 것이라 술수하는 자에게와
간음하는 자에게와 거짓 맹세하는 자에게와 품꾼의 삯에
대하여 억울케 하며 과부와 고아를 압제하며 나그네를 억
울케 하며 나를 경외치 아니하는 자들에게 속히 증거하리
라 만군의 여호와가 말하였느니라(말 3:5).

위의 말씀은 심판에 대한 말씀입니다. 명령을 행하지 않으면 심
판하시겠다는 것입니다.

그때에 제자가 더 많아졌는데 헬라파 유대인들이 자기의
과부들이 그 매일 구제에 빠지므로 히브리파 사람을 원망
한대(행 6:1).

사도행전 4장에 이미 나오지만, 교회는 과부들을 책임지기로 결
정하고 그때까지 잘 해 왔습니다. 그러나 6장에 나오는 문제는 어

디에서 비롯된 것입니까? 사도들은 히브리어만 잘하고 헬라어를 잘 몰랐습니다. 그래서 헬라파 계통의 과부들을 소홀히 대한 것 같습니다. 그러던 중 몇 사람이 구제 대상에서 빠지게 되었습니다. 사도들은 이 문제를 해결하기 위해서 헬라어를 하는 사람 중에 성령과 지혜가 충분한 일곱 명을 택해서 그들에게 이 일을 맡겼습니다. 이 일곱 집사들이 과부와 고아의 문제를 다 해결했습니다.

디모데전서 5장 16절에서는 "만일 믿는 여자에게 과부 친척이 있거든 자기가 도와주고 교회로 짐 지지 말게 하라 이는 참과부를 도와주게 하려 함이니라"라고 하는데, 이는 친척 가운데 한 사람이 과부를 도와주라는 말씀입니다. 이는 도움이 전혀 없는 참과부를 도와주기 위함인 것입니다.

하나님 아버지 앞에서 정결하고 더러움이 없는 경건은 곧 고아와 과부를 그 환난 중에 돌아보고 또 자기를 지켜 세속에 물들지 아니하는 이것이니라(약 1:27).

교회가 고아와 과부를 책임져야 하므로 경제문제를 이유로 낙태를 허락하는 것은 말도 안 됩니다. 과부가 도움을 받을 수 없다면 교회가 잘못했다고 볼 수밖에 없습니다. 이것은 교회의 수치입니다.

교회 이외에도 불쌍한 여자들을 도와주는 실질적인 기관이 있습니다. 모두를 수용할 만큼 많은 것은 아니지만 제가 아는 기관으로는, 춘천에 있는 '착한목자수녀회'를 들 수 있습니다. 미혼모들은 아기를 낳을 때까지 그곳에 머물 수 있으며 그곳에 있는 동안 성경을 배우고 믿음을 가질 수 있습니다. 출산 후에는 아기를 원하는 양부모에게나 다른 기관에 보냅니다.

미국에는 아이가 없는 집이 얼마나 많은지 모릅니다. 아이를 키우고 싶어 하는 부부들이 많이 있습니다. 하지만 교회가 이 문제에 너무 관심이 없어서 지금은 외국 입양문제까지도 무척 어렵게 되었습니다. 전에는 홀트아동복지회를 통해서 미국의 어느 지방에나 입양이 가능했습니다. 그러나 얼마 전 국회에서 각 주에 사회복지기관으로 등록해야만 입양문제를 취급할 수 있다는 법을 만들었습니다. 좋은 뜻으로 만들었겠지만 결과적으로 홀트는 복지기관으로서의 여건을 충분히 갖추지 못해 50개주 전체에 다 등록할 수는 없게 되었습니다.

대표적인 예로 버지니아 주에서는 홀트가 사회복지기관으로 등록을 하지 못했기 때문에 홀트를 통한 입양이 어렵게 되었습니다. 전에는 서류비와 비행기삯만 있으면 아이를 입양할 수 있었는데 지금은 약 오천 달러의 비용이 있어야 아기를 입양할 수 있게 되었습니다. 홀트가 아닌 다른 영리단체에서 회사를 만들어 복지기관으로 등록하고 그런 많은 돈을 들일 수 있는 부모에게만 입양이 가능하도록 한 것입니다. 교회가 조금만 관심을 가지고 법 개정에 관여했더라면 그런 일은 없었을 것입니다.

미국인 친구가 아이를 입양하고 싶어 해서 제가 한국에서 한 아이를 데려가려고 했지만 수속절차가 너무 복잡해서 그만두었습니다. 그 친구는 다른 회사에 오천 달러를 내고 수속을 밟아야 했습니다. 이런 회사 운영은 사실 아이를 매매하는 행위와 같습니다. 신자들이 무관심한 이유로 불신자들에게 더러운 이익만 남겨 주게 된 것입니다.

남미에서는 아이를 도둑질하는 사례까지 있습니다. 아이를 도둑질해서 미국에 보내고 대신 돈을 받습니다. 얼마나 부패한 세상이 되었는지 알 수 없습니다. 이 모든 문제의 원인은 교회의 무관심에서 나온 것입니다. 자기와 자기 주머니만 생각하고 고아와 과부에 대해서는 관심이 없기 때문에 스스로 육아문제를 책임질 수 없는 여자들에게 기껏해야 낙태하라는 말밖에 할 수 없게 된 것입니다. 불신자들이 이런 상태라면 우리가 충격을 받을 필요가 없겠지만 신자들이 이런 태도를 갖고 있다는 것은 충격적인 일입니다.

교회 자체 내에서 이 일을 할 수 없다면 미혼모나 과부를 위한 특별한 기관을 만들어서 할 수도 있을 것입니다. 아이를 낳기까지 보호해 주며 예수님을 영접하게 해서 새 출발 하도록 도와주고, 아이의 길도 인도해 줄 수 있다면 얼마나 아름다운 일입니까? 교회가 관심만 갖는다면 낙태에 관한 대안으로 얼마든지 좋은 방법을 찾을 수 있습니다. 그러나 이렇게 하지는 않고 낙태를 허락한다면 그 결과가 어떻게 되겠습니까?

네 하나님 여호와께서 네게 기업으로 주시는 땅에서 무죄한 피를 흘림이 없게 하라 이같이 하면 그 피가 네게로 돌아가지 아니하리라(신 19:10).

성경은 무죄한 피를 흘리면 그 피가 자기에게로 돌아간다고 말씀합니다.

> 여호와여 주께서 속량하신 주의 백성 이스라엘을 사하시고 무죄한 피를 주의 백성 이스라엘 중에 머물러 두지 마옵소서 하면 그 피 흘린 죄가 사함을 받으리니 너는 이와 같이 여호와의 보시기에 정직한 일을 행하여 무죄자의 피 흘린 죄를 너희 중에서 제할지니라(신 21:8-9).
> 이 일이 유다에 임함은 곧 여호와의 명하신 바로 저희를 자기 앞에서 물리치고자 하심이니 이는 므낫세의 지은 모든 죄로 인함이며 또 저가 무죄한 자의 피를 흘려 그 피로 예루살렘에 가득하게 하였음이라 여호와께서 사하시기를 즐겨하지 아니하시니라(왕하 24:3-4).

므낫세 왕 시대에는 예루살렘 성 안에 무죄한 피가 가득해서 하나님께서 더 이상 용서하지 않으시고 모든 백성을 흩으셨습니다. 이방인들이 가증한 일을 행해서 쫓겨난 땅에 대신 들어온 이스라엘 백성들이 똑같이 가증한 일을 행했습니다. 가나안 사람들이 하던 대로 무죄한 피를 흘리고 그 땅을 더럽게 하자 하나님께서는 이스라엘 백성을 쫓아버리셨습니다. 그러므로 유대인이 1,800년 동안 자기 나라에 들어가지 못하고 유리하다가 이제야 겨우 들어가 그 땅에 싸움이 그칠 날이 없고 피 흘림이 얼마나 많은지 모릅니다.

또 그 아들을 불 가운데로 지나게 하며 점치며 사술을 행하며 신접한 자와 박수를 신임하여 여호와 보시기에 악을 많이 행하여 그 진노를 격발하였으며(왕하 21:6).

현재 미국에는 박수·무당 같은 이들이 행하는 귀신의 종교가 점점 성행하고 있습니다. 점쟁이가 얼마나 많은지 모릅니다. 위의 말씀에서는 귀신의 종교가 행하는 일에 대해서 말하고 있습니다. 바로 '아들을 불 가운데로 지나게 한다'라는 말인데 그것은 아기를 죽이는 일을 뜻합니다. 아이를 죽여서 신에게 제사하는 것을 말하고 있지요.

현대인들은 두 가지 신을 경배합니다. 즉, 정욕과 돈의 신입니다. 정욕과 탐욕을 위하여 아기를 죽이는 것입니다. 현대는 구약 시대보다 오히려 더 악한 세대임을 알 수 있습니다. 오천 년 역사를 가진 이 나라도 그런 식으로 온 나라가 더럽혀지고 있습니다. 아마 이대로 가다가는 몇 년 못 갈 것입니다.

무죄한 피 곧 저희 자녀의 피를 흘려 가나안 우상에게 제사하므로 그 땅이 피에 더러웠도다(시 106:38).

시편 106편 35-43절에도 하나님께서 무죄한 피를 흘린 죄의 대가로 침략을 당하도록 허락하시는 말씀이 나옵니다. 지난 6·25전쟁 때는 하나님이 우리 편이셨지만, 이 땅이 계속해서 무죄한 피로 더럽혀진다면 앞으로 우리를 위해 하나님이 싸우지 않으실 것입니다. 우리가 원수들의 손에 팔리게 될 줄을 알아야 합니다. 그러므로 말로만 하나님을 믿는다고 하지 말고 하나님의 법을 지켜야 합니다.

이사야 1장 말씀 중에 "너희가 손을 펼 때에 내가 눈을 가리우고 너희가 많이 기도할지라도 내가 듣지 아니하리니 이는 너희의 손에 피가 가득함이니라"(15절)라는 구절이 있습니다. 이외에도 피에 관한 성경말씀은 매우 많습니다(신 19:10, 13, 21:8-9, 27:25; 삼상 19:5; 왕상 2:31; 왕하 16:3, 17:17-20, 21:2-6, 24:3-4, 20; 시 106:35-42; 잠 6:17; 사 59:7; 렘 2:34, 3:1-2, 7:6, 19:4, 22:3, 17, 26:15; 애 2:2, 4:14; 호 6:8; 욜 3:19; 욘 1:14).

> 너희는 거하는 땅을 더럽히지 말라 피는 땅을 더럽히나니 피 흘림을 받은 땅은 이를 흘리게 한 자의 피가 아니면 속할 수 없느니라 너희는 너희 거하는 땅 곧 나의 거하는 땅을 더럽히지 말라 나 여호와가 이스라엘 자손 중에 거함이니라(민 35:33-34).

여호와께서 이스라엘 자손 중에 거하신다는 말씀은 깨끗한 땅에 거하시겠다는 의미입니다. 무죄한 피로 땅을 더럽게 하면 하나님이 그곳에 거하실 수 없게 됩니다. 에스겔은 성전에서 하나님이 떠나가시는 환상을 보았습니다. 그가 성전에 있을 때 하나님의 영광이 나타났다가 갑자기 동쪽 위로 올라가셔서 완전히 떠나 버리신 것을 본 것입니다. 그 후에 이스라엘은 바벨론의 침략으로 완전히 멸망하고 말았습니다.

지금 한국에 많은 신자들이 있고 그들이 열심히 기도하고 있기 때문에 하나님이 이 땅에 계시지만, 우리가 계속해서 무죄한 피를 흘리고 이 문제에 대해서 회개하지 않는다면 하나님께서 이 땅을 떠나가실 것입니다. 하나님께서 이 땅을 떠나시면 우리가 아무리 싸워도 승리할 수 없습니다. 침략자들에게 다 정복당하게 될 것입니다. 공산당을 대적할 수 있으려면 이 땅이 깨끗해져야 합니다. 그렇지 않으면 오히려 그들의 침략이 용이하도록 도와주는 것이나 다름없습니다. 한마디로 낙태를 권장하고 무죄한 피를 흘리는 것에 대해 소홀히 여기는 것은 침략당할 준비를 하는 것과 같은 것입니다.

태아는 언제부터 생명인가?

태아의 생명체 여부에 대해서는 미국에서도 많은 논란이 있어 왔습니다. 어떤 이는 3개월 후부터라고 하고 어떤 이는 6개월 후부터라고 합니다. 그러나 성경에서는 잉태하는 순간부터 한 인간으로서 존재한다고 말합니다. 잉태하자마자 생명을 갖게 되는 것입니다.

이 일을 생각할 때에 주의 사자가 현몽하여 가로되 다윗의 자손 요셉아 네 아내 마리아 데려오기를 무서워 말라 저에게 **잉태된 자**는 성령으로 된 것이라(마 1:20).

여기서 '잉태된 자'라고 할 때 '자'(者)는 사람을 의미합니다. 예수님이 예수님 되신 것은 잉태된 순간부터입니다. 성령으로 잉태된 순간부터 예수님은 사람이셨습니다.

누가복음 1장 41-42절을 보면, 엘리사벳의 태중 아이가 마리아를 알아보았다는 말씀이 나옵니다. 즉 마리아가 잉태한 지 얼마 되지 않았는데도 마리아의 태중 아이를 알아본 것입니다.

> 엘리사벳이 마리아의 문안함을 들으매 아이가 복중에서
> 뛰노는지라 엘리사벳이 성령이 충만함을 입어 큰 소리로
> 불러 가로되 여자 중에 네가 복이 있으며 네 태중의 아이
> 도 복이 있도다.

또 누가복음 2장 21절, "할례할 팔 일이 되매 그 이름을 예수라 하니 곧 수태하기 전에 천사의 일컬은 바러라"라는 말씀에서 볼 수 있듯이 수태하기 전에 이미 이름이 있었습니다.

> 내가 너를 복중에 짓기 전에 너를 알았고 네가 태에서 나
> 오기 전에 너를 구별하였고 너를 열방의 선지자로 세웠노
> 라 하시기로(렘 1:5).

위의 말씀처럼 예레미야가 태어나기도 전에, 아니 잉태되기도 전에 하나님은 그를 아셨습니다. 모든 아이들은 하나님의 계획대로 태어나게 되는 것입니다. 하나님은 각 사람을 위한 그분만의 계

획을 갖고 계십니다. 그러므로 아이를 죽이는 일은 하나님이 계획하신 인간을 죽이는 살인죄입니다.

낙태를 하는 가장 큰 이유는 경제문제인데, 이 문제도 교회가 책임지기로 결정만 하면 해결할 수 있습니다. 아기를 기를 능력이 없다거나 본의 아닌 임신을 했다 할지라도 성급히 낙태를 결정해서는 안 됩니다. 아기를 원하는 사람은 도처에 있습니다. 무엇보다도 그 아이를 위한 하나님의 계획을 존중해야 합니다. 한국인의 의식구조와 관습이 아직까지 자기 가정에 고아를 들일 수 없는 형편이라면 교회가 아름다운 고아원을 만들 수도 있을 것입니다.

'새소망 소년의 집'을 처음 시작한 분은 잭홉 목사님입니다. 한국 교인들이 구걸하는 아이들에게 전혀 관심을 갖지 않을 때 호주 교인들이 렌 존스 박사를 통해서 한국으로 지원금을 보내어 그 집을 세웠습니다. 이로써 굴속에 살면서 도둑질이나 하고 구걸이나 하던 아이들이 그 집에 들어가서 아름다운 생활을 하게 되었습니다. 그곳에서 예수님을 배워서 지금은 목사가 된 사람도 있고 선교사 훈련을 위해 외국에 나간 이들도 있습니다.

양부모를 만나 개인 가정에서 사는 것이 가장 좋겠지만 그럴 형편이 아니라면 교회가 참된 사랑으로 고아원이라도 조직하면 좋을 것입니다. 그러나 그것이 최선의 해결책은 아닙니다. 각 가정에서 고아를 받아들이는 것이 가장 좋은 해결책입니다. 그러나 고아원도 부족하고 개인집에 들이지도 않으면서 아이들을 죽게 내버려둔다면 하나님께서 어떻게 보시겠습니까? 우리는 이런 형편에서 두 가지 기도제목을 놓고 기도해야 할 것입니다.

첫째, 우리의 잘못을 용서해 달라고 회개하며 기도해야 합니다. 둘째, 불쌍한 아이들을 위해서 교회가 최선을 다하도록 기도해야 합니다. 그리고 실천해야 합니다. 고아들이 부모를 만날 수 있도록 도와주거나 아름다운 고아원을 조직하는 것, 과부와 미혼모를 위한 집을 더 많이 세우는 것으로 말입니다.

하나님께서 우리에게 힘과 지혜를 주시는 대로 실행할 수 있는 방법을 찾도록 기도해야 합니다. 참으로 모든 사람에게 자유를 줄 수 있는 희년이 선포되어야 합니다. 우리가 너무 무관심하여서 이 문제를 회피하면 안 됩니다. 무죄한 피로 더러워진 이 나라의 신자 된 우리가 먼저 회개하고 주의 계획이 무엇인지 깨닫고 실행해야 할 것입니다. 그렇지 않으면 우리는 주 앞에 설 면목도 없고 자격도 없으며, 주께서 우리를 원수의 손에 버리셔도 아무런 할 말이 없을 것입니다.

엮고
나서

작년부터 대 신부님의 책을 예수원에서 직접 출판해 보라는 권유가 많이 있었지만 예수원의 형편상 도저히 그 일을 시작할 때가 아니라고 생각했습니다. 그러나 생각보다 출판사 등록이 쉽게 이루어지고, 하산을 앞둔 한 자매님이 도서실에 보관 중이던 수백 개나 되는 테이프를 혼자 정리하여 색인(index)을 만들어 주셨습니다. 그리고 대 신부님의 강론 테이프를 책으로 만들어 보자는 제안에 따라 테이프 목록을 참고로 교우들과 나눌 만한 주제를 선별한 후 주로 예수원에서 수련했던 자매들을 중심으로 테이프를 풀어 갔습니다. 이에 많은 분들이 이 힘든 작업을 모두 기꺼이 자원해 주셨습니다. 이렇게 전개되는 상황 가운데서 마치 우리가 이 일을 할 수 있도록 누군가 밀어붙이는 것 같은 인상이 들었습니다.

그렇지만 막상 신부님의 강의 테이프를 글로 옮겨 놓고 보니 그분의 강의를 직접 들을 때와는 달리 책을 만들기에는 여러모로 문제가 있음을 발견했습니다. 영어와 우리말이 뒤섞인 이상한 표현이 많고 어순(語順)도 뒤바뀐 부분이 많아 읽고 이해하기에는 상당히 곤란한 내용이었습니다. 그래도 이런 표현 속에 담긴 메시지의 보화는 이 험난한 작업을 도무지 중단할 수 없게 만드는 힘이 되었고, 우리 모두에게 다시 재정리(rewriting) 작업을 하도록 이끌어 주었습니다.

성경말씀에 "우리가 이 보배를 질그릇으로 가졌으니 이는 능력의 심히 큰 것이 하나님께 있고 우리에게 있지 아니함을 알게 하려 함이라"(고후 4:7)라고 한 것과 같이 대 신부님의 부족한 우리말 표현을 하나님께서 사용하셨습니다. 때로는 이해하기 어려운 부분도 없지 않지만 신부님은 비교적 단순하고 쉽게 복음의 비밀을 전하셨습니다. 가능하면 그분의 독특한 구어체 표현을 살리도록 노력했는데 재정리하는 과정에서 저희로 인해 메시지의 생명력이 손상되지 않았을까 두려움이 앞섭니다.

대 신부님의 메시지는 이론적인 강해라기보다는 '해 보라' 하는 식의 일종의 강한 도전입니다. 성경에 비추어 확인하고 하나님께서 약속하신 성령의 도우심을 힘입어 그대로 '시도해 보는' 실험의 과정을 통해 우리의 믿음을 굳건하게 건축하도록 이끌어 가십니다. 또한 그것은 그분 자신의 개인적인 체험과 예수원의 공동생활을 통하여 검증해 본 성경적인 원리들을 제시한 것이라고 볼 수 있습니다. 그러므로 이 글을 읽고 그저 머리로 이해하거나 단지 설교하는 데 참고하는 정도로 그친다면 이 책을 세상에 내놓은 의미가 퇴색될 것입니다. 베뢰아 사람들이 간절한 마음으로 말씀을 받아들이며 그것을 확인하려고 날마다 성경을 연구하였듯이(행 17:11) 선입관이나 사소한 표현의 문제에 얽매이지 말고 다만 성경을 기준으로 주님의 뜻을 분별하고 그것이 나에게 적용되는 것인지의 여부를 확인해서 곧 삶에 적용해 볼 수 있기를 바랍니다.

뒤돌아보면 거의 1년 동안을, 테이프를 풀고 재정리하고 교정하는 작업에 매달린 것 같습니다. 사람이 계속 바뀌고, 복잡한 공동 생활 속에서 이 일을 하기란 그리 쉽지 않았습니다. 그러나 자원해서 참여해 주신 형제 · 자매들 덕분에 적지 않은 분량의 원고를 무사히 정리할 수 있게 된 것에 감사를 드립니다. 특별히 꾸준히 외부에서 우리를 도와주신 이완숙 자매님과 표지 디자인을 해 주신 이가솜씨에게 진심으로 감사를 드립니다. 여기저기 흩어져 있는 형제 · 자매들에 의해 마치 모자이크 식으로 만들어진 이 책이 우리 모두에게 하나님의 진리와 능력을 나누는 작은 불꽃이 되기를 소망하고, 다음 해에는 이번의 경험들을 밑거름삼아 밀어붙이는 식이 아닌 온유하신 주님과 더불어 한 걸음 한 걸음씩 나아가는 예수원 출판부가 되기를 기도드립니다.

1988년 11월
예수원 편집부

나와 하나님

I and God

지은이 대천덕
엮은이 예수원
펴낸곳 주식회사 홍성사
펴낸이 정애주
국효숙 김의연 박혜란 손상범
송민규 오민택 임영주 차길환

2004. 9. 24. 초판 발행   2009. 2. 13. 초판 6쇄 발행
2011. 3. 24. 2판 발행   2017. 5. 10. 2판 3쇄 발행
2024. 10. 22. 무선 1쇄 인쇄   2024. 10. 30. 무선 1쇄 발행

등록번호 제1-499호 1977. 8. 1.
주소 (04084) 서울시 마포구 양화진4길 3   전화 02) 333-5161   팩스 02) 333-5165
홈페이지 hongsungsa.com   이메일 hsbooks@hongsungsa.com
페이스북 facebook.com/hongsungsa
양화진책방 02) 333-5161

ISBN 978-89-365-1590-4 (03230)